供应链纳税管理

戴琼 著

中国财政经济出版社

图书在版编目（CIP）数据

供应链纳税管理/戴琼著．—北京：中国财政经济出版社，2012.12
ISBN 978 - 7 - 5095 - 4120 - 3

Ⅰ.①供… Ⅱ.①戴… Ⅲ.①企业管理-供应链管理-税收管理-中国
Ⅳ.①F812.423

中国版本图书馆 CIP 数据核字（2012）第 275693 号

责任编辑：陈志伟　　　　责任校对：李　丽
封面设计：邹海东　　　　版式设计：兰　波

中国财政经济出版社 出版

URL：http：//www.cfeph.cn
E - mail：cfeph @ cfeph.cn

（版权所有　翻印必究）

社址：北京市海淀区阜成路甲 28 号　邮政编码：100142
营销中心电话：88190406　北京财经书店电话：64033436　84041336
涿州市新华印刷有限公司印装　各地新华书店经销
787×960 毫米　16 开　16.25 印张　250 000 字
2012 年 12 月第 1 版　2012 年 12 月北京第 1 次印刷
定价：45.00 元
ISBN 978 - 7 - 5095 - 4120 - 3/F·3341
（图书出现印装问题，本社负责调换）
本社质量投诉电话：010 - 88190744

谨以此书献给有志于企业纳税管理研究的一线财税人员！

序　言

一本企业财务和税务管理人员必读的书！

《供应链纳税管理》是一部关于企业纳税管理的专著，是北京中崇信会计师事务所所长、主任会计师戴琼先生基于近二十年企业财务和税务管理的丰富经验撰写而成的。戴琼先生从供应链视角，利用供应链和价值链管理理论以及流程管理、战略联盟、精细化管理理念和原则，密切结合企业财务管理、战略管理和经济博弈论等管理方法，将研究视角置于企业整个供应链和整个纳税流程的平台，理论联系实际，运用大量案例和第一手资料，从企业长远发展战略的高度，对企业纳税管理进行了全方位、全过程、大纵深、超广角的研究，颇有现实意义和理论研究价值。

在全球化不断推进的浪潮中，在中国企业不断加大"走出去"力度的今天，企业以自利为出发点的纳税管理理念已经很难适应这一冲击和挑战，必须从理念上和价值观念上予以反思和梳理。戴琼先生在长期身临其境的企业财务和税务管理中，勤于思索，善于研究，从全球化竞争的高度，从优化供应链的创新视角，提出了改变以往管理理念和企业边界定势，将视角从国内市场拉伸到全球范围内的供应链纳税管理平台，颇具新意，呈现原创性特点。此外，戴琼先生研究了诚信纳税与供应链整体税负最小化的内在联系，分析了转移定价在供应链纳税管理中的作用与具体应用方法。通过具体案例论证了企业充分利用国际税收管辖权、国际避税港、延期纳税、国际税收协定以及税收优惠政策等进行企业纳税管理的具体方法，为"走出去"的中国企业进行外部供应链纳税管理实践提供了有益的指南。

在全球化竞争中,将纳税管理置于企业的整个供应链系统,通过其整体价值最大化来提升其核心竞争力和国际竞争力势在必行。《供应链纳税管理》是我国企业参与国际市场竞争不可或缺的参考教材,不仅适用于各类企业财务和税务管理人员作为培训材料,同时也是高等院校工商管理学院 MBA 和 EMBA 学生不可多得的教科书。

对外经济贸易大学国际商学院教授、博士生导师

马春光

2012 年 11 月 18 日

前 言

　　税收是国家财政收入的主要来源,也是影响企业财务战略的重要因素。各国税收政策和税收征管不断科学化、精细化,对企业纳税管理提出越来越高的要求;随着经济的不断发展和全球化的不断演进,互联网技术导致信息垄断的逐步瓦解,价格信息透明度的提高、成本刚性的增强、消费者对产品质量和售后服务的要求越来越高,企业利润空间越来越小,市场竞争逐步由过去的"单一企业竞争"向整个"供应链竞争"转化。企业纳税管理已不能仅仅局限于自身利益,而应当将其置于整个供应链系统,以追求供应链系统的整体价值最大化,从而实现企业自身价值最大化和获得长期持续发展的能力。

　　基于供应链视角的企业纳税管理研究是利用供应链管理思想、流程管理思想、战略联盟思想、契约思想、精细化管理思想等后工业化时代的管理思想和理念,结合财务管理理论、战略管理理论和经济博弈论等管理理论,将研究视角置于整个供应链和整个纳税流程的广度,从企业战略管理的高度,对企业纳税管理进行全过程的研究。

　　在导论之后,本书的第二章阐述了供应链管理的内涵和全球化背景下的供应链管理,对供应链管理流程分析方法和供应链管理决策的阶段进行了研究和分析,论述了在全球化背景下供应链的设计与战略匹配方法,并对供应链的驱动与限制因素进行了分析,为基于供应链视角的企业纳税管理研究奠定供应链管理理论基础。

　　在第三章中,本书首先以流程管理思想对企业纳税管理的全过程进行系统分析，提出企业纳税管理内容应当包括企业纳税政策管理、企业纳税流程管理、企业纳税成本管理、企业纳税风险管理和企业纳税争诉管理五大范畴；随后详细分析了企业纳税管理的空间和驱动因素，并结合问卷调查，分析了目前我国企业纳税管理的税收法律意识现状；第三，对企业纳税管理思想的演进进行了分析并指出，在可以预见的未来，以整个供应链价值最大化为目标的企业纳税管理将成为企业纳税管理不可或缺的必然手段，最后，系统阐述了供应链视角的企业纳税管理的思想特征，构建基于供应链视角的企业纳税管理思想理论体系。

在第四章，本书运用供应链管理思想、契约思想、精细化管理思想和财务管理理论，流程再造理论等管理思想和理论，结合我国目前的税制状况，系统分析了企业内部供应链结构（包括企业组织架构、采购流程、生产流程、仓储与运输流程、销售流程、技术研发、合同签订）、产权关系（包括企业筹资、企业重组与股利分配）以及企业财务会计处理方法（包括会计政策的选择和会计估计的应用）对企业纳税管理的影响，构建具体的案例和数量分析模型，详细分析和研究了不同的供应链环节下，具体经济活动对企业纳税管理的影响程度和结果，为企业进行内部供应链纳税管理并直接运用研究成果提供参考。

在第五章中，本书继续沿着供应链管理理论，将视角转换到企业外部供应链，并充分运用战略联盟思想、契约思想和流程再造理论，以中国现行的税收法律法规为基础，首先系统分析了企业边界（包括横向边界和纵向边界）对企业纳税管理的影响，针对具体税种和税率，推导出一系列相应的数量指标，为企业的直接应用提供指导；其次，系统分析了税收在供应链中流转的特征和税负在构成供应链的各主体间的转嫁方式与制约因素，为在供应链整体税负最低的战略目标下进行供应链重新设计，提供理论基础；第三，系统研究了供应链结构安排（包括供应链中企业的构成、供应链中企业组织形式、企业边界的供应链安排）在具体税种、税率条件下的企业纳税成本变化；最后，分析了国际税收的供应链安排对纳税成本的影响。通过具体案例分析和论证了企业充分利用国际税收管辖权、国际避税港、延期纳税、国际税收协定以及税收优惠政策等进行企业纳税管理的具体方法；为进行企业外部供应链纳税管理实践提供指导。

在第六章中，本书系统分析了宏观税收环境（包括国家税制、产业政策、国际税收协定与税收竞争）和信息技术对企业纳税管理的影响，并指出企业纳税管理是纳税人对现有税收环境的一种反应和适应，企业内、外部环境也影响和制约着企业的纳税管理水平；为企业纳税管理的法律与伦理分析奠定基础。

在第七章，本书运用契约思想和经济博弈论等管理理论，首先对供应链下纳税管理的法律与伦理进行了系统分析，并指出企业在理性的支配下，必然会选择纳税管理行为，而国家可以通过调节税收成本和设置影响交易的灵活性和效率降低或面临的损失来规范纳税人的纳税管理行为。其次，分析研究了诚信纳税与供应链整体税负最小化的内在联系，详细分析了转移定价在供应链纳税管理中的作用与具体应用。

本书最后指出，在全球化浪潮风起云涌的今天，企业以自利为出发点的纳税管理理念已经很难适应这一冲击和挑战，改变过去的管理理念和企业边界，并将视角拉伸到全球范围内的供应链纳税管理势在必行。

在本书出版过程中，我的导师马春光教授给予了极大的鼓励、中国财政经济出版社的领导和编辑给予了鼎力支持，在此一并致谢！

本书是在笔者博士论文的基础上修改而成，适用于注册税务师、注册会计师、财务总监以及从事财税管理前沿工作的有识之士。正如书中所言，基于供应链视角的企业纳税管理要求管理者站在整个供应链视角去研究纳税管理全过程的内在规律。供应链本身和纳税流程的复杂多变，以及企业经营活动的多性样，导致的基于供应链视角的纳税管理所具有的极大的整体复杂性，绝非本人能力所能研究透彻，还待同仁们的指导和帮助。本书中的不足甚至错误肯定不少，还望各位读者和专家、学者给予批评指正，本人将不胜感激！来函请致：zdcpa@vip.163.com。

作　者

2012 年 11 月

目 录

第1章　导论 …………………………………………………（ 1 ）
　1.1　选题背景和选题意义 …………………………………（ 1 ）
　　　1.1.1　选题背景 ………………………………………（ 1 ）
　　　1.1.2　选题意义和实用价值 …………………………（ 3 ）
　1.2　文献综述 ………………………………………………（ 5 ）
　　　1.2.1　国外研究综述 …………………………………（ 5 ）
　　　1.2.2　国内研究综述 …………………………………（ 8 ）
　1.3　本书的基本框架与研究方法 …………………………（ 14 ）
　　　1.3.1　基本框架 ………………………………………（ 14 ）
　　　1.3.2　研究方法 ………………………………………（ 16 ）

第2章　供应链管理 …………………………………………（ 20 ）
　2.1　供应链的内涵 …………………………………………（ 21 ）
　　　2.1.1　供应链的概念 …………………………………（ 21 ）
　　　2.1.2　供应链的管理目标 ……………………………（ 23 ）
　　　2.1.3　供应链的流程分析 ……………………………（ 24 ）
　　　2.1.4　供应链的决策 …………………………………（ 25 ）
　2.2　经济全球化背景下的供应链管理 ……………………（ 27 ）
　　　2.2.1　经济全球化的主要特征 ………………………（ 27 ）
　　　2.2.2　经济全球化对供应链管理的影响 ……………（ 30 ）
　　　2.2.3　全球化背景下的供应链运营 …………………（ 32 ）
　　　2.2.4　供应链的驱动与限制因素 ……………………（ 37 ）

第3章　企业纳税管理 ………………………………………（ 40 ）
　3.1　企业纳税管理的内涵与空间分析 ……………………（ 41 ）

3.1.1　企业纳税管理的内涵 …………………………………（41）
　　　3.1.2　企业纳税管理的空间分析 …………………………（48）
　3.2　企业纳税管理的驱动因素 …………………………………（55）
　　　3.2.1　企业纳税管理的内在动因 …………………………（55）
　　　3.2.2　企业纳税管理的外在动因 …………………………（57）
　3.3　供应链视角的企业纳税管理 ………………………………（57）
　　　3.3.1　企业纳税管理思想的演进 …………………………（57）
　　　3.3.2　供应链视角的企业纳税管理思想 …………………（60）
　　　3.3.3　供应链视角的企业纳税管理特征 …………………（63）

第4章　企业纳税管理的内部供应链分析 ……………………（65）
　4.1　企业内部供应链与企业纳税管理 …………………………（66）
　　　4.1.1　企业内部供应链分析 ………………………………（66）
　　　4.1.2　企业组织架构与企业纳税管理 ……………………（67）
　　　4.1.3　企业内部供应链流程与企业纳税管理 ……………（76）
　4.2　产权关系与企业纳税管理 …………………………………（87）
　　　4.2.1　产权关系的内涵 ……………………………………（87）
　　　4.2.2　产权关系与企业纳税管理 …………………………（88）
　4.3　企业财务会计处理方法对企业纳税管理的影响 ………（103）
　　　4.3.1　企业会计政策的选用对纳税管理的影响 ………（103）
　　　4.3.2　企业会计估计的选用对纳税管理的影响 ………（110）

第5章　企业纳税管理的外部供应链分析 …………………（112）
　5.1　企业边界与企业纳税管理 ………………………………（114）
　　　5.1.1　企业边界的内涵 …………………………………（114）
　　　5.1.2　企业边界与企业纳税管理 ………………………（115）
　5.2　企业纳税管理的供应链分析 ……………………………（123）
　　　5.2.1　税收在供应链中的流转特征 ……………………（124）
　　　5.2.2　税负在供应链中的转嫁 …………………………（127）
　5.3　供应链结构对企业纳税管理的影响 ……………………（131）
　　　5.3.1　供应链中企业构成与企业纳税管理 ……………（132）
　　　5.3.2　供应链中企业组织形式与纳税管理 ……………（143）

5.3.3　企业边界的供应链安排 …………………………（144）
　　　5.3.4　国际税收的供应链安排 …………………………（147）

第6章　企业纳税管理的环境分析 ……………………………（160）
6.1　宏观税收环境对企业纳税管理的影响 …………………（161）
　　　6.1.1　国家税制对企业纳税管理的影响 …………………（161）
　　　6.1.2　产业政策对企业纳税管理的影响 …………………（166）
　　　6.1.3　国际税收协定与税收竞争 …………………………（168）
6.2　信息技术与企业纳税管理 ………………………………（175）
　　　6.2.1　信息的特征 …………………………………………（175）
　　　6.2.2　纳税管理需要哪些信息 ……………………………（178）
　　　6.2.3　信息在纳税管理的作用 ……………………………（179）

第7章　法律与伦理：纳税管理的供应链管理理念 …………（181）
7.1　供应链下纳税管理的法律与伦理分析 …………………（182）
　　　7.1.1　供应链下纳税管理的法律分析 ……………………（182）
　　　7.1.2　供应链下纳税管理的伦理分析 ……………………（193）
　　　7.1.3　税收的公平与正义 …………………………………（208）
7.2　诚信纳税与供应链整体税负最小化 ……………………（219）
　　　7.2.1　诚信纳税 ……………………………………………（219）
　　　7.2.2　供应链整体税负最低 ………………………………（224）
　　　7.2.3　转移定价在供应链整体税负最小化中的作用及
　　　　　　应用 …………………………………………………（225）

参考文献 …………………………………………………………（233）

后　记 ……………………………………………………………（243）

第1章

导　　论

选题背景和选题意义

1.1.1　选题背景

　　税收是一个古老的话题，伴随国家出现，随着社会的发展和进步而不断发展与完善。20世纪后期，随着中国经济的腾飞和世界经济一体化的进程加速，税收作为社会经济活动中不可或缺的重要因素，其地位越来越受到人们的重视。任何组织和个人，都不能脱离国家税收的监管而独善其身，正如本·富兰克林所说："世界上只有两件事是不可避免的，那就是税收和死亡。"企业作为社会经济组织的"细胞",企业纳税管理不仅是在"企业利润最大化"的财务战略管理下的税收成本管理,更是基于"企业价值最大化"战略模式下的税收风险战略管理的必然选择。

无论是政府税收征管、企业税收成本控制,还是个人税收管理,都是基于不同的地位、不同立场、不同视角;但其具有同一个共同需求,即如何在现行的税收环境(包括本国税收环境和国际税收环境)下,通过解读税收政策导向,应用不同的角度与方法透视税收深层次的利益与风险,来管理纳税事项,达到自身利益的最大化。

在排他性贸易背景下,企业之间的竞争是你死我活的竞争;在竞争性贸易背景下,企业之间的竞争是客户与市场的竞争;新的全球化竞争态势带来的大规模协作,也带来了企业整合创新和生产方式的创新。企业发展方向正由过去的排他性战略和竞争性战略,逐渐为合作战略所取代,而后者也进一步促进了全球化的发展。企业要在全球范围内保持竞争优势,意味着在国际范围内维持企业的发展,利用更多的全球资源,包括全球的生产要素资本、人力资源资本、知识智力资本,在全球范围内的整个供应链上的资源整合。因而企业需要对生产要素资源、人力资源和知识资产进行跨文化、跨学科、跨企业边界、跨行业边界、跨国际进行整合与管理。新的大规模协作生产模式将替代传统的公司层级制成为经济中财富创造的主要引擎[①]。

基于供应链视角的企业纳税管理是企业通过自身纳税流程管理、纳税争讼管理以及同具有独特优势的供应链上下游企业的协作,甚至重组并购,并凭借现代化的科技手段,以保持整个供应链的同步化运作,运用法律法规许可的各种方针政策、财务管理、财务会计及金融等专业知识,对企业和供应链的纳税成本和涉税风险进行整体筹划,使整个供应链剩余最大化,从而实现企业价值最大化并使企业获得持久竞争优势的过程。

21世纪将是全球化和网络化的世纪,新的市场协作能力和商业模式的出现,全球合作战略在企业间的广泛运用,将迫使企业重新定位其发展战略和管控模式。纳税管理因其包含了企业税收政策管理、企业纳税流程管理、企业税收成本管理、企业税收争讼管理和企业纳税风险管理等整个纳税流程的全部内容,无可避免地成为管理企业自身价值,实现企业价值最大化的重

---

① 唐·泰普斯科特、安东尼·D·威廉姆斯著,何帆、林季红译:《维基经济学——大规模协作如何改变一切》[M],中国青年出版社2007年1月版,第31页。

要内容。而企业作为整个供应链的一环或数个环节，唯有将其自身置于整个供应链去考量，以力求实现整个供应链剩余最大化，即我们通常所说的"双赢"或"多赢"，企业才能获得持续稳定的发展，才能在未来的商业模式和渠道竞争中取得持久的竞争优势。在今天这个极端不平等的世界上，最大的失败者不是那些完全融入全球化的人，而是那些被全球化抛弃的人①。未来的竞争将是供应链的竞争而非企业间的竞争。从这个意义上说，基于企业组织自身的纳税管理是在管理现在，而基于供应链视角的纳税管理是管理未来。

1.1.2 选题意义和实用价值

1.1.2.1 选题的现实意义

税收作为国家财政收入的主要来源和国家调整经济结构及社会财富再分配的重要手段，不仅是企业最重要的成本构成要素之一，也是企业发展战略制定中必须考量的重要因素；企业内部纳税管理机构设置及纳税流程管理，不仅是企业自身内控制度建设的重要内容，也是提高管理效率的重要手段；税收管理风险也是贯穿企业生命周期的最重要的风险之一。因此，做好企业纳税管理，不仅有利于企业发展战略的制定，降低企业纳税成本，也是有效降低税收风险的必要手段。

由于企业作为独立的经济实体，无可争议地具有独立的经济利益，自由价格机制的客观存在，为企业间税负转嫁提供了主客观条件，在竞争战略下，企业为获得自身的经济利益或竞争优势，通常会运用税收转嫁手段，将税负向供应链前端或供应链后端转移，而不考虑其供应链上下游企业的税收负担与税收风险。但随着"竞争合作"向"合作竞争"的转化，企业不仅仅需要考量自身的税收负担，同时也必须考虑其整个供应链上协作单位的整体税收负担，实现供应链的整体剩余最大化，从而推动企业的战略转型和产品结构的升级换代，促进企业间的重组并购和产业结构的调整，实现企业的长期、稳定发展。

对于国家税收管理而言，由于企业是基于全供应链范围的纳税管理，必

---

① 戴维斯密克著，陈勇译：《世界是弯的——全球经济潜在的危机》[M]，中信出版社2009年6月版，第12页。

然要求其不仅对自身的税收环境（包括法律环境和制度环境）有充分了解，同时要求其对整个供应链在内的所有相关企业的税收环境有充分了解，从而推动纳税管理人员对税收法律法规及国际税收协定学习和探讨的自觉性；税收法律法规被企业广泛理解与运用，有利于顺利实现国家税收管理导向，推动企业战略与国家战略的统一，有利于实现国家战略和国家宏观经济导向，从而节约国家宏观经济管理成本。同时，企业基于供应链的纳税管理，导致了税负在跨企业、跨行业、跨国界进行转移，从而导致更大范围和更深层次的税收利益调整。在国家内部，为实现企业之间、不同行业之间的税收公平，政府必然推动新一轮的税制改革；国家之间为降低有害税收竞争的出现，必然会形成更高层次和更深层次的税收协定，并推动国际税收的变革与发展。

1.1.2.2 选题的实用价值

首先是其经济价值：由于基于供应链视角，从供应链整体税负最小的出发点去管理企业纳税行为，必然会导致企业税负在构成整个供应链的企业之间的重新分配，从而调整其供应链上的企业之间的产品或服务的定价机制，以此推动供应链系统内企业间的更广泛和更深层次战略协作，甚至重组并购，进一步提高企业运营效率和降低企业纳税成本；同时，为使整个供应链的剩余最大化，必然要求企业在选择行业准入和战略定位时，自觉遵循国家经济导向和国家宏观经济战略，从而有效降低宏观经济调控成本。

其次是理论价值。基于供应链视角的企业纳税管理是基于供应链管理思想、流程管理思想、战略联盟思想、契约思想、精细化管理思想等后工业化时代的管理思想，结合财务管理理论、战略管理理论和经济博弈论等管理理论，从整个供应链管理和整个纳税流程管理出发，将构成企业特定经营业务的整个供应链的纳税主体作为研究对象，突破了单一纳税主体纳税管理的局限；同时将纳税管理的整个流程作为研究对象，突破了税收筹划忽视纳税流程和纳税争诉管理的局限，因而视角具有前所未有的广度和高度。这种跨越企业边界、跨越行业边界甚至跨越国家税收管理边界的纳税全过程管理的理论探索，不仅为企业进行纳税管理提供全新的视角；也从对立的角度，为国家对行业税收管理甚至是国际税收管理提供了全新的视角。

1.1.2.3 选题的不足与局限

基于供应链视角的企业纳税管理要求管理者站在整个供应链视角去研究纳税管理全过程的内在规律。由于供应链本身和纳税流程的复杂多变，以及企业经营活动的多性样，基于供应链视角的纳税管理具有极大的整体复杂性，绝非本人能力所能研究透彻，还待同仁们的指导和帮助；其次是国内外学者基于该视角的纳税管理研究论文尚不多见，为本书研究增加了难度。

1.2 文献综述

1.2.1 国外研究综述

企业纳税管理作为管理学中的一个重要内容，在西方市场经济发达的国家，早就为纳税人和税收征管部门所重视，并出现了大量的理论研究成果。

1.2.1.1 基于企业财务视角的纳税管理研究

从经济学角度来看，企业财务是经济活动的核心。早在《公司所得税和资本成本：一种修正》一文中，Franco Modigliani 和 Mertor Mille（1963）就将公司所得税的影响因素引进入他们于 1958 年建立的资本结构模型，提出了企业负债越多，节税利益越大，对企业越有利，当企业负债为 100%，企业价值最大的理论。Elton and Gruber（1970）在他们的论文中研究了股息税和资本利得税的差异对投资者决策的影响方面，并得出结论，如果税收影响投资者的选择，股票价格下降幅度应当小于股利，因为股利比资本利得征收更多的税收。Brennan（1970）通过假设投资者的股利和资本利得均须缴纳个人所得税，资本利得税率低于股利所得税率，首次推导出考虑了税收因素的资本资产定价模型（CAPM），该模型建立了期望收益率与股利收益率之间的联系，从理论上揭示了红利所得税对股票价格的影响。Shackelford（1991）以员工持股计划的借款利率探讨了隐性税收问题。Berger（1993）进行了美国 1981 年经济复苏法案给予公司研发（R&D）投资支出抵减所产生的隐性税收的研究，他指出，政府给予 R&D 投资抵减导致公司的研发活动承担了隐性税收。1998 年，斯科尔斯（Scholes）和沃尔夫森（Wlofson）等人在《税收与企业战略》一书中提出了有效税务筹划理论。他们认为，传统的税务筹划目标所追求的税负最小观点，实际上忽略了交易成本。有效的税务筹划应该从交易各方利益出发，充分考虑显性税收与隐性税收、税收成本与非税收成本等因素，并系统地分析了税收对企业投资和融资战略的影响。John R. M. H. 和 Terrance R. S.（1999）从资本结构角度出发，研究了企业账面收益与税收之间的关系对股票 IPO 造成的影响。Michael J. C.（2000）采用实证方法检验了资本结构和财务政策变化对税收会计规则的影响，即在税率变化时，公司如何实现税务筹划目标和财务目标。Merle Erickson、Austan Goolsbee 和 Edward Maydew（2002）从税法规则本身对套利行为限制的角度研究隐性税收问题：由于税收规制本身就是一种摩擦因素，通过税法对市政债券税收套利的限制，直接检验了税收差异对资产价格的影响，并找到有关隐性税收产生较小影响的证据。Zhonglan Dai（2006）等认识到税收资本化效应和锁定效应的作用方向相反，他们在考虑资本化效应和锁定效应综合影响后，分析了资本利得税对价格的影响。

1.2.1.2 基于企业经营流程视角的纳税管理研究

1997 年，美国税务协会前任主席 Sally M. Jones 在《经营和投资规划的税收原则》一书中，系统分析了企业经营活动和投资规划中的企业纳税管理问题。同年，得克萨斯 A&M 大学的 Sharon Kya 的论文《企业迁徙的税收和非税收诱因》研究了企业在考虑坐落位置时的税务筹划，认为公司选择坐落位置是一个综合性的选择，考虑了地理位置、经济条件、经济发展等各种各样的税收和非税因素，特别是州税和当地税收。Michael R. Diamond（1998）在其《美国公司运作模式与税务筹划》一书中，介绍了如何安排公司结构，以获取最大限度的法律优势、税务优势与经营优势。进入 21 世纪，随着全球化进程的不断深化，对跨国公司纳税管理问题的研究也进入了研究者的视野。杜克（Duke）大学的 Jennifer Luoise 在其论文《归集抵免税制对跨国公司投资、筹资和税务会计策略的影响》中的研究结论表明，归集抵免制鼓励企业限制在国外的投资而更多地在国内投资；国外关联企业能利用贷款、并购、跨国利润转移等手段规避股利税收。Bauman（2001）也从国际间税制的差异考察了跨国公司在税务筹划中的资本流动。Anuschka Bakker

在《转让定价和业务重组》一书中，探讨了业务重组是全球的竞争压力和不断变化的市场需求的反应，跨国公司为应对市场和保持其利润率可能进行企业重组，提供了有关业务重组和业务模式的驱动程序和应用技巧。并指出，企业发生重组时，突显问题是转让定价的意见分歧和主体税种的问题，在重组中不仅应考虑重组主体的直接税，还应当考虑增值税和关税。2004年，Sally M. Jones 和 Shelley C. Rhoades – Catanach 在《高级税收战略》探讨了复杂经营、财务和个人财富筹划交易的税收后果。在战略的开发和执行中集中讨论了税收分歧，并在税收分歧识别之前探讨了交易各方的非税动机。2004年，斯科尔斯（Scholes）和沃尔夫森（Wlofson）等人在《税收与企业战略——筹划方法》一书中，立足于企业战略高度，探讨如何将税收筹划作为一种科学的方法实践于各种复杂的商业环境，更加关注各种契约性交易的经济结果，进一步对跨国公司的利润汇回战略，转移收入以实现国外税收抵免最大化和亏损输入交易，以及企业合并、收购、剥离的税收筹划进行系统阐述。

1.2.1.3 基于风险视角的纳税管理研究

近年来，企业税务风险管理已经逐渐被现代企业所重视。2009年 Luc De Broe 在《国际税务规划及其防止滥用》一书中比较分析了澳大利亚、奥地利、比利时、加拿大、捷克共和国、芬兰、法国、德国、印度、瑞士、英国和美国的判例法下，税务机关如何试图打击国际避税的机构，特别是那些涉及使用的、由第三国居民为目的的"购物条约"和"EC 指令购物"的渠道和基地公司。2010年，Anuschka Bakker 和 Sander Kloosterhof 在《税务风险管理——从风险到机遇》中提供了税收控制框架的关键要素，以及如何构建这样一个框架，为企业税务管理人员认识税务风险，管理税务风险提供了指导。

1.2.1.4 基于法学与伦理视角的纳税管理研究

1998年孟斐斯大学的 Kathryn Dianne 的《解决税务筹划问题的框架：对税收专家的认知过程和构造问题框架的一个实证研究》对32名税务专家在解决税务筹划问题时的情况进行了研究，认为税务专家的知识数量和知识结构与其经验成正向关系，认知过程行为与税务筹划决策绩效也呈强相关性，但分析结果不支持特定的人和任务因素，会影响认知过程和决策绩效。

David M. S. (2001) 研究了政府税收体制改革对企业税务筹划策略的影响，认为由于摩擦（如会计规则、信用风险、技术进步阻力等），税收体制有时阻碍了税务筹划的进行，有时促进企业税务筹划方式的转变，并指出，税制改革必须充分考虑税务筹划，否则，交易成本就可能过高。

2011年，克里斯·埃文斯、朱·弗里德曼、理查德·Krever 等在《微妙的平衡——税收的自由裁量权和法治》中指出，税收法律的几个方面产生的关系与税务部门的自由裁量权的行使，往往需要税收管理当局在维护税收法治与纳税人维护合法权利的正当需求之间达成一种微妙的平衡。一方面，行政和管理需要有足够的能力来适用法律；另一方面，有需要维持法治原则，这是民选的立法机关，而不是行政或税收征管建立税务负担。文章探讨了在法治的税收制度下，自由裁量权应发挥多大作用，如何防止滥用自由裁量权以及立法机关能在多大程度上委托税务部门行使恰当的自由裁量权。

安德烈·亚斯布伦博士在2011年4月出版的《公平交易结构——认识和调整转让定价的控制交易》中指出，如果关联企业具备了与他们从那些独立的企业交易不同的受控交易的特殊条件，可以授权利润调整。这种特殊条件，不一定只能是价格的条件，也可能包括任何其他条件。该书还研究了以权力重组上的公平原则为基础的控制交易，研究探讨了公平原则给予调整机关的外部界限。公平交易结构研究这些问题，在经合组织税务示范公约第9条（1）解释，尤其是多国企业和税务管理由经济合作与发展组织转让定价指南。

2011年10月，Georg Kofler、Miguel Poiares Maduro 和 Pasquale Pistone 在《欧洲和世界的人权和税收》一书中，探讨了在日益全球化和欧洲的"里斯本条约"的法律框架下，围绕"里斯本条约"在欧盟（税）法领域的人权保障和执法上的影响，建议重新界定税收和人权领域的分离，进一步探讨在全球化背景下，税收领域中人权的潜在影响因素。

1.2.2 国内研究综述

国内纳税管理研究起步较晚，改革开放的不断推进和计划经济向市场经济转轨，尤其是在1994年拉开的分税制改革的序幕，构建了市场经济条件下中央与省级政府财政分配关系的基本制度框架。到现在，纳税管理取得了长足的发展，学界取得了一系列的研究成果，但大多集中在对税收成本管理和税务筹划方法的探讨。

1.2.2.1 基于企业财务视角的纳税管理研究

在我国,关于财务视角的纳税管理研究成果很多。陈松林(1994)所著的《避税与逃税》,是我国早期揭示各种避税和逃税方式的专著,唐腾翔、唐向(1994)所著的《税务筹划》是国内第一本提出税务筹划的概念并进行系统研究的专著。张中秀(2000)的《纳税筹划》介绍了税务筹划的基本原理和实务。刘静(2000)论述了税务筹划的基本思路与方法。宋献中、沈肇章(2002)阐释了税务筹划与财务管理的相关性,揭示了税务筹划与企业资本成本、融资决策、股利分配的关系。沈利国(2002)分析了税务筹划的显性成本与隐性成本,指出,税务筹划作为企业理财学的一个重要组成部分,应归属于企业财务成本管理的范畴。盖地(2003)主编的《税务筹划》(系普通高等教育"十五"国家级规划教材、国内第一本关于税务筹划的国家教材)是一本系统介绍税务筹划理论与实务的著作。刘涛(2004)运用投资组合理论,从成本、效益、风险等角度分析了税务筹划的组合效应。谈多娇(2004)从经济学与财务管理相结合的角度,对税务筹划的宏观、微观经济效应进行了分析。唐国正、刘力(2004)实证检验了税制与利率管制对我国上市公司资本结构的影响。蔡昌(2005)所著的《税务筹划八大规律》第一次从税务筹划的规律与技术方面对税务筹划运作模式进行了分析和总结。刘其文(2005)对企业所得税纳税筹划及相关财务与会计问题进行了研究。杨绮(2006)将运筹学方法在纳税筹划中的应用问题作为一个专门课题加以研究,他应用运筹学中的线性规划和非线性规划原理、单目标决策分析和多目标决策分析方法,研究企业的跨国经营转让定价纳税筹划、税前利润弥补亏损纳税筹划、固定资产折旧方法纳税筹划、跨国投资地点选择纳税筹划这四个方面的问题。盖地(2008)主编的《企业税务筹划理论与实务》是一本专门面向会计类研究生的税务筹划教材。李铭(2008)在《企业并购的会计税收问题研究》一书中以并购的会计税收问题为研究对象,这是对该领域研究的一次努力探索和尝试。吕志明(2008)对隐性税负以及风险因素对其的影响进行了分析,指出对隐性税负进行理论研究具有重要的理论意义、实践意义以及政策指导意义。盖地、崔志娟(2008)分析了显性税收和隐性税收的基本含义和计量模式,探讨了隐性税收和税收资本化的根源。

此外，关于税务筹划的编著还有高金平（2006）的《税务筹划操作实务》、庄粉荣（2007）的《纳税筹划实战精选百例》、申嫦娥（2007）的《税务筹划》、周叶（2007）的《企业税务筹划》、王素荣（2008）的《新增值税、税务筹划与会计处理》等。蔡昌（2009）在《如何进行税收筹划》一书中，讲授了"用第三种眼光看税收筹划"，"第三种眼光"的核心是从战略的角度看筹划。

1.2.2.2 基于企业经营流程的纳税管理问题研究

戴佳君（2003）把企业战略和纳税筹划结合起来，分析纳税筹划怎样为企业战略服务，以营造企业的战略竞争优势和保持长期盈利能力。刘蓉（2005）著的《公司战略管理与税收策略研究》对企业战略框架下的不同经营环节的税收策略进行了研究。安福仁（2006）在其《税收管理理论与管理战略》一书中为税收管理理论研究、税收管理战略研究等提供有益的参考。贺志东（2006）在《纳税管理》中对纳税管理的实务操作做了详细的介绍。赵军红（2007）在《企业纳税管理》中，全面讲述了当代企业纳税管理的基本原理、具体内容、技术方法及操作流程。高凤勤（2007）进行了企业税收效应研究，她以马克思的双重属性分析法为理论工具，结合新古典经济学和新制度经济学的研究方法，深入到企业的内部探讨税收对企业利益关系的影响，全面分析企业的税收效应。蔡昌（2007）在其《基于契约观视角的税收筹划研究》一文中，运用契约理论，分析了多方产权关系和契约力量下的纳税人，通过契约安排节约交易费用，并通过契约形式变换和契约管理调整实现筹划节税的问题，并在此基础之上，分析了三大财务政策（融资政策、投资政策、股利政策）与税收筹划的关系以及两类税收契约（政府与纳税人之间的法定税收契约、相关者交易税收契约）与税收筹划的契约安排和激励问题。翟继光、张晓冬（2008）所著的《新税法下企业纳税筹划》全面介绍了纳税筹划的实践操作问题，特别是对纳税筹划所涉及的各个税种，各种生产经营阶段以及主要产业都进行了详细的阐述和介绍。顾瑞鹏（2009年）在其《企业价值链税收筹划的思考与实践》一文中分析了基于价值链税收筹划的基本思想与应用。王淑敏（2010）在其《基于价值链管理的税务筹划研究》一文中对基于企业内部价值链上的投资、采购、生产、销售、利润形成及分配过程的税收筹划问题，结合现行税收法律制度进行了研究。刘天永（2010）在《中国转让定价与反避税纳税指南》一书中，站在税法实践的前沿，从长期为跨国企业提供转让定价相关服务和反避税调查解决等方面的实务经验出发，详细介绍了中国转让定价的形势和最新发展、中国转让定价的实质与形式标准等内容，深入分析了转让定价管理和同期资料准备的具体制度，并通过具体案例进一步为纳税人提供有效的方法性建议，为纳税主体以及第三方机构今后开展相关工作提供了可资借鉴的工具、方法与例证；林德木（2010）在《美国联邦公司并购税收制度研究》中全面阐述美国联邦公司并购所得税制度的基本内容、运行机理及其立法价值取向，系统解析美国联邦公司并购所得税制度的历史发展、立法合理性及其存在的缺陷与不足，尝试揭示公司并购领域的种种避税现象，探讨跨国并购领域国际重复征税现象及其解决途径，深入分析跨国并购领域的滥用税收协定及其资本弱化国际避税问题及其管理措施。蔡庆辉（2010）的《有害国际税收竞争的规制问题研究》一书以有害国际税收竞争为研究对象，以主要国际组织规制有害国际税收竞争的实践为研究基础，对有害国际税收竞争实践的两种主要类型——有害优惠税制和避税地的规制问题进行了深入研究，并探讨了中国处理有害国际税收竞争问题的基本立场，分析了中国优惠税制的改革历程及其面临的问题以及应对这些问题的建议，以进一步完善中国的反避税立法。杨志清（2010）的《国际税收》一书在全面、准确地阐述国际税收学科基本理论的基础上，对当前国内外本学科领域内的不同学术观点及发展动态加以分析和比较研究，进一步分析和展望了跨世纪国际税收的重要发展趋势。朱青（2011）的《国际税收》对跨国课税对象征税的国际规范、所得的国际重复征税及其减除方法、国际避税与反避税、国际税收协定以及商品课税的国际协调问题进行了研究。

1.2.2.3 基于风险视角的纳税管理研究

近年来，关于企业税务风险的研究在国内也不断推陈出新。吴立全（2004）进行了税收筹划中摩擦与约束的因素分析。谭光荣（2005）提出了战略纳税筹划的理论框架，论述了战略纳税风险的管理策略。盖地、钱桂萍（2005）对税务筹划的非税成本及其规避问题进行分析和探讨。盖地、周宇飞（2005）分析了风险税务筹划方案的衡量与选择，并对风险税务筹划决策方法进行了探讨。马海涛（2011）在其《中国税收风险研究报告》一书中，站在政府税收征管的角度，全面研究了中国经济、特别是中国财政税收体制中蕴藏的风险，有助于我们对于中国的税收风险进行正确认识并加以认真解决。

1.2.2.4 基于法学与伦理视角的纳税管理研究

朱洪仁（2000）所著的《国际税务筹划》从税收学和法律学角度，对国际经济中的税收和税收筹划问题进行了理论和方法上的探索。刘剑文（2002）所著的《税法学》反映我国税收法治建设的最新成就。黄黎明（2003）以税收法定主义原则为基础，对税务筹划的法理进行了分析。陈爱玲（2004）分析了企业税务筹划所处的法律环境和财会法规。张守文（2004）分析了税收法定主义原则，认为没有法律依据国家就不能课赋和征税，国民也不得被要求缴纳税款。戴德明等（2004）对避税与逃税行为选择进行了因素分析。盖地（2008）发表论文《避税与特别纳税调整》认为，税务机关有权对纳税人依法进行"特别纳税调整"，但纳税人也有权在不违反税法等有关法律法规的前提下，追求包括税收利益在内的自身利益最大化，理清了税务筹划与避税的关系。陈延忠（2010）在《国际税收协定解释问题研究》中以税收协定的解释为研究主题，深入解析了缔约国一方的税务机关和国内法院在解释税收协定时所涉及的主要理论问题。周全林（2007）在其《税收公平研究》一书中指出，税收公平可以作三层次的理解：一是税收本身的公平，二是税收的经济公平，三是税收的社会公平。孙玉霞（2008）在其《税收遵从：理论与实证》一书中以"税收遵从"为题开展研究，具有一定的前沿性，具有较高的理论价值和现实意义。

陈丹（2010）在其《论税收正义——基于宪法学角度的省察》中指出，伴随着现代工商业国家的兴起，中国公民已几乎人人都有了与税法亲密接触的机会，与之相应，面对正在发生或即将到来的税收对公民自由及财产权大规模干预与介入之命运，如何使它的产生及运作符合正义要求，特别是如何充分发挥税收正义功能，以确保宪法基本人权的有效实现，就成为我国当代宪法学研究不可回避的课题，极具理论与现实意义。许评（2010）在《有限理性下的税收遵从研究》中，超越传统的税收遵从研究视角，将个人纳税人还原为有限理性的个人，对其作出税收遵从决策的经济原因、社会原因、心理过程等方面进行了研究，运用控制实验的方法分析了中国个人纳税人的心理特征，在此基础上建立了基于前景理论的税收遵从模型，并描绘了包含情绪的税收遵从决策框架。他的研究结论揭示了真实纳税人的税收遵从决策过程，从一定程度上推进了有限理性下税收遵从的理论研究，并为我国进行税制改革提供了值得借鉴的建议。

综观这些研究可知，目前企业纳税管理研究主要集中在以降低企业税负、追求企业自身价值最大化为财务目标的税收筹划研究上，且多聚焦于实务操作层面。在国外，迈伦·斯科尔斯和马克·沃尔夫森等人将税收筹划与企业战略结合在一起研究和运用，将税收制度与企业战略结合到公司的具体决策中，结合公司财务管理、财务会计和微观经济学等领域的前沿理论对公司并购、剥离、国际扩张等诸多内容进行了详细的静态、动态分析，并将税收筹划的技术手段置于动态的经济政策环境下，从制定企业战略所需要考虑的税收广角出发，赋予税收筹划一种全新的管理理念和战略高度，并对各种税收战略从严谨的假设条件出发，推导出适用于一般性环境的决策模型，开创了税收筹划的量化决策之先河，使税收筹划进入一个崭新的阶段；安德烈·亚斯布伦博士等人站在公平交易的角度，讨论了转让定价的问题。但这些论著都以单一企业纳税主体或契约双方的广度来研究纳税筹划问题，未将视野放到主体企业相关的整个供应链和整个纳税流程的全过程。

在我国，赵军红在《企业纳税管理》（高等院校应用型本科教材）一书中，以流程管理思想为指导，从贯穿整个企业税收缴纳流程出发，将企业纳税管理的内容界定为纳税政策管理、纳税流程管理、纳税成本管理、纳税风险管理和纳税争诉管理[①]，突破了以纳税成本（包括显性成本和隐性成本）管理为主要内容的纳税筹划的范围限制。顾瑞鹏在《企业价值链税收筹划思想与实践》[②]一文中，对企业价值链税收筹划的思想基础和具体运用做了简要的介绍。王淑敏在《基于价值链管理的税务筹划研究》一文中，融合价值链管理理论、流程再造理论和供应链管理理论，运用战略管理思维模式，对企业内部价值链上的投资、采购、生产、销售、利润形成及分配等经营过程，结合中国最新的税收法律制度的规定，进行了研究。遗憾的是，赵军红以流程管理思想，突破了纳税筹划的内容局限，但并未将纳税管理置于整个供应链的视角加以理论化和模型化；而顾瑞鹏、王淑敏虽然运用了价值链管理理论、流程再造理论、供应链管理理论以及战略管理思维模式，但仍未突破纳税筹划的范围限制。

鉴于此，本书拟以供应链管理思想和纳税管理等基本理论，通过调查研

---

① 赵军红：《企业纳税管理》[M]，上海财经大学出版社2007年3月版，第28页。
② 顾瑞鹏：《企业价值链税收筹划的思考与实践》[J]，《苏州教育学院学报》，2009年3月。

究，分析中国现行税收制度和宏观经济环境下，将整个供应链中纳税主体的纳税全部流程管理作为一个统一、完整的系统，以整个供应链价值最大化为宗旨，提出基于供应链视角的企业纳税管理基本理论，以期丰富我国纳税管理理论，并引导企业在正确进行自身纳税管理的同时，关注供应链上下游企业的纳税管理问题，促进企业之间的战略协作，并进而推动国家税制改革和国际税收协调。

1.3 本书的基本框架与研究方法

1.3.1 基本框架

供应链最早来源于彼得·德鲁克提出的"经济链"，而后经由迈克尔·波特发展成为"价值链"，最终日渐演变为"供应链"。它是指围绕核心企业，通过对信息流、产品流、资金流的控制，从采购原材料开始，制成中间产品及最终产品，最后由销售网络把产品送到消费者手中。它是将供应商、制造商、分销商、零售商直到最终用户连成一个整体的功能网链模式。所以，一条完整的供应链应包括供应商（原材料供应商或零配件供应商）、制造商（加工厂或装配厂）、分销商（代理商或批发商）、零售商（大卖场、百货商店、超市、专卖店、便利店和杂货店）以及消费者。

随着对供应链研究的逐步深入和不断实践，供应链的核心思想也随之发展。供应链生产组织模式可以理解为在保持一种稳定而有活力的供需关系的同时，各个企业实现优势互补、互利合作，充分利用现代各种先进的管理科学技术实现企业集成，联手面对竞争并合理利用资源（人力资源和自然资源），实现物流优化和成本优化，尽可能获得更多的利润。供应链管理既是一种技术，更是一种战略。

本书是基于经济日益全球化和网络化的环境下，企业之间的大规模协作日益取代过去的排他性竞争的背景下，通过分析构成供应链的供应商、制造商、仓库、配送中心和渠道商以及最终消费者之间的内在联系，以供应链管理理论作为指导，以企业纳税管理的主要内容作为载体，把视角定位在如何减轻整个供应链的整体税负、降低纳税风险,从而最大限度降低企业税收成本和加强企业之间的战略协作。基于这个认识,本书沿着经济分析、法律及伦理分析两条主线对企业纳税管理进行如下分析:

1. 通过探讨供应链管理理论与企业纳税管理理论,构建供应链视角下的企业纳税管理理论体系。

由于供应链不仅包括组织机构自身的内部供应链,也不仅包括制造商和供应商,还包括运输商、仓库商、零售商和顾客。在每个组织机构如制造商内部,供应链包括满足客户需求的所有部门。这些职能部门包括新产品开发、市场营销、经营、分销、融资和顾客服务,但不仅仅限于此[①]。因此,为进一步分析企业供应链结构和企业纳税管理的内在联系,本书试图从企业治理层结构及内部职能部门所构成的内部供应链与税收链(见图1-1),和由供应商、制造商、分销商、零售商、消费者等所构成的企业外部供应链与税收链(见图1-2)两个方面来分析企业纳税管理问题。

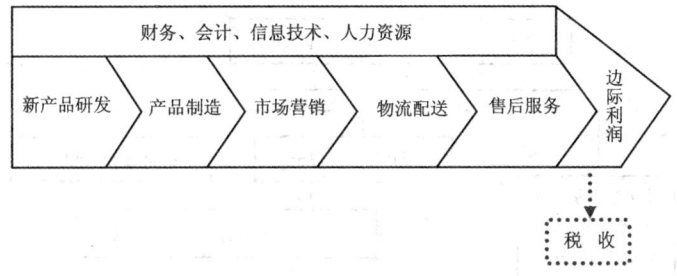

图1-1 企业内部供应链与税收链

2. 在日益全球化的今天,"信息不对称"将逐渐被"熨平"的条件下,本书分析了企业纳税管理受到的税收法律环境、伦理环境的影响,进而指出企业纳税管理的发展方向和内在价值。

本书的整体框架如图1-3所示。

3. 在上述分析的基础上,运用供应链管理视角,实证分析中国现行税制下,企业纳税管理的供应链安排,以通过相关案例研究,提供具体实践方法,为企业提供具体的纳税管理指导,从而使本书内容具有较强的可操作性。

---

① 森尼尔·乔普瑞(Sunil Chopra)、彼得·梅因德尔(Peter Meindl)著,李丽萍等译:《供应链管理——战略、规划与运营》[M],社会科学文献出版社2006年版,第4页。

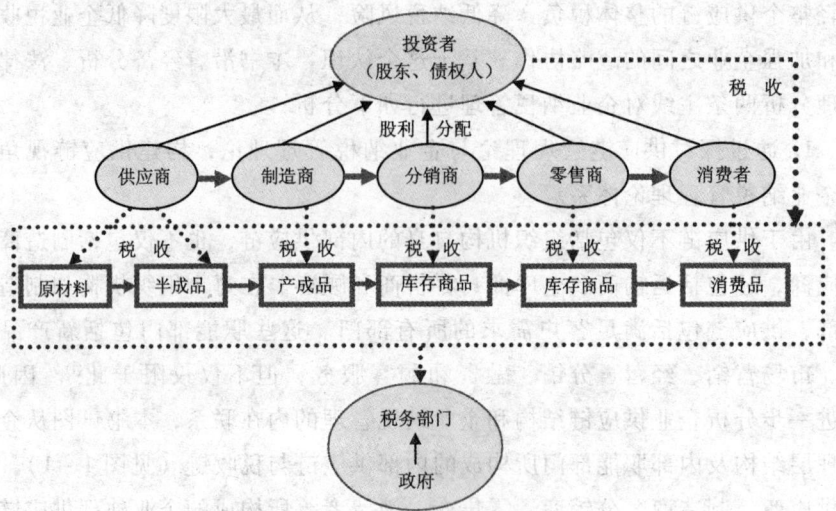

图1-2 企业外部供应链与税收链

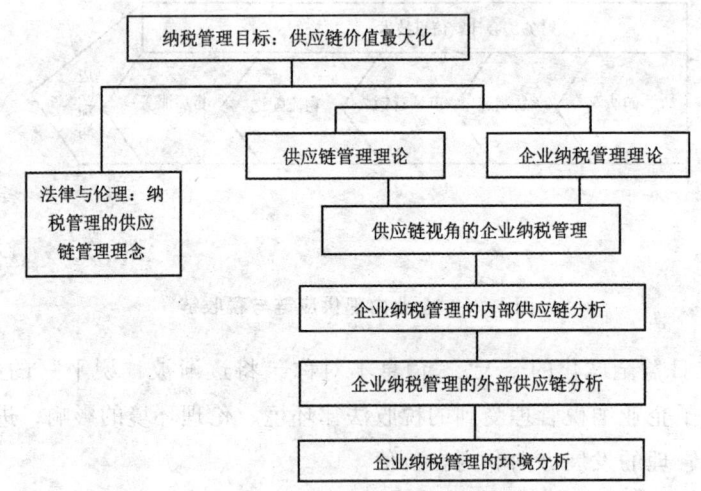

图1-3 整体框架与路线图

1.3.2 研究方法

1.3.2.1 研究方法的选择

从总体上来讲,本书主要采用规范研究方法,同时采用问卷调查、案例研究、逻辑分析等研究方法。

规范研究方法是指利用演绎方法，由普遍性原则推导出个别结论的一种推理方法。它是以某种价值判断为基础，说明经济现象及其运行应该是什么的问题。规范研究方法重视研究过程中归纳、演绎推理的正确性，注重理论内在的科学性与一致性，能够深入事物内部抓住本质，所形成的研究结论对实践具有较强的指导意义。但规范研究方法需要建立在一系列的概念、假设和理论基础之上，而作为研究基础和出发点的概念、假设和理论并没有完全通过实践验证，属于学术上的推论与假设。而实证法指利用归纳方法，以现象论观点为出发点，拒绝通过理性把握感觉材料，认为通过对现象的归纳就可以得到科学定律，它注重研究客观事实和社会产物，将客观存在的社会现象作为研究起点，重视对社会规律进行科学概括，试图寻求社会现象间的相关关系或因果关系；以承认存在着一个拥有特定价值观、信仰、规范和角色的外部世界为前提，集中研究现实内容本身或实质；比较注重用客观性的表达代替引索性的表达，力求补足和解释特定引索性表达的意义，以使其结果普遍化；关注被研究对象的一般性、普遍性或规律性。

无论采用什么研究方法，都应当注意理论联系实际，这个实际就是研究问题的特殊性；无论采用何种研究方法，只要能够达到研究目的的方法都是好方法。

1.3.2.2 具体研究方法的运用

本书研究的是特定历史条件下的一种社会经济现象，在采用规范研究方法的基础上，将综合采用以下研究方法：

1. 逻辑分析研究方法。

逻辑分析研究方法是科学研究的主要方法之一，主要采用逻辑推理方法，考察事物发展的一般规律，进而形成一定的理论体系和数学模型。本书将采用交易成本经济学、产权经济学、税法学、法学、伦理学、管理学等理论，从供应链的视角，探索企业纳税管理及其相关方面，并形成系统的逻辑分析结论。

2. 问卷调查研究方法。

问卷调查研究方法是通过书面形式、以严格设计的测量问题，向研究对象收集研究资料和数据的一种方法。通过问卷调查，可以采集被调查者对某一问题的态度和看法；分析真实有效的问卷，可以反映出事物发展的一种趋势或规律，从而对未来做出合理的预期。本书通过调查问卷的形式，对不同资产规模企业纳税管理意识、税收风险意识进行调查，从而判断不同企业对纳税管理的态度。

调查对象分析：随着经济的不断发展，新型经济现象层出不穷，人们对税收的关注度越来越高，2011年个人所得税改革期间广受关注的"个税起征点调整"和"武汉网店征税第一单"就说明了这一点。但是，纳税管理需要一定的税收基本理论知识和对税收政策的相对了解，绝非一厢情愿式的经济论断就可以实现；基于本书是对企业纳税管理的研究，而企业管理纳税的部门组织架构一般在财务部或税务部，因此，本书的调查对象重点是总会计师、财务总监、税务总监、财务经理、税务经理或一般税务管理人员。

调查问卷设计：根据企业纳税管理的特点，问卷分三大部分。第一部分是被调查对象的背景资料；第二部分是企业纳税流程与纳税成本管理；第三部分是纳税风险与争讼管理。调查问卷在于了解被调查企业对于纳税管理的认识和风险控制意识。

调查过程：在调查阶段，充分利用税收研讨会议、企业访谈和税务审计鉴证的机会，对被调查对象接触与调查。本书的研究调查是利用税收研讨会议的机会，通过对北京、广州、贵阳、南昌、沈阳、深圳等地的参会总会计师、财务总监、税务总监、财务经理、税务经理或一般税务管理人员进行的无记名调查，具有广泛的代表性和可靠性。

调查结果分析：本次调查总计下发调查问卷400份，收回调查问卷350份，其中有效问卷331份。本书以331份有效问卷为对象，运用数理统计方法，对调查问卷所提出的问题逐一进行统计分析，了解我国企业管理者对纳税管理的看法及税收风险管理意识，进而考察企业纳税管理的价值取向，为企业纳税管理研究指明方向。

调查结果的有效性：基于本次调查是在充分利用税收研讨会议、企业访谈的机会，通过无记名调查问卷方式进行，充分尊重被调查对象的意愿，他们不存在任何顾虑的情况下进行，因此，调查问卷结果具有很高的可信度，调查结果有效性能够得以保证。

3. 案例研究方法。

案例研究方法是社会科学研究的方法之一。案例研究的目的是通过具体案例来洞察细微，理清事物发展的基本脉络，掌握其在微观状态下的基本特点。本书将通过多个具体案例的实证分析，剖析纳税管理如何在企业之间、行业之间甚至国家之间的实践操作模式，以此来印证纳税管理的某些抽象理论，并为企业纳税管理提供实践指导。

第2章

供应链管理

在日常生活中，我们每个人几乎每天都在发生各种各样的购买行为，如购买衣、食、住、行等各类生活必需品。那么，当你从货架上取下所要购买的物品并支付货款时，你是否会想，是什么支撑了你的这次购买行为，才使你如愿购买到自己想要的物品？

譬如，当你去超市购买一瓶某品牌的洗发水，超市向你提供了该产品，并标出了该洗发水的价格和相关使用信息，你拿着这瓶洗发水到收银台付款，支付货款后，这次购买行为也就相应结束了。但是，购买行为的终止并不意味着经济活动的消失，在购买行为的背后，始终有一条庞大的链条在一刻不停地运转着，循环往复、生生不息。首先，货架上的洗发水来自库存，库存的洗发水由商品的分销商提供，分销商的商品由制造商提供，而制造商生产洗发水的原材料是由供应商提供的，这些供应商的原材料又是由其上游的供应商提供的，如此便形成了一条供应链；其次，在商品销售后，超市会将卖场信息及补充订单信息传给分销商,以补充货源。分销商收到卖场信息及补充订单信息后,将货物运抵超市,超市在收到补充货物后,将货款支付给分销商。这便形成了信息流、产品流和资金流,它们贯穿于供应链的全过程。

由此看来,支撑人们繁复购买行为、满足消费者需求的,正是这复杂但灵活的供应链,它是指围绕核心企业,通过对信息流、产品流、资金流的控制,从采购原材料开始,制成中间产品及最终产品,最后由销售网络把产品送到消费者手中。它是将供应商、制造商、分销商、零售商直到最终用户连成一个整体的功能网链模式。

2.1 供应链的内涵

2.1.1 供应链的概念

关于供应链的研究,最早起源于彼得·德鲁克的"经济链"。这位管理学大师早就提出:"将来,管理,无论是在理论上,还是在实践上,日益需要以新的假设为存在的基础……新的假设应该具有可操作性,应该包含整个流程,应该关注整个经济链的效益和绩效"。[①] 此外,彼得·德鲁克还提出了"经济链成本"的概念,其强调企业只关注自身的经营成本是远远不够的,还需计算整个经济链的整体成本,这样才有可能在竞争中获胜。这一理论为日后关于供应链的研究奠定了深厚的理论基础。

在彼得·德鲁克"经济链"思想的基础上,迈克尔·波特将其发展成为"价值链"理论。他认为,"每一个企业都是用来进行设计、生产、营销、交货以及对产品起辅助作用的各种活动的集合。所有这些活动都可以用价值链表示出来。一个企业的价值链和它所从事的单个活动的方式反映了其

---

① 彼得·德鲁克:《21世纪的管理挑战》[M],机械工业出版社2009年版,第25页。

历史、战略、推行战略的途径以及这些活动本身的根本经济效益"①。"一定水平的价值链构成是企业在一个特定产业（业务单元）内的各种活动的组合……竞争者价值链之间的差异是竞争优势的一个关键来源"②。一个组织怎样才能以如此及时的方式将产品送到有着各自独特需求的客户手中？答案是依赖价值链管理。价值链管理的概念就是改变作业管理策略和将组织调整到具有有效性和高效率的战略位置，以利用产生的每一个竞争机会③。

供应链是在"经济链"、"价值链"的基础上日渐演变而来的，是一个动态系统。"供应链一词魔术般地树立起产品或供给的形象，并沿着供应商—制造商—分销商—零售商—顾客这个链条传播。重要的是它直观显示了供应链上信息、资金和产品的双向流动。"典型的供应链可能包括许多不同的环节，其一般环节如图2-1所示④。

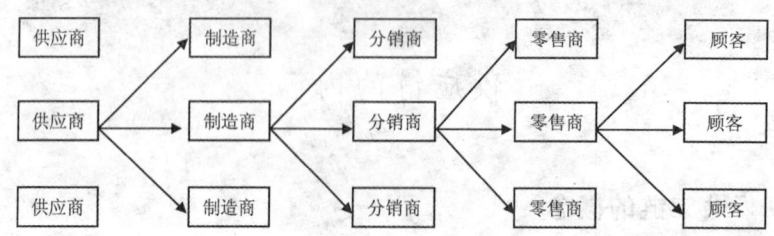

图2-1 供应链环节

一条完整的供应链包括供应商（原材料或零配件供应商）、制造商（加工厂或装配厂）、分销商（代理商或批发商）、零售商（大卖场、百货商店、超市、专卖店、便利店和杂货店）以及消费者⑤。当然，并不是所有企业的供应链都完整地包括上述环节，企业特点不同，其包括的供应链环节也不同。"不同企业对这个供应链过程有不同的处理，最终，造成了竞争结果的悬殊差距。"⑥ 因此，判断供应链设计是否合理，取决于所选择的供应链的

---

① 迈克尔·波特（Michael E Porter）：《竞争优势》[M]，陈小悦译，华夏出版社2004年版，第36页。
② 同上。
③ 斯蒂芬·P·罗宾斯（Stephen P. Robbins）、玛丽·库尔特（Mary Coulter）：《管理学》[M]，中国人民大学出版社2004年版，第563页。
④ 施先亮、王耀球：《供应链管理》[M]，机械工业出版社2010年版，第7页。
⑤ 森尼尔·乔普瑞（Sunil Chopra）、彼得·梅因德尔（Peter Meindl）：《供应链管理——战略、规划与运营》[M]，社会科学文献出版社2003年版，第5页。
⑥ 郎咸平：《产业链阴谋I——一场没有硝烟的战争》[M]，东方出版社2008年版，第26页。

环节是否能够有效地满足顾客的需求。

随着对供应链研究的逐步深入和不断实践，供应链的核心思想也随之发展。供应链生产组织模式，可以理解为在保持一种稳定而有活力的供需关系的同时，各个企业实现优势互补、互利合作，充分利用现代各种先进的管理科学技术实现企业集成，联手面对竞争并合理利用资源（人力资源和自然资源），实现物流优化和成本优化，尽可能获得更多的利润。

2.1.2 供应链的管理目标

企业的目标是创造财富，简言之，也就是以最小的成本创造最大的收益。然而，在现代社会的竞争中，企业只关注自身成本与收益的多少已经很难取胜。正如彼得·德鲁克所言："企业只了解经营的成本是不够的。要在竞争日趋白热化的全球市场中立于不败之地，企业需要掌握整个经济链的成本，需要与经济链中的其他成员合作，共同控制成本，最大限度地提高效益。"[1]

也就是说，"每一条供应链的目标都是使整体价值最大化，一条供应链所创造的价值，就是最终产品对于顾客的价值与供应链为满足顾客的需求所付出的成本之间的差额。对于大多数商业性供应链来说，它们的价值与所谓'供应链赢利'有很大关系，供应链赢利就是从顾客那里赚取的收入与供应链的全部成本之间的差额"[2]。

如上所述，那么供应链的目标主要体现在两个方面：一是满足顾客需求，创造顾客价值；二是控制供应链的整体成本。

"对于任何一条供应链来说，惟一的收入来源就是顾客，只有顾客才能为供应链带来正的现金流，其他的现金流只是在供应链中发生的资金转移。"因此，可以这样说，供应链管理的首要目标就是满足顾客需求，创造顾客价值。

供应链的另一管理目标就是控制供应链的整体成本。在一条供应链中，"所有信息流、产品流和资金流都将增加整条供应链的成本，因此，如何合

---

[1] 彼得·德鲁克：《21世纪的管理挑战》[M]，朱雁斌译，机械工业出版社2009年版，第82页。

[2] 森尼尔·乔普瑞、彼得·梅因德尔：《供应链管理——战略、规划与运营》[M]，社会科学文献出版社2003年版，第6页。

理地管理信息流、产品流和资金流,是供应链取得成功的关键"。

由此可见,供应链一方面通过创造顾客价值,实现现金流入,另一方面通过严控整体成本,减少现金流出。如此循环,可实现供应链整体利润最大化,也即实现"供应链赢利"。"供应链赢利越高,这条供应链就越成功",对于供应链的管理也就越有效。

2.1.3 供应链的流程分析

供应链就是不同发展阶段出现的一连串的过程和流动,它们组合起来用以满足顾客对一种产品的需求。对于供应链的流程分析,主要有两种方法,即环节法和推/拉法。

2.1.3.1 供应链流程的环节法分析

环节法即是将供应链流程分解为一系列的环节,每一个环节用来连接供应链中两个相继出现的阶段。

假定供应链由从供应商到顾客5个阶段组成,包括供应商、制造商、分销商、零售商和顾客。所有的供应链流程都可以分解成以下4个环节,即顾客订购环节、补充库存环节、生产环节和获取环节,如图2-2所示①。

图2-2 供应链流程环节

从图2-2可见,每个环节出现在供应链中两个相继阶段之间的界面处。供应链有5个阶段,因此便有4个供应链流程环节。但并不是每一个供应链

---

① 森尼尔·乔普瑞、彼得·梅因德尔:《供应链管理——战略、规划与运营》[M],社会科学文献出版社2003年版,第8页。

都拥有界限清晰的所有4个环节。例如，在一个食品供应链中，零售商既有成品库清单，又有向制造商或批发商递交的补充订单，它很可能拥有所有4个完整的环节。相反，类似戴尔公司的直销模式下，制造商直接向顾客供货，因此它们没有零售商和分销商。

供应链流程的环节法分析对提供决策的可操作性很有帮助。因为它清楚地界定了供应链中每个成员的角色和责任。例如，当供应链运营所需的信息系统建立起来时，由于清晰地确立了流程的所有权关系和目标定位，环节法使供应链流程变得清晰透彻。

2.1.3.2 供应链流程的推/拉法分析

依据其相对于顾客需求的执行顺序，供应链上的所有流程可以分为两类：推动流程和拉动流程。对顾客订单的反应启动拉动流程，对顾客订购预期的反应启动推动流程。在拉动流程执行过程中，需求是已知的、确定的；而在推动流程执行过程中，需求是未知的，因此必须进行预测。由于拉动流程是对顾客需求的反应，因而也可以被视为反应性流程；相应地，推动流程可以被视为推测性流程，因为它们是依据预测进行的，而不是对顾客实际需求的反应。供应链上的推/拉边界将推动流程和拉动流程区别开来[①]。

下面我们结合供应链的四个环节来考察分析推/拉法，如图2-3所示。

当考虑与供应链设计相关的战略决策时，供应链的推/拉法分析非常有用。由于供应链流程与顾客订购有关，推/拉法分析要求进一步地从供应与需求两个维度来考虑问题。

2.1.4 供应链的决策

成功的供应链管理需要做出许多与信息流、产品流和资金流相关的决策。根据做出决策的频率和一个决策所起作用的持续时间，可以把这些决策分为3类或3个阶段。

1. 供应链战略或设计。

凡事预则立，不预则废。供应链的决策也是如此，首先要进行供应链设

---

① 森尼尔·乔普瑞、彼得·梅因德尔：《供应链管理——战略、规划与运营》[M]，社会科学文献出版社2003年版，第13页。

计,这是供应链决策的首要阶段,也是供应链决策的战略阶段。在这个阶段,公司在整体战略目标下,首先要决定如何构建供应链,也就是在综合分析几年内市场上的不确定因素的前提下,确定供应链的整体结构以及每一个环节必经的流程,如包括生产地点、生产能力、仓储设施、在不同地点生产或储存产品、沿不同线路的运输方式、使用信息系统的类型等决策。

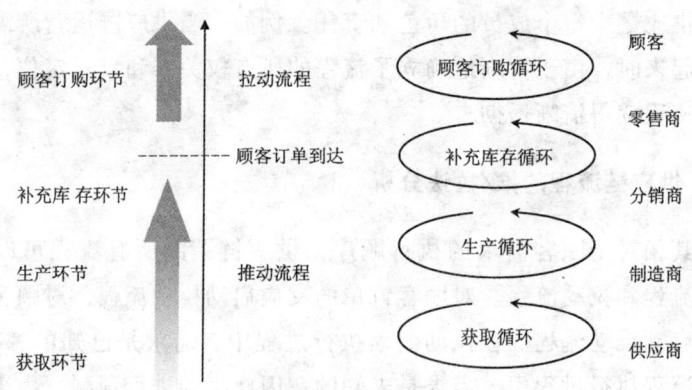

图 2-3 供应链的推动/拉动流程①

2. 供应链规划。

经过供应链的设计,供应链的整体结构和环节流程已经确定下来,并且短时间内不会发生改变,这便决定了公司为完成战略目标应该制定什么样的规划。供应链的规划,也就是公司将制定怎样的政策来控制供应链的短期运营,如包括根据以下方面所做的决策:供货地点、库存的增加、生产的转包、补充和仓储政策,为防止仓库容量不足制定的后备库存政策、促销的时机和规模政策等。当然,在这一阶段,市场的不确定因素较多,需充分考虑需求、汇率、税收、竞争等因素。

3. 供应链运营。

通过对供应链决策的设计与规划,供应链的结构和规划政策都已经确定,接下来,需考虑对于每个顾客的订单而言,应具体制定怎样的运营策略。在这一阶段,目标是以一种尽可能好的方式来实施这种运作政策,以创造顾客价值,从而使供应链在结构和计划政策限定下的运营业绩最佳。在这一阶段,公司将把单独的订单分配给仓储或生产部门,规定订单完成的时

---

① 森尼尔·乔普瑞、彼得·梅因德尔:《供应链管理——战略、规划与运营》[M],社会科学文献出版社 2003 年版,第 15 页。

间，确定仓库的库存清单，按运输方式分配订单，规定送货车辆的运输日程，并制定补充订单。

供应链的设计、规划和运营对于供应链整体价值最大化有很大的影响，是企业参与全球化竞争、并在全球化竞争中处于优势地位不可或缺的。

经济全球化背景下的供应链管理

2.2.1 经济全球化的主要特征

说到全球化，这是一个含义模糊却骇人听闻的词汇，它在20世纪60年代构造出来，到90年代风行一时[1]。全球化浪潮的兴起，对整个世界产生了巨大的冲击，正在改变着世界的格局和政治、经济秩序。在这股汹涌澎湃的"全球化"浪潮中，经济全球化无疑是这个时代最突出的特征之一，也是当今世界被讨论的最为广泛的话题之一[2]。

1. 经济全球化的定义。

关于经济全球化的定义，由于研究的视角不同，对其概念概述的侧重点也有所不同。国际货币基金组织的前任第一副总裁安妮·克鲁格在奥地利出席约翰·伯奈森演讲会的时候谈到：全球化是这样一种现象，与以前相比，世界上任何地方的经济参与者受其他地方发生的事件的影响程度都大大增加了[3]。经济合作与发展组织的前任首席经济学家大卫·亨德森对全球化的定义则是：商品、服务、劳动力和资本的自由流动，创造了一个统一的投入和产出市场，对于外国投资者实施完全相同的国民待遇，以至于从经济的角度来讲，不存在外国人[4]。而国际货币基金组织则从动态发展、相互依存、彼此融合的角度来概括经济全球化：全球化是通过贸易、资金流动、技术创新、信息网络和文化交流，使各国经济在世界范围内高度融合，各国经济通

---

[1] 马丁·沃尔夫著，余江译：《全球化为什么可行》[M]，中信出版社2008年版，第11页。
[2] 蔡庆辉：《有害国际税收竞争的规制问题研究》[M]，科学出版社2010年版，第1页。
[3] 马丁·沃尔夫著，余江译：《全球化为什么可行》[M]，中信出版社2008年版，第12页。
[4] 同上。

过不断增长的各类商品和劳务的广泛输送，通过国际资本的流动，通过技术更快、更广泛的传播，形成相互依赖的关系①。

在国内，研究人员也对经济全球化的定义作了多角度的分析。中国"入世"首席谈判代表龙永图对经济全球化的理解为：经济全球化是一种新的国际关系体制，包括生产、金融和科技三个方面的全球化，三者之间，生产发展决定金融和科技的发展，同时金融和科技的发展又对生产发展产生巨大的反作用。因此，经济全球化的主要特点是生产的全球化②。也有学者这样定义经济全球化：经济全球化是指限制生产要素跨国流动的经济、政治、技术等方面的因素不断减少和消除，从而使生产要素在市场经济的基础上，得以跨越国界在全球范围内自由流动，各国、各地区相互融合成整体，最终实现全球资源最佳配置的历史过程③。

2. 经济全球化的主要特征。

从国内外学者对经济全球化的定义可以看出，经济全球化是一个动态的发展过程，是市场经济发展到一定阶段的必然要求。其主要特征表现在以下几个方面：

（1）贸易全球化。贸易全球化是经济全球化的先导。真正意义上的贸易全球化始于第二次世界大战以后，尤其是20世纪90年代以来。随着全球货物贸易、服务贸易、技术贸易的加速发展，经济全球化促进了世界多边贸易体制的形成，从而加快了国际贸易的增长速度，促进了全球贸易自由化的发展，也使得加入到世界贸易组织（WTO）的成员以统一的国际准则来规范自己的行为。

（2）金融全球化。金融全球化既是贸易全球化的结果，又是投资和生产全球化的保障。世界性的金融机构网络开始覆盖全球，大量的金融业务跨国界进行，跨国贷款、跨国证券发行和跨国并购体系已经形成。世界各主要金融市场在时间上相互接续、价格上相互联动，几秒钟内就能实现上千万亿美元的交易，尤其是外汇市场已经成为世界上最具流动性和全天候的市场。金融全球化是经济全球化的重要表现和关键环节，是当代世界经济的重要现象。

---

① 邓力平、陈涛：《国际税收竞争研究》[M]，中国财政经济出版社2004年版，第22页。
② 李栋文：《经济全球化与税收利益国际协调》[D]，厦门大学博士学位论文，2003年3月。
③ 蔡庆辉：《有害国际税收竞争的规制问题研究》[M]，科学出版社2010年版，第3页。

（3）投资自由化。投资自由化和贸易自由化是经济全球化最具实质性的内容。与贸易自由化相比，投资自由化是经济全球化的一个更高阶段，只不过直到20世纪70年代末，投资自由化才作为一种观念和政策出现，并逐渐在世界范围内展开。投资自由化指的是包括国际直接投资和国际间接投资在内的国际资本在全球范围内获取更大投资收益的运动。投资自由化对全球经济、金融都将产生巨大影响，各国应本着合作共赢、互惠互利的原则，审慎行之。

（4）生产全球化。生产力作为人类社会发展的根本动力，极大地推动着世界市场的扩大。以互联网为标志的科技革命，从时间和空间上缩小了各国之间的距离，促使世界贸易结构发生巨大变化，促使生产要素跨国流动，它不仅对生产超越国界提出了内在要求，也为全球化生产准备了条件，是推动经济全球化的根本动力。生产全球化是经济全球化的主要特征，它指的是各种生产要素，包括资金、技术、人员、信息在全球范围的合理配置。生产全球化既是企业谋求在全球范围内获取利润最大化的过程，也是主权国家追逐利润最大化的过程。

（5）科技全球化。科技全球化是指各国科技资源在全球范围内的优化配置，这是经济全球化最新拓展和进展迅速的领域，主要表现为先进技术和研发能力的大规模跨国界转移、跨国界联合研发广泛存在。

在上述几个主要特征中，贸易全球化是经济全球化的先导，金融全球化是贸易全球化的产物，投资自由化是经济全球化的深化，生产全球化是经济全球化的较高表现形式，而科技全球化是经济全球化的最新拓展。

在这些主要特征中，其载体都与跨国公司密切相关。现代跨国公司采用全球为中心导向，视整个组织为一个在许多国家中经营的相互依存的系统……跨国公司有着内向型企业不可比拟的若干优势。显然，跨国公司能够利用不同国家中的商业机会，也能在全球范围内筹募资金。此外，跨国公司能够在生产产品最有效率和效益的国家建立生产设施而从中获利。有时，从事全球经营的公司较之国内企业更易于取得自然资源和原材料。最后，大型跨国公司还能够从全球劳动力资源储备中招聘管理人才和其他人员[1]。可以这

---

[1] 海因茨·韦里克（Heinz Weihrich）、马克·V·坎尼斯（Mark V. Cannice）、哈罗德·孔茨（Harold Koontz）著，马春光译：《管理学——全球化与创业视角》[M]，经济科学出版社2011年版，第63页。

样说，跨国公司是经济全球化及其特征的推动者与担当者。

2.2.2 经济全球化对供应链管理的影响

1. 供应链管理的定义。

供应链管理提出的时间虽然不长，但却引起了人们的普遍关注，特别是国际上一些著名的企业如戴尔、IBM 等公司在供应链管理实践中取得的成就，使人们更加坚信供应链管理是进入 21 世纪后企业适应全球化、参与全球化竞争的一个有效的管理模式，并引发了国内外专家、学者对供应链管理进行研究。

关于供应链管理的定义，伊文斯（Evens）认为："供应链管理是通过前馈的信息流和反馈的物料流及信息流，将供应商、制造商、分销商、零售商，直到最终用户连成一个整体的管理模式。"而菲利浦（Phillip）则认为："供应链管理不是供应商管理的别称，而是一种新的管理策略，它把不同企业集成起来以增加整个供应链的效率，注重企业之间的合作。"其实，供应链管理是一种集成的管理思想，它是将供应商、制造商、分销商、零售商以及最终用户综合起来整体决策的一种管理模式，其目的是寻求供应链整体价值[1]最大化，供应链管理既是一种技术，更是一种战略。

供应链管理和价值链管理这两个词有时混用，但是，《产业周刊》指出，供应链管理关注原材料采购的次序和在制造过程中采用更经济的方法进行装配，而价值链管理则包含更广的含义，涉及分析过程中的每一个步骤（从原材料的采购到服务于终端客户），以最低的成本给它们提供最大的价值。所以有人建议，供应链管理应更侧重在企业内部流程，强调诸如材料等资源的有效流通，而价值链管理在目的性上与前者相似，更关注诸如消费者等外部环境[2]。

2. 供应链管理的内容。

供应链管理主要涉及到四个方面的主要内容，即供应、生产计划、物流和需求。如图 2-4 所示[3]：

---

[1] 供应链价值是指最终产品对顾客的价值与供应链成本之间的差额。
[2] 海因茨·韦里克、马克·V·坎尼斯、哈罗德·孔茨著，马春光译：《管理学——全球化与创业视角》[M]，经济科学出版社 2011 年版，第 513 页。
[3] 申纲领：《供应链管理》[M]，北京交通大学出版社 2011 年版，第 17 页。

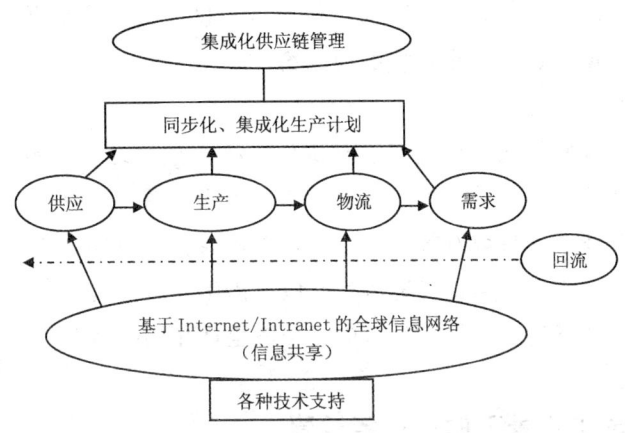

图 2-4 供应链管理的内容

由图 2-4 可见,供应链管理是以同步化、集成化生产计划为指导,以各种技术为支持,尤其以 Internet/Intranet 为依托,围绕供应、生产作业、物流、用户需求来实施的。供应链管理主要包括计划、合作、控制从供应商到用户的物流和信息。

如前文所述,供应链的管理目的是满足顾客需求、创造顾客价值和控制供应链整体成本,从中寻求二者之间的平衡,为此,需要把供应链各个职能部门有机地结合在一起,从而最大限度地发挥出供应链整体力量,达到供应链企业群体获益的目的。

3. 经济全球化对供应链管理的影响。

经济全球化的到来,使世界的距离正不断缩小,企业间的竞争已经突破了国界的限制,向全球扩展,企业之间的竞争从来没有像现在这样残酷和激烈。经济全球化在给企业带来机遇的同时,也为其带来了巨大的挑战。

在经济全球化的冲击下,市场竞争从原来区域市场、区域企业的竞争转变为全球市场、全球企业的竞争,同时科技的迅速发展、信息的快速传播,极大地增加了企业之间"比速度、比品质、比价格"的竞争。

企业要获取竞争优势,就必需将重点放在如何围绕客户的需求,整合全球资源(包括材料、人力、资金和信息等),在向客户提供更优价值的前提下,降低综合成本,获取投资收益。

对于资源整合,强调的是在全球范围内,开展供应链上、中、下游企业合作,协调运作过程,把产品的竞争与协作形态从"企业与企业"之间的竞争，转变为围绕核心企业打造的"供应链与供应链"之间的竞争与协作。从某种意义上说，竞争和全球化的加剧给很多公司提供了从传统束缚中解放出来的机会①。

因此，企业要想在全球化竞争与协作中处于优势地位，占有一席之地，应设计柔性的多头供应链，建立高效的信息传递渠道，对供应链进行流程重组，消除冗余环节，采取有效措施，使物流畅通，对重要供应商的经营情况进行跟踪评价，制定发生供应链风险的应急措施，转变传统的供应链管理模式，创新供应链管理，以便有效地应对经济全球化的挑战。

2.2.3 全球化背景下的供应链运营

2.2.3.1 企业竞争战略与供应链战略

企业战略是一个战略体系。在这个战略体系中，有竞争战略、协作战略、发展战略，技术开发战略、市场营销战略、信息化战略、人才战略，财务战略等。

企业的竞争战略界定了该企业相对其竞争对手而言，需要通过本企业的产品和服务满足的客户需求组合。也就是说，各企业的竞争战略都要基于客户的偏好来界定，以一个顾客或多个顾客市场为目标，目的是提供能满足客户需求的产品和服务②。

要想阐述企业竞争战略与供应链战略之间的关系，首先要从组织内部的价值链分析入手。公司内部价值链如图 2-5 所示。

从图 2-5 可以看出，价值链始于新产品开发，它规定了各种规格的产品。市场营销通过公布产品和服务将要满足的顾客偏好来启动需求，还将顾客的投入用于新产品开发。生产部门利用各种新产品，将投入转变为产出，来制造产品；配送是将产品送达顾客，或者把顾客带来选购产品；服务是对顾客在购物期间或购物之后各种要求的反馈；这些都是成功销售所必须具备的核心职能。而财务、会计、信息技术和人力资源为价值链的职能运作提供

---

① 博扎思、汉德菲尔德：《运营与供应链管理导论》[M]，清华大学出版社 2007 年版，第 11 页。

② 森尼尔·乔普瑞、彼得·梅因德尔：《供应链管理——战略、规划与运营》[M]，社会科学文献出版社 2003 年版，第 26 页。

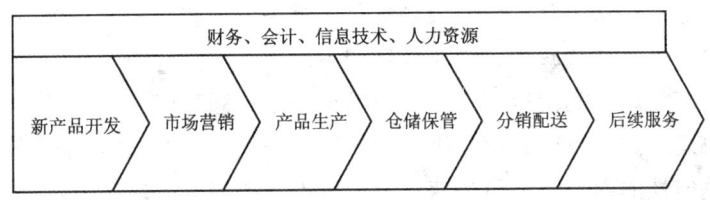

图2-5 公司内部价值链

了支持和便利。

为了执行公司的竞争战略,所有上述职能部门都会发挥作用,每一个职能部门都必须制定自身的职能战略。产品开发战略详细说明公司即将开发的新产品的证券投资组合,指出开发是内部主动追求型,还是外部力量驱动型。市场营销战略详细说明如何分割市场,产品如何定位、定价和推广。供应战略确定原材料的获取和运输,产品的制造或服务的提供以及产品配送和售后服务的方式与特点。从价值链的角度看,供应链战略详细说明了生产经营、配送和服务职能特别应该做好的事情。此外,每家公司还必须为财务、会计、信息技术和人力资源设计自己的战略。

由此,我们可以这样理解供应链——"供应链战略包括传统上所谓的供应战略、经营战略和物流战略。库存、运输和生产设施的决策及供应链中的信息流构成供应链战略的全部"[1]。

供应链战略强调公司内部所有职能战略之间的密切联系。如果公司既要满足顾客需求,又要赢利,那么每一种职能都至关重要。他们紧密地交织在一起,相互配合,相互支持,只有这样,公司才能成功。

2.2.3.2 获取战略匹配

在供应链竞争阶段,如果企业想获得成功并在竞争中占有优势地位,就必须使其供应链战略与竞争战略相匹配。战略匹配是指竞争战略与供应链战略拥有相同的目标,也就是说,竞争战略设计用来满足的顾客优先目标与供应链战略旨在建立的供应链能力目标之间相互协调一致[2]。相反,如果竞争

---

[1] 森尼尔·乔普瑞、彼得·梅因德尔:《供应链管理——战略、规划与运营》[M],社会科学文献出版社2003年版,第27页。

[2] 森尼尔·乔普瑞、彼得·梅因德尔:《供应链管理——战略、规划与运营》[M],社会科学文献出版社2003年版,第27页。

战略与供应链战略不匹配,将会导致供应链采取一些与顾客需求不一致的行动,导致供应链剩余减少,供应链利润下降。

因此,战略匹配使所有职能部门瞄准一个共同目标,这个目标最终与顾客需求协调一致。也就是说,组成供应链的公司各职能部门对公司经营的成败有着决定性的影响。公司运营成败与以下三个要素密切相关:

第一,在公司总体战略下,竞争战略与所有职能战略须相互匹配、协调统一。

第二,企业的各个职能部门必须合适地配置本部门的流程及资源,以保证能够成功地执行这些战略。

第三,整体供应链战略的设计和各阶段的作用必须协调一致,以支持供应链战略。

公司获取战略匹配有以下三个基本步骤:

第一,理解顾客和供应链不确定性。首先,公司必须理解每一个目标顾客群的顾客需要,它能帮助公司确定预期成本和服务要求;其次,公司要找出需求不确定性与潜在需求不确定性的区别。需求不确定性反映了顾客对某种产品的需求的不确定性;而潜在需求不确定性则是供应链不确定性的直接后果,它是指供应链必须予以满足的需求部分和顾客需求特点是不确定的。

第二,理解供应链。供应链有很多类型,每一种都设计用来完成不同的任务,公司必须明确其供应链设计用来做什么。

第三,获取战略匹配。如果一条供应链运营良好,但与预期顾客需要之间不相匹配,那么,公司或者重新构建供应链以支持其竞争战略,或者改变其竞争战略,以适应供应链。

2.2.3.3 拓展战略范围

在获取战略匹配之后,明确战略匹配范围的大小至关重要。战略匹配范围是指供应链中的各种职能和各个阶段,它们拥有一体化战略,共有一个目标。在一端,每一种职能领域的运营都设计出自己独立的战略,目标就是业绩最大化。在这种情况下,战略匹配的范围局限于供应链中某个阶段一种职能领域的运营。在另一端,供应链所有阶段的所有职能领域共同设计战略,一个共同目标就是使供应链利润最大化。在这种情况下,战略匹配的范围拓展到了整条供应链①。

从横向看,战略匹配范围跨越不同的供应链阶段,从供应商开始,沿着供应链前溯,直到顾客结束;从纵向看,战略匹配范围包括了相互协调的不同职能战略——竞争战略、产品开发战略、市场营销战略和供应链战略等。各种战略的匹配,必须是具有价值的,其最终的价值体现应当反映在财务指标上,即体现在最终的财务战略上,因此财务战略既是企业战略的起点,也是企业战略的终点。

1. 公司内、经营部门内范围:最小局部成本观点。

公司内、经营部门内这一范围是战略匹配的最小范围。以分销商为例,这时供应链各个阶段的每一个经营部门都独立设计自己的战略,其目标是使各个部门自身成本最小化。其战略范围如图2-6所示。

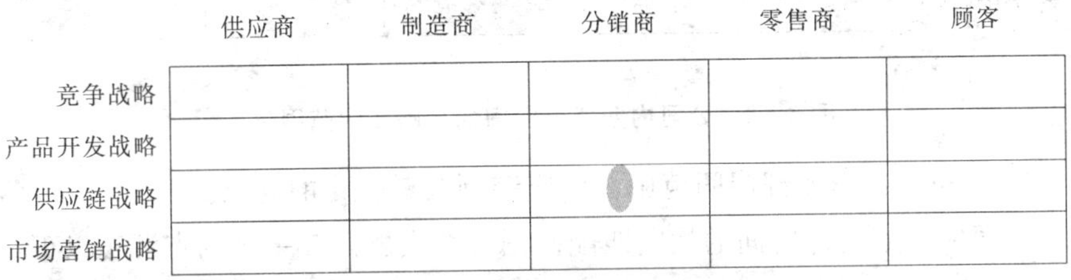

	供应商	制造商	分销商	零售商	顾客
竞争战略					
产品开发战略					
供应链战略			●		
市场营销战略					

图2-6　公司内、经营部门内供应链战略的范围②

2. 公司内、职能部门内范围:职能部门成本最小化的观点。

供应链职能部门包括生产部门、仓储部门和运输部门等,战略匹配可以拓展到职能部门中的所有经营部门,其目标是使各职能部门的成本最小化。其战略范围如图2-7所示。

3. 公司内、职能部门间范围:公司利润最大化的观点。

公司内、职能部门间范围,这一观点具有明显的缺点,即不同职能部门的目标可能会相互冲突。因此,公司将战略匹配范围拓展到公司内部所有职能部门便具有了必要性,其战略目标是使公司利润最大化,为了实现这一战略目标,所有的职能部门的战略在符合整体竞争战略的前提下,须相互协调、密切配合。其战略范围如图2-8所示。

---

① 森尼尔·乔普瑞、彼得·梅因德尔:《供应链管理——战略、规划与运营》[M],社会科学文献出版社2003年版,第41页。

② 同上书,第42页。

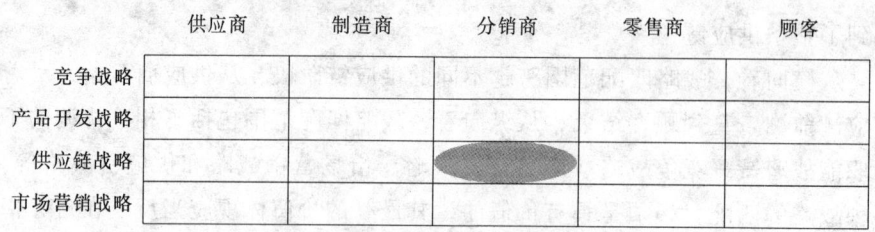

图 2-7　供应链公司经营部门范围①

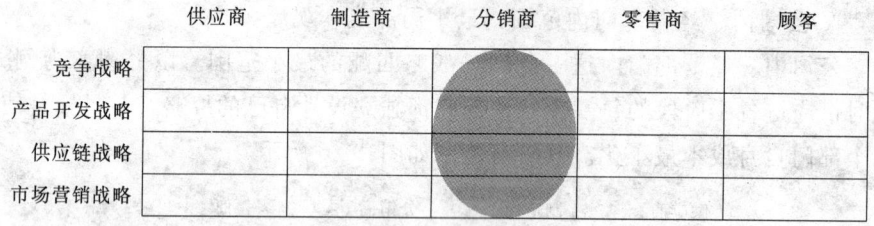

图 2-8　公司内职能部门间的战略匹配范围②

4. 公司间、职能部门间范围：供应链剩余最大化的观点。

公司内、职能部门间的战略匹配范围有两大弱点：一个弱点源于以下事实——当顾客为商品付款时，供应链中只出现正的现金流。所有其他现金流仅仅是供应链内部核算的结果，并计入供应链成本。顾客支付的费用与供应链总成本之间的差值，就是供应链剩余。供应链剩余即供应链中的所有公司共享的总利润。增加供应链剩余，就增加了供应链各成员共享的利润。公司内、职能部门间范围引导供应链的每个阶段都努力使其自身利润最大化，但这不一定导致供应链剩余最大化。只有当所有供应链阶段共享战略的时候，供应链剩余才会最大化。这种情况发生在公司间、职能部门间范围时，供应链的所有阶段共享所有职能战略，以确保最好地满足顾客的需要，并使供应链剩余最大化③。另一个弱点是速度。公司间的范围克服了公司内范围把战略关注点限制在供应链的每个阶段内而忽视了整个供应链界面的缺点，迫使供应链的每个阶段都考虑整条供应链，评价其行动对供应链其他阶段及界面

---

① 森尼尔·乔普瑞、彼得·梅因德尔：《供应链管理——战略、规划与运营》[M]，社会科学文献出版社 2003 年版，第 43 页。

② 同上书，第 44 页。

③ 森尼尔·乔普瑞、彼得·梅因德尔：《供应链管理——战略、规划与运营》[M]，社会科学文献出版社 2003 年版，第 44 页。

的影响。其战略范围如图2-9所示。

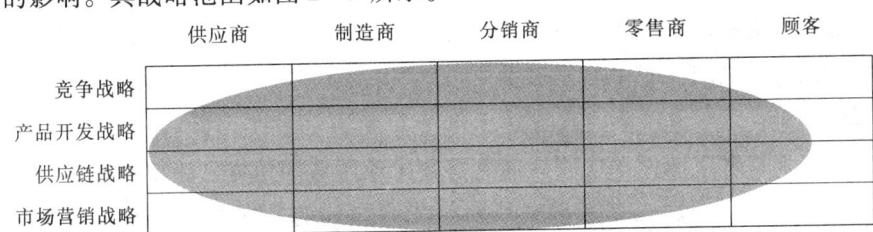

图2-9 公司间、职能部门间的战略匹配范围①

5. 弹性的公司间、职能部门间范围。

弹性是指当公司与供应链不同阶段的伙伴关系随着时间发生变化时,公司获取战略匹配的能力。公司战略与运营的弹性越大,在变动的环境中维持战略匹配的能力也就越强。具有足够弹性的公司间范围使战略匹配能够适应动态变化的目标,在不断变化的竞争环境下,弹性变得愈加重要。

2.2.4 供应链的驱动与限制因素

2.2.4.1 供应链的驱动因素

企业实现战略匹配需要在响应性和效率之间寻找适当的平衡,而供应链的驱动因素中的每一种因素都有可能会影响到这一平衡。这些因素互相作用,决定着供应链的响应性和效率。

决定任何一条供应链运营的4个主要驱动要素为库存、运输、设施和信息。

1. 库存。

库存是供应链运营中一个极其重要的驱动要素,它遍布于整个供应链,是供应链的主要成本来源,包括供应链中所有的原材料、流程中的半成品和制成品,其改变会在很大程度上影响该供应链的整体赢利水平和反应能力。

2. 运输。

运输是指将库存产品从供应链中的一处转移到另一处。运输可采取多种方式与路径联合的形式,他们拥有各自的运作特点。运输方式的选择对供应

---

① 森尼尔·乔普瑞、彼得·梅因德尔:《供应链管理——战略、规划与运营》[M],社会科学文献出版社2003年版,第45页。

链的快速反应能力和赢利水平也有很大影响，无论运输方式或运输量如何变化，快速运输都能提高供应链的反应能力，但却降低了供应链的赢利水平，因此，在二者之间寻求平衡至关重要。

3. 设施。

设施是指供应链网路中物资储存、装配或制造的地方。主要设施可分为两类：一是生产场所；二是储备场所。无论设施的功能如何，有关设施选址、功效和弹性的决策对供应链运营有着显著影响。

4. 信息。

信息是供应链运营中另一个重要的驱动要素，全球化背景下的竞争很大程度上是信息的竞争，它直接影响其他每个要素。信息包括整条供应链中有关库存、运输、设施及顾客的资料和比较、分析。信息为管理者提供决策依据，从而使供应链更具反应能力和赢利能力。

2.2.4.2 供应链的限制因素

供应链战略性配合在具备驱动要素的同时，也面临着诸多障碍。供应链的限制因素主要有以下几个方面：

1. 产品种类的增多。

今天，由于消费者对个性化产品的需求越来越多，产品种类增加得十分迅猛，厂商便以批量生产的个性化产品、甚至个人化服务来对应。原先普遍雷同的产品，现在则需要为每个顾客量身定做，这便在一定程度上限制了供应链的反应和赢利能力。

2. 产品生命周期缩短。

现代竞争日趋激烈，新产品不断更新换代，在产品种类增加的同时，产品生命周期也正在缩短。而产品生命周期的缩短增加了不确定性，减少了供应链能够获得战略配合的机会，大大增加了战略匹配的难度。

3. 顾客需求不断增加。

满足顾客需求，创造顾客价值，是供应链管理与运营的最终目标。而顾客需求更高，就意味着供应链必须提供更好的产品和服务，以便维持运营。因此，顾客需求的不断增加，在为公司带来资金流入的同时，也使供应链的运营受到一定的限制。

4. 供应链所有权分裂。

在过去的几十年里，绝大多数公司的垂直隶属关系被不断削弱。厂商将一些非核心职能放弃，因而他们能够利用供应商和顾客所具备的能力——而这些能力它们自身却没有。然而，这种新的所有权结构使供应链管理变得更加困难。供应链归属于许多不同的所有者，每个所有者都有自己的方针和利益，这使整条供应链的赢利水平下降。

5. 全球化。

现代企业无可避免地要面对全球化竞争的挑战，全球化水平的提高对供应链的管理和运营有着很大的影响，主要表现在，一是现在的供应链比过去任何时候都趋向于全球化，二是竞争加剧。这种形势使供应链运营成为维持和增加销售量的关键，同时也对供应链施加了压力，使其更加精确地在反应能力与赢利水平之间取得权衡。

6. 执行新战略的困难。

执行力，是考量企业管理一项重要的参考指标，在进行供应链管理时，实际的执行能力成为决定供应链反应能力与赢利水平的又一因素。

以上限制因素的单一或综合存在，使厂商在供应链反应能力与赢利水平之间的恰当权衡从而获得战略匹配变得更加困难。当然，也正是这些限制因素的存在，使供应链的发展具有巨大机会。企业如何突破这些障碍，创新管理方式，不断完善供应链管理，便成为公司竞争成败的关键。

第 3 章

企业纳税管理

企业纳税管理是随着市场经济的发展，企业市场主体地位得以确立以后才逐步发展起来的。在计划经济时期，税收计划的编制，一般都是从中央到地方层层下达，又依据各地的经济计划进行调整和分配，企业按照国家计划执行即可，企业纳税管理缺乏内生动力。随着市场经济的不断发展，企业市场主体地位的确立，企业成为独立核算、自主经营、自负盈亏的经济主体，企业的自我意识和主体利益观念不断深化，纳税管理成为纳税人的必然选择；同时，鼓励纳税人依法纳税，提高纳税人纳税意识的办法应该是让纳税人充分享有其应有的权利[1]。

---

[1] 许海琴：《企业纳税管理》[J]，《时代报告》2011 年第 8 期。

3.1 企业纳税管理的内涵与空间分析

3.1.1 企业纳税管理的内涵

企业纳税管理是随着西方纳税管理思想的系统化,最近几年才提出的新概念,目前尚无统一的观点。国内明确提出企业纳税管理概念且具代表性的专家有贺志东和赵军红等人。贺志东认为,纳税管理是纳税人以国家税法为依据,根据其自身所涉及的涉税活动,对纳税活动的全过程进行管理,以依法履行法定纳税义务,规避或降低纳税风险,不违法地减轻自身税收负担和税收缴纳费用以及充分保护作为纳税人的合法权益的一种管理活动[①]。赵军红将企业纳税管理的概念界定为:企业纳税管理是企业财务管理中一个重要的价值管理系统,是企业内部管理者为了实现企业利益最大化,依据国家法律法规,运用科学的管理手段和方法,对企业纳税过程中涉及的人、财、物、信息等资源进行计划、组织、协调、控制等活动的总称[②]。贺志东站在维护企业自身利益的角度,以减轻自身税收负担和税收缴纳费用、充分保护纳税人合法权益为目的研究企业纳税管理;赵军红则以财务管理的视角,将纳税管理界定为以企业价值最大化为目标,对企业纳税过程中涉及的人、财、物、信息等资源的合理利用和有效管理。他们将视角都停留在企业自身,未突破企业边界的限制。随着全球化和网络化的发展,企业边界日益模糊和扩大,企业纳税管理不仅是企业自身价值最大化的过程,更应当关注企业上下游之间的整体利益。因此,基于供应链视角的企业纳税管理是企业通过自身纳税流程管理、纳税争讼管理以及同具有独特优势的供应链上下游企业的协同、合作,乃至重组并购,深化与供应链上下游企业之间的关系,并凭借现代化的科技手段,以保持整个供应链的同步化运作,运用法律法规许可的各种方针政策、财务、金融等专业知识,对企业和整个供应链的纳税成

---

① 贺志东:《纳税管理》[M],机械工业出版社2006年版,第6页。
② 赵军红:《企业纳税管理》[M],上海财经大学出版社2007年版,第3页。

本和涉税风险进行整体筹划，从而使整个供应链价值最大化和维护企业持续竞争优势。

3.1.1.1 企业纳税管理的目标

研究的视角不同，企业纳税管理的侧重点不同，其管理目标也必然会有所差异。赵军红认为，企业纳税管理的实质是现代企业管理中财务管理的重要组成部分，企业纳税管理的目标是节约纳税成本，降低纳税风险，提高企业资金使用效益，实现利润最大化并推动企业可持续发展[1]。而我认为，企业税收战略管理作为企业战略的重要组成部分，企业纳税管理必须服从企业战略并适应企业不同发展阶段的需要；企业作为供应链中的一环或数环，不可避免地要受到上下游企业的影响和制约，在制定企业战略时，必须将企业置于整个供应链所处的特定环境中考虑，企业纳税管理也必须是基于整个供应链的税收环境来考量[2]。因此，基于供应链视角的企业纳税管理的目标是在降低纳税风险的同时，考量整个供应链的税收成本，力求供应链整体税负最低，实现整个供应链价值最大化并维护企业的持续竞争优势。

3.1.1.2 企业纳税管理的依据

税收法定原则是税法至为重要的原则，它是民主和法治原则等现代宪法原则在税法上的体现[3]。在我国，税收的开征、停征以及减税、免税、退税、补税，依照法律的规定执行；法律授权国务院规定的，依照国务院制定的行政法规的规定执行；任何机关、单位和个人不得违反法律、行政法规的规定，擅自作出税收开征、停征以及减税、免税、退税、补税和其他同税收法律、行政法规相抵触的决定[4]。企业纳税义务直接由国家颁布的法律法规为依据，这些法律法规包括税收法律法规、财务会计法律法规和其他相关的经济法律法规。其中，税收法律法规是企业纳税管理的直接依据，财务会计法律法规是企业纳税管理的基础。

---

[1] 赵军红：《企业纳税管理》[M]，上海财经大学出版社2007年版，第4页。

[2] 在企业战略制定的分析工具中，无论是采用PEST分析，还是迈克尔·波特的"五力模型"分析；无论是麦肯锡公司的价值链分析，还是哈佛商学院的K·J·安德鲁斯提出的SWOT分析，都需要对企业所在外部环境和内部条件进行分析，为战略制定奠定基础。

[3] 刘剑文：《税法学》[M]，人民出版社2002年版，第36页。

[4] 《中华人民共和国税收征收管理法》第三条。

3.1.1.3 企业纳税管理的主体

税收是国家为实现其职能,按照法律规定的标准、强制地、无偿地取得财政收入的一种手段;是国家凭借政治权力参与国民收入分配和再分配的一种方式①。尽管世界各国政府所制定的税收制度不同,但每个国家都运用其政治权力在其管辖权范围内对企业的各种收益进行课税,所不同的是使用什么税种、对哪些收益征税、税负高低如何。各国税法规定了不同的税种,但所有税种按课税对象划分,一般分为两大类:一类是直接税,即按收益额和财产额课征的税种,主要包括所得税、资产利得税、财产税等;另一类是间接税,即按流转额课征的税种,主要包括增值税、营业税、消费税、预扣税等。

企业是社会经济活动的基本单元,企业经营活动的成果是国家税收的基本源泉。按照既定的税收法律法规,依法足额缴纳税款是每个企业必须履行的法定义务。企业作为纳税义务人,首先是其法定纳税义务无法转嫁;即便是委托税务代理机构代为办理纳税事项,税务代理关系的建立并不改变纳税人、扣缴义务人对其本身所固有的税收法律责任的承担②,也不能转移企业与税务机关之间的固有的征纳关系,不能改变企业纳税管理的主体地位。其次,在市场经济改革的普遍化和全球经济的一体化、自由化,发展中国家政府对经济的管理方式发生巨大变化的基础上产生的税收间接征收问题③,也迫使企业成为新的纳税主体④。因此,企业纳税管理的主体是负有纳税义务或扣缴义务的各类企业,纳税管理的执行者是企业管理当局。

3.1.1.4 企业纳税管理的客体

企业纳税管理的客体即纳税管理的对象,由于纳税管理的目标不同,其管理客体必然会存在差异。赵军红从财务管理出发,认为纳税管理的客体是企业纳税的全过程,企业纳税过程与企业生产经营的各个方面有着密切联

---

① 章炜:《税务词典》[M],中国财政经济出版社1989年版,第74页。
② 北京注册会计师协会:《税务代理》[M],经济科学出版社2002年版,第3页。
③ 王芳:《国际投资中的间接征收问题研究》[J],2011年。
④ 根据《中华人民共和国税收征管法》第四条的规定,我国税法上的纳税主体包括纳税人和扣缴义务人。

系，涉及与纳税相关的人、财、物、信息等资源的计划、组织、协调和控制。本书站在供应链视角，认为纳税管理的客体不仅包括企业本身的纳税全过程，同时还应当关注和协调供应链上下游企业的纳税全过程，包括整个供应链企业的纳税政策管理、纳税成本管理、纳税流程管理、纳税风险管理与纳税争诉管理五个方面的内容。

1. 企业纳税政策管理。

企业纳税政策管理是纳税管理的基础环节和主要内容。企业纳税政策管理包括对国内税收政策法规的管理、对国际税收政策法规的管理以及对其他经济法律法规的管理。基于供应链视角的纳税管理不仅要求企业对自身纳税管理活动所涉及的税收法律法规以及其他经济政策法规进行收集、整理、分析，应用于纳税管理实践，同时还要求企业对与之相关的供应链上下游主体涉及的税收政策进行收集、整理和分析，并运用到企业纳税管理的全过程中。

2. 企业纳税成本管理。

企业纳税成本管理是企业正确、合理、有效运用税法及相关法律法规，充分运用企业生产经营活动的灵活性，对企业即将发生的生产经营活动做出事先筹划，对企业已发生的生产经营活动进行协调与控制，对企业纳税策略与方案进行统一规划，以降低税款缴纳的相对数与绝对数、降低企业纳税管理成本的一系列活动。纳税成本管理包括对显性税收与隐性税收、税收成本与非税收成本等因素[①]的管理。基于供应链视角的纳税成本管理的不仅要求企业降低企业自身成本，实现企业利润的最大化；还要求企业关注其供应链

---

① 迈伦·斯科尔斯、马克·沃尔夫森等人在《税收与企业战略》一书中，从交易各方利益出发，充分讨论了显性税收与隐性税收、税收成本与非税收成本对企业战略的影响。纳税人根据税收规则承担的税款支付，会造成企业的现金流出，是企业承担的显性税负。为了实现政府的宏观经济政策（如发展高新技术产业、地区税率差异等），税收规则中会凸显税收优惠待遇，如免税、减税、税收抵免等。税收优惠政策实施的结果导致不同投资资产承担的法定税负存在差异。从理性人的角度分析，纳税人会选择低税负的资产进行投资，造成产品要素的供求关系发生变化，结果使得低税负资产的价格被抬高，其税前收益率低于非优惠资产。税前收益率的差额使纳税人承担了收益损失，该损失是税收规则造成的，形成了企业的隐性税负。税收成本是按照国家税收法律法规的规定，企业在各种经济活动中应当缴纳的税款费用；非税成本是企业在实施纳税管理时所增加的非税金形式的显性支出或其他隐性成本。企业的不同组织形式、不同的经济活动会产生不同的税收成本，在无交易成本和市场摩擦的条件下，税收的套利活动可以消除税负差异。但现实环境的非完备市场和信息不对称性会产生大量的交易成本，税收规则约束和市场摩擦能有效防止税收套利。所以，衡量纳税管理有效性的目标并非是税负最小化，而是税后收益最大化，这要求纳税管理不仅要考虑税收因素，更要考虑非税成本。

上下游主体的税收成本，力求采用最为合理的运营方式和策略，最大限度地降低整个供应链的税收成本，使整个供应链税负最低，从而为实现供应链价值最大化和维持企业持续竞争能力服务。

3. 企业纳税流程管理。

企业纳税流程管理是对企业纳税全过程依据税收征收管理法律法规所规定的程序进行组织、协调、监督、控制的一系列活动的总称，具体包括纳税登记管理、企业纳税人身份认定管理、发票管理、纳税事项认定管理、纳税账册管理、税款申报缴纳管理六个方面的内容。企业纳税流程管理是纳税管理有效性的重要保障之一。不同的纳税义务人、不同的经济活动所适用的税收实体法不同，不同的纳税活动所适用的纳税程序法不一致；而税法的适用原则中"实体从旧，程序从新原则"[①]的规定以及我国现行税收征管手段决定了纳税流程管理，尤其是发票管理和纳税人资格认定管理的重要性。

4. 企业纳税风险管理。

企业纳税风险管理是对企业纳税过程中可能面临的税收风险进行评估和确认，采用合理的经济手段及技术手段对税收风险加以控制、规避、转移或保留，以减小风险损失的一系列管理活动。税收风险是因企业不能正确执行税收政策，做出违背税收法律法规的行为而给企业带来的实际损失及潜在损失的可能性。税收风险产生的主要原因，首先在于税法和其他法律一样，界限远不是那么清晰。这种税法模糊性（Tax Law ambiguity）意味着即使你宣称自己可以将整部国内税收法典一字不漏背下来，你也只能够解决纳税申报收益计算中的一小部分问题。尽管税收法典看起来在技术上非常详尽，它仍含有许多过于广泛而无法清晰阐明如何对待特定交易进行课税的规定[②]；其次是因为税收征纳双方不同地位、不同目的以及获得税收政策信息的不对称性或对税收政策理解的偏差，税收风险也会出现。

---

① 刘剑文：《税法学》[M]，人民出版社 2002 年版，第 248 页。
② 迈伦·斯科尔斯、马克·沃尔夫森、默尔·埃里克森、爱德华·梅杜、特里·谢福林等著，张雁翎译：《税收与企业战略——筹划方法》[M]，中国财政经济出版社 2004 年版，第 18 页。

税收风险包括税款负担风险、税收违法风险[①]、信誉损失风险等。在现代社会，新型经济业务层出不穷，税收法律法规为适应经济变化在不断调整和修正，税收法律法规的变化越来越快，也越来越复杂；纳税人甚至是税务专业人员和财税专家对税收法律法规的理解都难免会发生差错。纳税人一旦对税收法律法规的理解产生偏差，在计缴税款时就很容易违反税收法律法规的规定，在实质上构成税收违法。因此，在现代社会，税收风险在不断地增大。

5. 企业纳税争诉管理。

企业纳税争诉管理是指企业对纳税过程中发生的纳税争议进行调查、分析、解决的一系列管理活动，主要包括调查分析争诉问题、制订解决争诉问题的方案、组织实施争诉问题解决方案、分析与评估争诉问题解决结果[②]。企业纳税争诉的前提是存在税收争议，税收争议主要包括两类：一类是纳税人对税务机关的征税决定不服而引起的争议；另一类是税务行政管理相对人对税务机关的处罚决定和强制执行措施、税收保全措施不服而引起的争议。在我国，根据《中华人民共和国税收征收管理法》的规定，对于前一类税务争议实行的"复议前置"，即纳税人对税务机关的征税决定不服、发生争议时，必须先经行政复议再提起行政诉讼。而对于后一类税务争议则实行的"自由选择"，即税务行政相对人对税务机关的处罚决定和强制执行措施、税收保全措施不服的，可在行政复议和行政诉讼中自由选择其一，以解决行政争议，且选择了行政复议，对复议不服还可起诉。

但在实际纳税管理过程中，由于长期以来受国家分配论的影响，我国普遍认为税收是国家凭借政治权力对社会公共产品再分配的形式，税法就是国家制定的，用以保证取得税收收入的法律规范。这种理论片面强调政府征税权，忽视对纳税人的合法权益的保护，而体现在税收执法上，就是强调税务

---

① 税收违法风险是最大的风险所在。《中华人民共和国税收征收管理法》第六十三条规定，纳税人伪造、变造、隐匿、擅自销毁账簿、记账凭证，或者在账簿上多列支出或者不列、少列收入，或者经税务机关通知申报而拒不申报或者进行虚假的纳税申报，不缴或者少缴应纳税款的，是偷税。对纳税人偷税的，由税务机关追缴其不缴或者少缴的税款、滞纳金，并处不缴或者少缴的税款50%以上5倍以下的罚款；构成犯罪的，依法追究刑事责任。扣缴义务人采取前款所列手段，不缴或者少缴已扣、已收税款，由税务机关追缴其不缴或者少缴的税款、滞纳金，并处不缴或者少缴的税款50%以上5倍以下的罚款；构成犯罪的，依法追究刑事责任。税收违法风险由于其处罚严厉，往往给企业带来巨大损失甚至破产、清算。

② 赵军红：《企业纳税管理》[M]，上海财经大学出版社2007年版，第31页。

行政机关的征税行为是为了确保国家税款的征收,其直接后果导致税务行政机关的征税权的形式缺少必要的监督制约,纳税人的合法权益没有保障[①]。在调查纳税人维护合法权益所采用的方式时,相关调查统计结果如表3-1所示。

表3-1　　　　　企业纳税管理调查结果汇总表(局部)

问题序号	问题内容	问题选项	人数	比例
9	贵单位是否接受过税务检查?	是,经常	46	13.90%
		是,不定期	243	73.41%
		从来没有过	42	12.69%
10	贵单位是否存在与税务机关检查人员不同意见及处理方式?	存在不同意见且据理力争,并说服检查人员	93	28.10%
		存在不同意见,但以检查人员的意见为意见	166	50.15%
		不存在不同意见	29	9.06%
		不清楚	42	12.69%
11	贵单位是否启用过税务行政复议?	是,有过	7	2.11%
		否,从来没有	311	93.96%
		想过,但不敢	13	3.93%
12	贵单位是否采用过税务诉讼?	是,有过	1	0.30%
		否,从来没有	320	96.68%
		想过,但不敢	10	3.02%

上述调查结果中,有50.15%的人选择以检查人员的意见为意见;在纳税争诉的处理上,只有2.11%的人选择行政复议,更有3.93%的人想行政复议但不敢;只有0.3%的人选择了行政诉讼,有99.7%的人没有选择或不敢选择。调查结果表明,纳税人的税收法律意识还亟待加强,纳税争诉管理还亟待完善。

---

① 刘剑文:《税法学》[M],人民出版社2002年版,第245页。

3.1.2 企业纳税管理的空间分析

企业纳税管理首先必须遵循合法性原则，这就意味着企业纳税管理必须在现行税法体系（包括国内税法体系和国际税收体系）所规范的一定空间下进行。纳税管理战略的选择必须接受一定的空间约束。企业纳税管理的空间既包括政府主动给予的纳税空间和税法本身的漏洞或空白，也包括纳税人基于自身权利义务而对生产经营活动所采取的合法有效的管理方法和措施。

3.1.2.1 纳税人的政策空间

纳税人的政策空间包括政府主动给予的空间和税法本身存在的漏洞和空白。税收不仅是政府筹集财政收入的手段，也是政府对宏观经济调控的重要工具①。不同国家的经济发展状况不同，资源结构各异，世界各国都是根据本国的实际情况来制定符合其利益的税收制度，因此不同国家之间采用的税收政策必然存在差异。这些差异主要表现为纳税义务确定标准的差异、税率的差异、税基的差异、税收优惠政策的差异。不同国家税收制度的差异为跨国经营的税务筹划提供了种种可能，跨国经营者面对的税收法规越复杂，税收负担差别越明显，其进行纳税管理的空间就越大。

从同一国家或地区来看，市场对不同产品的需求，决定着社会资源在不同产业之间的配置结构。政府为促进产业结构调整，对不同产业实行不同的税种，如在我国，对提供劳务、转让无形资产和销售不动产课征营业税，对销售动产和应税劳务课征增值税，对非生活必需的奢侈品课征消费税。即使是适用同一税种，也可以采用不同的税率。如营业税，一般服务业、金融保险业、转让无形资产和销售不动产的营业税税率为5%；建筑业、邮电通信业、交通运输业、文化体育业的营业税税率为3%；而对娱乐业则采用5%—20%的比例税率②。对于一些投资规模大、回收周期长、私营投资者不愿投资的行业和企业，和政府支持与鼓励项目，政府给予特殊优惠政策或财政补贴，如港口、水利等基础设施项目的建设以及节能环保、节能节水、

---

① 黄桦：《税收学》[M]，中国人民大学出版社2011年版，第16页。
② 《中华人民共和国营业税暂行条例》（中华人民共和国国务院令第540号）所规定的营业税税率。

资源综合利用、高新技术、技术转让等税收优惠；为促进地区经济平衡，在税制规定中给予欠发达地区更多的税收优惠和照顾，以提高投资者对欠发达地区投资回报预期，引导更多资源流入，带动该地区发展，促进地区平衡，如我国持续多年的"西部大开发"政策[①]。为促进资本市场资本结构协调，适时调整不同时期的银行存款利息税税率、股票等证券交易的印花税；为稳定经济发展，调节社会再分配，对土地增值税和个人所得税采用累进税率。

税法本身存在的漏洞和空白，一方面是因为经济发展和变化的速度越来越快，新的经济现象和经济性质需要新的税收法规予以规范，但税法的制定和颁布需要相应的程序，税法的修订与补充往往跟不上经济发展的要求；其次是税收法规本身对某些经济业务的征纳规范不完善，如现行税法对电子商务的规范仍处于探索阶段。

总之，税收政策空间是企业纳税管理战略规划中最重要的一环。由于不同国度、不同地区、不同产业、不同税种、同一税种下不同税目采用的税率之间存在广泛差异，以及不征税、减免税、加计扣除、抵免税等各种税收优惠形式的普遍存在，为纳税管理提供了广泛的空间。

3.1.2.2　纳税人的主体空间

世界各国在税收管辖权方面根据各自的需要有不同的选择。国际法上的管辖以属地管辖和属人管辖为主，相应地，一国政府确立本国的税收管辖权就有两种基本原则，即属地原则和属人原则[②]。各国在行使的税收管辖权时，对纳税主体的确定标准存在较大的差别。从目前各国的税制来看，所得税管辖权实施主要有三种情况：同时实行地域管辖权和居民管辖权；实行单一的地域管辖权；同时实行地域管辖权、居民管辖权和公民管辖权[③]。除公民身份的认定均是以是否拥有某国国籍来判定外，对收入来源地和居民的判定标准，各国税法均有自己的规定，如我国判定法人居民身份以总机构所在地为准，而美国却是以注册所在地为准。在中国现行税制中，不同的纳税主

---

　　① 我国继续实施西部大开发战略。2011年7月27日财政部、海关总署、国家税务总局联合颁布了《关于深入实施西部大开发战略有关税收政策问题的通知》（财税［2011］58号）规定，对西部地区内资鼓励类产业、外商投资鼓励类产业及优势产业的项目在投资总额内进口的自用设备，在政策规定范围内免征关税。自2011年1月1日至2020年12月31日，对设在西部地区的鼓励类产业企业减按15%的税率征收企业所得税。

　　② 刘剑文：《税法学》［M］，人民出版社2002年版，第128页。

　　③ 朱青：《国际税收》［M］，中国人民大学出版社2011年版，第26—28页。

体可能缴纳的税种不同、税率不等、缴纳方式各异。如对企业经营所得的征税问题，公司制企业缴纳企业所得税，个人独资企业、合伙企业按"个体工商户的生产、经营所得"税目缴纳个人所得税；对母子公司实行独立缴纳企业所得税，对总分公司汇总缴纳企业所得税[①]。

但是，纳税人的主体具有可变通性，主要表现在以下方面：一是纳税人确实转变了经营实质，由于不同经济业务性质，导致适用的税种、税率和缴纳方式不同；二是纳税人主体资格发生变化，有意识规避某种税收或降低税率，如将有限责任公司转变为个人独资企业以规避企业所得税或将一般纳税人转为小规模纳税人以降低名义税率；第三是内容与形式的分离，即采取某种合理手段从一种形式转换为另一种形式，从而使其形式上不再具有某种纳税义务，如将本国国籍转化为他国国籍或将居民法人转化为非居民法人。

3.1.2.3　纳税人的管理空间

企业纳税管理的是企业战略管理的重要组成部分，企业战略管理的终极目标是实现企业财务目标。企业整体价值最大化的目标是现代企业财务目标的最好表达。企业整体价值不仅仅是企业股东的价值，而应当考虑股东在内的所有利益相关者，包括股东、管理者、员工、债权人、供应商、客户、社区、政府甚至整个社会；也不仅仅是单一的财务价值，而是在组织结构、财务、采购、生产、技术、市场营销、人力资源、产权运作等各方面的整合；不是基于已经获得市场份额和利润数据，而是基于与适度风险相匹配的已经获得和可能获得的现金流量；企业整体价值要求企业密切关注资本市场或产权市场，企业只有从内部和外部两个方面着手才能提高企业整体价值[②]。在中国现行税制下，首先，由于不同的资产所适用的计税方式不同，如原材料、产成品等存货资产在变现时先缴纳流转税，同时其计税成本一次性在企业所得税前扣除，而固定资产、无形资产的计税成本在持有期间以折旧或摊销的方式在企业所得税前扣除，处置时除缴纳的税种不同外，企业所得税前允许扣除的是其计税成本的余值，这导致不同的资产结构税负不同。其次，

---

① 《中华人民共和国企业所得税法》第一条规定，在中华人民共和国境内，企业和其他取得收入的组织为企业所得税的纳税人，依照本法的规定缴纳企业所得税。个人独资企业、合伙企业不适用本法。第五十条规定，居民企业在中国境内设立不具有法人资格的营业机构的，应当汇总计算并缴纳企业所得税。

② 汤谷良：《高级财务管理》[M]，中信出版社2006年版，第10—11页。

由于债务资本的利息可在企业所得税税前扣除，而所有者权益资本的利息不允许企业所得税税前扣除，导致不同的权益结构税负不同。第三，由于原材料、人力资源、资金、信息等各项资源以技术研发、材料采购、产品生产、市场营销、产权运作等作业方式，在企业内部组织架构的各个环节流转，形成内部供应链上的产品流、信息流和价值流，内部作业的不同价值结转方式，决定其在不同环节的价值停留，从而影响税负[①]。第四，企业从上游采购原材料、委托运营商运输产成品、向客户提供的商品等生产经营的基本活动，会在不同的纳税主体之间形成产品流、信息流和价值流，而不同主体之间的税金流也是伴随价值流的产生而产生。第五，企业管理者的管理理念和风险承受能力，将决定企业税务风险的处置方式和税收争诉的处理方法，进而影响企业纳税管理。

因此，企业资产结构的配置、权益结构的安排、内部供应链的管控、外部供应链的利用，都将对企业税负产生重大影响；管理者的管理理念、风险承受能力都将对纳税风险管理和纳税争诉管理产生重大影响，并最终决定企业纳税管理的成败。

3.1.2.4 纳税人的财务空间

财务战略理论告诉我们，市场的竞争和风险直接导致了对公司战略的需求。财务战略的基本作用表现为对公司战略的全面支持，它可以根据企业的经营战略而制定，如更大的市场份额、更低的产品成本等等，也包括从财务角度对涉及经营的所有财务事项提出自己的目标，如高速增长的收入、较大的毛利、强劲的信用等级、恰当的融资结构、可观的自由现金流量，不断上涨的股票价格、在行业中处于衰退期的收益稳定程度[②]。在战略领域内，企业财务总监需要进行战略性分析，并且对企业决策的合理性和承担风险的"合适度"进行不断反省，并进行企业内部的价值链分析和企业在社会整体价值链中的位置分析[③]。由于现行财务会计政策对财务人员职业判断的肯

---

① 在中国现行企业所得税政策中，企业已实现销售的产成品成本一般情况下允许企业所得税税前扣除（除非税务机关认为价格显失公允且无正当理由），而未完工产品成本为未实现销售产品成本作为存货保留在账面，不能在企业所得税税前扣除而影响计税基础，进而影响税负。

② 汤谷良：《高级财务管理》[M]，中信出版社2006年版，第11页。

③ 托马斯·沃尔瑟：《再造财务金融总裁：从财务管理到战略管理》[M]，商务印书馆2000年版，第15页。

定，财务人员在会计政策和会计估计的选用上有更大的自主权。因此，收入确认的时点选择（或税法所要求的收入确认必备条件的满足与否）、成本结转方法及折旧政策的选取、商业折扣与折让政策的确立、财务杠杆的利用等，这些财务手段的利用，在影响纳税成本的同时影响税基，从而影响税负。但应当注意的是，纳税成本的存在，通常会给企业带来或加重投资扭曲风险，而这些方面的纳税成本损失，并非可以直接通过会计核算资料所能得到[1]。在企业运用纳税管理的财务空间时，在考量显性成本的同时一定要仔细分析隐性成本，尤其是机会成本。

3.1.2.5 纳税人的地域空间

在不同的国家或地区，由于各国的税种、税率存在差异，为全球范围内的企业纳税管理提供了更为广阔的地域空间。在一个国家内，也会由于各地区间自然环境、资源条件、经济基础、历史背景存在差异，不同地区经济发展出现不平衡，地区间经济发展水平差距过大会阻碍整体社会经济的进一步发展，造成资源利用效率的降低。税收政策在不同地区间的倾斜，可以引导资源流向，以缩小地区间投资环境不同而产生的经济活动密度差异和产业分布差异，从而促进区域经济的协调发展[2]。在我国，1980年，第五届全国人民代表大会常委会批准深圳、珠海、汕头和厦门设立经济特区；1984年，中央决定进一步开放沿海大连、秦皇岛、天津、烟台、青岛、连云港、南通、上海、宁波、温州、福州、广州、湛江、北海等14个港口城市；1988年设立海南经济特区；1999年，中国的西部大开发战略正式出台。正是因为税收的经济结构协调作用，国家在这些特定地区实行特殊的税收优惠政策，这些税收优惠导致了不同地域的税率差异和不同的减免税优惠政策，从而为纳税管理提供了广泛的地域空间，尽管随着《中华人民共和国企业所得税法》的出台，相关税收优惠政策有所调整，地区间税率差异和优惠政策差异减少，但我国仍继续实施的西部大开发战略以及各地为促进区域经济发展而采取的税收返还等地方财政政策，依然为企业纳税管理提供了可供操作的地域空间。

---

[1] 蔡昌：《企业纳税筹划方案设计技巧》[M]，中国经济出版社2008年版，第9页。
[2] 黄桦：《税收学》[M]，中国人民大学出版社2011年版，第55页。

3.1.2.6 纳税人的时间空间

从财务管理的角度来看，资金是具有时间价值的，税收作为企业现金流的流出，如果税率不变或降低，只要推迟纳税不被税务机关课以罚款和加收利息，推迟纳税将使企业获得资金的时间价值。即便加收利息和罚款，只要其总和小于资金的时间价值或企业占用税款所获得的预期收益，在无其他隐性成本的条件下，纳税人仍将愿意将收入从一个纳税期间转移到另一纳税期间，从而推迟纳税。但当存在预期税率提高，或课以重罚和加收滞纳金导致相应的税收显性成本大于资金时间价值或存在重大隐性成本时，企业将放弃推迟纳税、甚至是提前纳税。而恰恰是经济业务的不确定性和业务隐性契约①的存在，对税收监管提出了极大的挑战，为纳税人采用合理的手段利用时间空间提供了可能。

3.1.2.7 税收征管空间

税收征管模式是基于税收政策之上的，由于各国税收政策不同，税收征管模式也会各异。税收征纳过程既是税务部门履行税收征管职责的过程，同时也是纳税人履行纳税义务的过程。税务部门进行税收征管的组织形式和分工方式，从征税主体角度可称为征管模式，从纳税主体角度可称为履行纳税义务的模式。现阶段根据税收收入赖以实现的主要手段不同，可以将税收征纳模式分为收入管理型和执法服务型两种基本类型。

1. 收入管理型。

在收入管理型模式下，税务部门以税款征收为目标，以强制管理作为税收实现的主要手段，征纳双方在征纳活动中居于不平等地位。该模式强调税收征纳关系对立性，增强纳税人非遵从行为的风险与成本意识。该模式强调行政手段对履行税收职能的重要性，往往以行政手段下达指令性税收计划，

---

① 按照缔约各方的权利义务在契约中是否以明确的契约条款订明以及有没有书面文件表达，契约可以分为显性契约和隐性契约。显性契约是缔约各方的权利和义务以明确的措辞和各方都能接受的方式书写书面文件上的一种契约，其要件、格式是法定的，甚至争端解决机制都按照相关契约法的要求明确写进契约，在现实中这些契约都是法定化的各类合同，如借贷合同、租赁合同（雷光勇：《会计契约论》，中国财政经济出版社 2004 年版，第 64 页）。隐性契约是指既没有明确约定权利、义务，也没有书面形式和监督措施的契约，隐性契约所体现的契约各方的关系建立在默契之上，对违约或欺骗行为的惩罚只能求助于自身。如终止交易关系（李向阳：《企业信誉、企业行为与市场机制：日本企业制度模式研究》，经济科学出版社 1999 年版，第 11 页）。

纳税人处于被监督、被管理的地位。它最能体现税收强制性、无偿性的特点，适用于社会经济发展水平比较低，税收征纳双方对立性强，纳税意识薄弱，税收法治建设落后的环境。它是自税收产生以来，在相当长的历史时期各国普遍采用的模式。

2. 执法服务型。

执法服务型模式是以纳税人整体遵从为假设前提，强调税收征纳关系的统一。税务部门在执法的同时强调服务的功效，并以此为实现税收的主要手段。征纳双方在征纳过程中地位平等，共同推动税收实现。这种模式是基于：第一，可以假定税收制度和税收征管是公平合理的，税收取之有道，用之合理，符合纳税人的利益并为纳税人所认同；第二，征纳双方的博弈是无限次重复博弈，纳税人为了长远利益选择与税务部门合作；第三，税务部门具有强大的征管能力。实证研究证明，税收的绝大部分是在不受税务部门实际干预的情况下筹集到的，该比例一般在80%以上。例如美国联邦税收在2000年这一比例达到98%左右，我国这一比例在1999年约为86%。该模式并不否认征收税款是税务部门的职责，只是将其建立在更广泛和更高的行为标准上：纳税人的纳税成本受到关注，纳税人被视为服务行业中的顾客对待；税务部门扮演服务部门和执法部门的双重角色，帮助纳税人理解和履行税法义务。该模式适应经济发展水平比较高，社会中介服务发达，纳税人纳税意识较强，法律比较健全的社会经济条件，体现了现代税收征管文明，是收入管理型模式的发展。

我国经过2006年全国强化税源管理工作会议的大讨论和统一定调，国家税务总局在"以申报纳税和优化服务为基础，以计算机网络为依托，集中征收，重点稽查，强化管理"的征管模式的基础上提出了"坚持属地原则，实施分类管理"的税源管理新模式，即在按行政区划实行属地管理的基础上，对辖区内纳税户根据生产经营规模、性质、行业、经营特点、企业存续时间和纳税信用等级等要素以及不同行业和类别企业的特点，实施科学合理的分类管理。

无论采取何种征管模式，由于征纳双方存在信息不对称，经营活动中存在隐性契约，以及税收征管人员素质的局限，税收征管都具有一定的局限性。尤其在新型经济业务出现、税源结构变化、税源数量急剧增加、税源流动性和国际化趋势日益明显的情况下，都可能出现征管资源不够、信息技术不足的问题，企业纳税管理的税收征管空间将进一步扩大。

3.2 企业纳税管理的驱动因素

企业纳税管理是一项非常复杂的理财活动,属于多学科的交叉领域,集财务会计、税收法律法规、企业经营法律法规、企业内部控制和战略管理于一体。财务会计是纳税管理的基础,纳税成本管理的最终成果必须要体现在财务成果最优上;企业内部控制和战略管理是纳税管理的保障,内部控制的有效性、企业战略的统筹规划是实现企业纳税流程管理、纳税风险管理的必备条件。税收法律法规、企业经营法律法规是纳税管理的法律支撑,是企业纳税成本管理的前提和纳税争诉管理的法律支持。企业纳税管理作为一种战略规划活动和纳税管理设计,其管理动因既有企业内在的,也有企业外在的。

3.2.1 企业纳税管理的内在动因

企业纳税管理的内在动因主要包括扩大主体经济利益、降低涉税风险、维护主体合法权益等方面。

1. 扩大纳税主体经济利益。

税收是政府为了满足社会公共需要,凭借政治权利,按照法定标准向社会成员强制无偿地征收而取得的一种公共收入[1]。税收的无偿性决定了税款的缴纳是企业现金净流出,没有与之相配比的现实或未来收益,节约税收支出具有与降低产品成本同等重要的经济价值。企业纳税成本管理不仅管理包括正常税收支出、办税费用、税收滞纳金和罚款、税务代理费用等显性税收成本,还包括额外税收负担等隐性税收成本,而企业纳税管理的主要内容之一就是企业纳税成本管理。其次,纳税管理费用(如委托税务代理)本身也是一种节税途径,不仅委托专业税务机构的税务代理行为可以降低税收风险,充分利用税收筹划方案降低税收缴纳支出,税务代理费用本身也可以税

---

[1] 谢秋朝、侯菁菁:《公共财政学》[M],中国国际广播出版社 2003 年版,第 306 页。

前扣除，抵减企业所得税税基，从而降低所得税费用。

企业管理者作为代理人，掌握着企业全部的经济信息，理性的纳税人在经济利益的驱使下，必然具有利用现有信息不对称性和契约的不完备性进行减轻税负的动机①。美国南加州大学 W·B·梅格斯博士在《会计学》中说："美国联邦所得税变得如此复杂，这使为企业提供详尽税务筹划成为一种谋生的职业。现在几乎所有的公司都聘用专业的税务专家，研究企业主要经营决策上的税收影响，为合法地少纳税制定计划。"近年我国雨后春笋般成立的税务师事务所和不断发展与完善的税务代理制度也正说明了这一点。

2. 降低涉税风险。

企业作为市场经济的主体，追求收益最大化是其经营目标，而收益与风险是一对孪生姊妹，收益越小、风险越小；收益越大、风险越大。在追求收益最大化的同时，必须将风险控制在可以接受的范围内。税收政策的复杂性和税收法律的不明晰、信息不对称以及税务行政执法的不规范等多种原因而引发的税务风险，不仅可能给企业带来巨大的经济损失，甚至可能导致企业的破产、清算和相关责任人的刑事责任。这种有效管理企业税收风险的动机，在一定程度上成为企业纳税管理需求的另一种牵引力。

3. 维护主体的其他合法权益。

纳税管理在实现主体经济利益的同时，还有着维护纳税主体其他合法权益的需求。基于征纳主体的不同地位和不同目的，企业在运用税收政策、构造符合自身利益的纳税环境、设计最优的纳税方案的同时，不可避免地会与代表国家利益的征税主体之间存在争议，争议的解决途径和解决方式，将构成纳税人的又一税收成本，而这些成本，往往更多地以隐性成本的形式存在，如我国企业 IPO 审核中，要求企业在近三年无重大违法行为②。为降低隐性税收风险，确保企业除主体经济利益以外的其他合法权益，成为企业纳税管理的又一重要内生动力。

---

① 蔡昌：《契约观视角的税收筹划研究》[D]，[博士学位论文]，天津财经大学，2007 年，第 24 页。

② 《首次公开发行股票并上市管理办法》规定："未违反工商、税收、土地、环保、海关以及其他法律、行政法规，受到行政处罚，且情节严重。"《首次公开发行股票并在创业板上市管理办法》规定："不存在损害投资者合法权益和社会公共利益的重大违法行为。"重大违法行为意义上的行政处罚主要是财政、税收、审计、海关、工商等部门实施的，涉及公司经营活动的行政处罚决定。被其他有权机关处以行政处罚的行为，涉及明显有违诚信、对公司有重大影响的，亦应归入此列。

3.2.2 企业纳税管理的外在动因

并不是企业具有纳税管理的内在动机就可以实现其纳税管理目标，由于纳税管理追求"零风险"，即必须是在不违法的前提下进行的，所以如何有效利用纳税管理的外在动因，就成了纳税管理目标得以实现的外在条件。

1. 企业纳税管理空间的存在。

企业纳税管理空间的存在，是企业纳税管理存在的先决条件，如果不存在前文所分析的纳税管理空间，企业纳税管理将失去存在的土壤而成为无本之木。

2. 纳税管理的仿效效应。

某一纳税人的成功的纳税管理行为，必然带来仿效效应，会有更多的纳税主体效法这种纳税管理方法，甚至这种纳税管理的具体形式、具体内容和具体流程成为众人追捧的对象。

3. 获取"纳什均衡"效应。

税收的征纳关系其实也是一种博弈，在追求企业价值最大化的前提下，双方都有不遵守协议的动机，而税法本身就是征纳双方利益集团博弈的结果。在纳税人对税收政策的选择与运用中都有着明显的博弈特征，征纳关系中的"纳什均衡"是一种动态的平衡。企业纳税管理是纳税人在不违反国家既定税法的前提下，通过对企业纳税的全过程管理，尽量选择对自己有利的税收政策加以运用，一方面实现企业价值最大化的财务战略，另一方面也使国家在制定税法时考虑纳税人的相机选择，完善税制，以完成筹集财政收入，同时又能起到涵养税源的作用，并进而推动税制改革。

供应链视角的企业纳税管理

3.3.1 企业纳税管理思想的演进

企业纳税管理是随着现代企业制度的确立，社会法制的不断发展与完善，企业自我意识和主体利益观念的加强以及信息网络化、经济全球化的推动而不断发展和演进，大致可以分为以下五个阶段。

第一阶段是以偷税、逃税为手段来降低税负的野蛮阶段。偷税，是指纳税人以不缴或者少缴税款为目的，采取伪造、变造、隐匿、擅自销毁账簿及记账凭证，在账簿上多列支出或者不列、少列收入，或采取各种不公开的手段，或者进行虚假的纳税申报的手段，隐瞒真实情况，不缴或少缴税款，欺骗税务机关的行为。逃税，是指纳税人故意或无意采用非法手段减轻税负的行为，包括隐匿收入、虚开或不开相关发票、虚增可扣除的成本费用等方式逃避税收的行为。在税收制度不完善、税收监管手段落后、违法成本低廉的背景下，偷税、逃税也确实能够给纳税人带来现实的经济利益，但偷税、逃税损害国家利益，违反国家法律法规，严重的甚至还触犯了刑法。随着国家法制的不断完善、监管手段的改进、监管力度的加强、法制意识的提高，偷税、逃税等野蛮方式必将为广大纳税人所摒弃，并转而寻求合法的途径来减轻税赋。

第二阶段是以避税、节税为手段来降低纳税成本的合理节税阶段。避税，是指纳税人利用税法上的漏洞或税法允许的办法，作适当的财务安排或税收策划，在不违反税法规定的前提下，达到减轻或解除税负的目的。由于避税是利用税法上的漏洞和空白，与立法精神相违背，但按照"法无禁止即为许可"的法学原理，政府不能予以制裁，因此各国政府一般都是通过不断完善税法、弥补税法漏洞和空白等方式来进行反避税。我国现行政府税收管理机构中，在国家税务总局国际税务司专设有反避税处，来研究拟订国家（地区）间反避税措施，组织实施反避税调查。

为了应对政府对避税的反对和日益严密的反避税措施，企业需要寻求一种能为政府所容忍甚至鼓励的减轻税赋方式，来实现企业的经济利益，于是节税就应运而生。节税是指纳税人在不违背税法立法精神的前提下，当存在着多种纳税方案的选择时，纳税人通过充分利用税法中固有的起征点、减免税等一系列优惠政策，以税收负担最低的方式来处理财务、经营、交易事项。由于节税是通过对企业经营活动的事先安排，从多种纳税方案中选取更符合企业自身利益的纳税方案，其本身并不违反税法规定，也不抵触政府税收立法精神，因而得到政府和纳税人两个利益对立集团的双方认可，因此得到充分的发展，相关研究文献也大量出现。

在上述两个阶段都是以减轻直接纳税成本为单一目标的。随着现代财务管理理念的不断发展，企业财务目标由企业利润最大化向企业价值最大化转化。人们发现，减轻税赋与实现财务目标存在矛盾，减轻税负并不一定能使企业获得更多的财务收益，减轻税负的最佳方案不一定与整体财务目标一致。这使人们进一步思索如何实现节税方法与财务目标统一，税收筹划进入发展阶段。

第三阶段是以税后利润最大化为目标的税收筹划阶段。这种税收筹划将企业财务管理目标与税收筹划研究相统一，评价某一纳税方案的优劣不再是以减轻税赋为单一目标，而是以税后利润最大化为目标，完善了以税赋最低为单一目标的节税理论。

第四阶段是以战略税收筹划、纳税风险管理为手段，以实现企业价值最大化为目标的税收筹划阶段。随着财务管理实践的发展，为避免企业经营的短期行为，促进企业长期可持续发展，企业财务管理目标由利润最大化转变为企业整体价值最大化，这就促使人们站在实现企业整体价值的角度，关注企业的各项风险，尤其是法律风险[①]。此外，战略管理理论[②]的发展和不断完善，也为税收筹划理论注入了新的基因。2004年，迈伦·斯科尔斯、马克·沃尔夫森等人将税收筹划与企业战略结合在一起研究和运用，将税收制度与企业战略结合到公司的具体决策中，结合公司财务管理、财务会计和微观经济学等前沿理论对公司并购、剥离、国际扩张等诸多内容进行详细的静态和动态分析，并将税收筹划的技术手段置于动态的经济政策环境下，从制定企业战略所需要考虑的税收广角出发，赋予税收筹划一种全新的管理理念和战略高度，并对各种税收战略从严谨的假设条件出发，推导出适用于一般性环境的决策模型，开创了税收筹划的量化决策之先河，从而使税收筹划进入一个崭新的阶段。

第五阶段是以供应链管理为视角，将企业整个纳税流程作为管理对象，追求整个供应链价值最大化，从而实现企业整体价值最大化为目标的企业纳税管理。

---

① 《关于印发〈中央企业全面风险管理指引〉的通知》（国资发改革〔2006〕108号）规定，企业风险一般可分为战略风险、财务风险、市场风险、运营风险、法律风险等；也可以能否为企业带来盈利等机会为标志，将风险分为纯粹风险（只有带来损失一种可能性）和机会风险（带来损失和盈利的可能性并存）。

② 战略管理理论起源于20世纪的美国，形成于60年代，在70年代得到大发展。迈克尔·波特"竞争战略三部曲"的出版，其所提出的行业竞争结构分析理论受到企业战略管理学界的普遍认同，并且成为进行外部环境分析和激发战略选择最为重要和广泛使用的模型。

随着供应链管理理论的不断完善，精细化管理思想在日本的应用，以及迈克尔·哈默（Michael Hammer）、詹姆斯·钱皮（James·Champy）合著的《企业再造》一书的出版，将人们的视线从企业整体价值最大化理论延伸到全球范围内的供应链管理和企业内部流程再造两个不同的维度。尤其是战略联盟①概念的提出，突破了竞争战略对抗性竞争和排他性竞争的思维局限，将关注的焦点转向了企业间各种形式的联合，从而为税收管理提供了新的视角和广度。

追求以避税、节税为手段来降低纳税成本的合理节税阶段为企业纳税管理的初级阶段；以税后利润最大化为目标的纳税筹划阶段是纳税管理的中级阶段；以战略税收筹划、纳税风险管理为手段，以实现企业价值最大化为目标的税收筹划阶段为纳税管理的高级阶段；而以供应链管理为视角，将企业整个纳税流程作为管理对象，追求整个供应链剩余最大化，以实现企业整体价值最大化为目标的企业纳税管理阶段是纳税管理的终极阶段。

随着全球化、网络化的进一步推进，跨国企业的进一步发展和数量的不断增加，全球范围内的资源调度和资源整合的不断加深，企业的竞争将逐渐演变为供应链的竞争。在可以预见的未来，以整个供应链价值最大化为目标的企业纳税管理将成为企业管理不可或缺的必然手段。

3.3.2 供应链视角的企业纳税管理思想

供应链视角的企业纳税管理思想是基于供应链管理思想、流程管理思想、战略联盟思想、契约思想、精细化管理思想等后工业化时代的管理思想，结合财务管理理论、战略管理理论和经济博弈论等管理理论，将研究视角置于整个供应链和整个纳税流程的广度，从企业战略管理的高度，对企业纳税管理进行全过程管理的综合管理思想，具体包括：

1. 系统思想。

基于供应链的纳税管理不是从纯财务的短期利益角度出发，也不是从纯降低税赋的单一目标出发，不是从某一单一的纳税主体出发，也不是从纳税

---

① 战略联盟的概念是DEC公司总裁简·霍普兰德（J. Hopland）和管理学家罗杰·奈杰尔（R·Nigel）提出的，它是指两个或两个以上的企业之间为了实现某种共同的战略目标而达成的长期合作安排。其核心思想是在竞争中合作、在合作中竞争，即所谓"竞合"思想。

流程中的某一内容出发,而是从供应链管理的角度来考虑整个供应链的剩余最大化和企业整体利益最大化,并将企业整个纳税流程置于管理系统中考虑,结合供应链的驱动和限制因素,对供应链流程的各个环节进行系统的税收分析,追求整个供应链系统和纳税管理系统的有机结合。同时,它关注隐性税收成本和隐性契约对纳税成本和纳税风险管理的影响,将一些不能用财务数据来描述的相关指标与包括税负在内的财务数据结合起来,追求统一性和系统性。

2. 流程思想。

供应链本身就是资金流、产品流、信息流沿着既定的供应链结构,在构成供应链的主体之间出现的一连串的过程和流动,它们组合起来用以满足顾客对一种产品的需求。其次,企业纳税管理的过程本身就是企业了解税收政策、构建符合自身特点的纳税管理组织架构和流程,充分运用现行税收政策、财务会计政策和其他相关经济政策,在财务战略目标的指引下,进行税收成本和税收风险的管理平衡,在出现纳税争诉时,采用最符合纳税主体利益的争诉解决方法的整个纳税流程的管理。第三,税收产生的根源是经济业务流程而不是财务核算的结果。经济业务的契约性质决定了经济业务的性质和收入确认的时间[1];经济业务性质决定了其所适用的税种和税率;收入的确认时间决定了税款的纳税义务发生时间;财务人员通过会计政策和会计估计的运用,可以影响税基和收入确认的时点而对税收产生影响,但并不能改变经济业务的性质,有怎样的经营流程就会产生怎样的税收结果。从长期的观点来看,业务流程决定了企业的价值[2]。

3. 协作思想。

经济全球化和网络化的发展,战略联盟的建立,推动企业从"竞争合作"战略走向"合作竞争"战略,企业之间由过去的竞争战略向合作战略转化。供应链管理要求处于不同供应链环节的不同主体之间有更为充分的协作甚至企业重组、并购,以实现整体供应链剩余最大;其次,为实现企业价值最大化的内部业务流程改进、组织结构调整,甚至企业流程的再造,需要企业内部各职能机构的更密切的合作。

---

[1] 在税法上,收入确认时间与经济合约上规定的收款时间不是同一概念,这一点在流转税和所得税上都有体现。

[2] 詹姆斯·钱匹著,闫正茂译:《企业X再造》[M],中信出版社2002年版,第31页。

4. 契约思想。

契约作为规范各种社会经济关系的重要手段,"其对交易安全的维护与对经济增长的贡献有目共睹,契约的功能以契约法形式一直内含于人类社会基本的调整规范之中"[1]。亚当·斯密曾评价"它是人类迄今为止发现的(不是创造的)建构人际关系、平抑冲突、消弭差异的最佳手段之一"[2]。现代经济学中的契约一般称为合同或协议,是蕴藏在社会经济现象背后的支配经济关系的运行规则[3]。

在我国,市场经济中企业独立经济主体地位的确立,为企业追求自身经济利益扫清了障碍;现代财务管理理论的发展,为企业追求自身价值提供了理论支持。企业之间的经济活动的性质、内容和执行都是由事先形成的契约来规范的,而最终的税负结果也是由企业实际的经济活动决定的,纳税义务的发生时间也是由企业规定的执行期间来决定的,因此,企业间的经济契约对纳税管理目标的实现有决定性意义。

5. 转化思想。

基于经济业务活动的多样性、灵活性和税收法制的固定性,纳税人可以通过纳税流程和纳税经济业务性质的转化,并根据税收政策的改变而改变企业自身的经营流程或经营方式,或转化经营形态和供应链利益主体的运作模式,从而将税收从一个单位转移到另一个单位,即不同纳税主体间的转化;从一种应税行为转化为另一种应税行为,即不同税种间的转化;从一种方式转化为另一种方式,即从高税率向低税率或从无减免优惠向有减免优惠转化;从一个环节转移到另一个环节,即纳税环节之间的税收转化;从一个纳税期间转移到另一纳税期间,即不同纳税期间的税收转移[4]。这些都可实现供应链整体剩余的最大化和企业整体价值最大化。

6. 成本思想。

最终检验管理的是企业的绩效[5]。基于供应链的纳税管理是根据税收政策的要求而进行经济活动流程的改变、组织结构的调整,供应链企业之间的

---

[1] 雷光勇:《会计契约论》[M],中国财政经济出版社2004年版,第1页。
[2] 亚当·斯密:《国民财富的性质和原因研究》(上),商务印书馆1981年版,第13页。
[3] 蔡昌:《契约观视角的税收筹划研究》[D][博士学位论文],天津财经大学,2007年6月。
[4] 戴琼:《有效税收筹划,给力企业重组》[J],《中国会计报》,2011年2月18日第14版。
[5] 彼得·德鲁克著,齐若兰译:《管理的实践》[M],机械工业出版社2010年版,第8页。

重新组合，甚至是兼并重组，势必要增加企业纳税管理活动的显性成本和隐性成本。在进行基于供应链的企业纳税管理时，必须充分考虑纳税管理成本，尤其是充分考虑隐性成本和机会成本，以免出现纳税管理成本高于纳税管理收益的现象。

7. 风险思想。

纳税风险管理是纳税管理的重要内容之一。企业在进行供应链的纳税管理时，经营方式或流程的改变与调整，供应链结构的变化，纳税管理流程的调整和更新，势必促使企业采取一种全新的运作模式，也势必增加运营和管理风险。因此，在进行纳税管理时，要进行纳税管理风险的综合评估和规避。

8. 动态思想。

纳税管理流程是随着税收政策的变化和征管机关不同时期的要求而不断调整变化的；供应链是随着市场需求变化而变化的；企业生产经营活动也是根据不同时期的经营战略而动态变化的。因此，基于供应链思想和流程思想的纳税管理方式也是动态性的。

3.3.3 供应链视角的企业纳税管理特征

1. 不违法性。

税收的法定性原则是税法至为重要的原则，它是民主和法治原则等现代宪法原则在税法上的体现。依法征纳税款是法治社会的必然要求，企业纳税管理是在现行的税收法制框架下的一种企业管理活动，必须遵循现行税收法制的规范。

2. 战略性。

战略是一种意图，是对一个企业或组织在一定时期的全局的、长远的发展方向、目标、任务和政策以及资源调配做出的决策。基于供应链视角的企业纳税管理需从整个供应链的战略管理高度出发，并充分融入到企业战略中去，着眼于企业整体价值的长期稳定发展，而非个别税种在某一期间高低的短期行为。前瞻性和战略性是其特性。

3. 视角的广域性和整体复杂性。

基于供应链视角的企业纳税管理是从整个供应链管理和整个纳税流程管理出发，将构成企业特定经营业务的整个供应链的纳税主体作为研究对象，突破了单一企业纳税主体的局限；同时将纳税管理的整个流程作为研究对象，突破了税收筹划忽视纳税流程和纳税争诉管理的局限，因而视角具有前所未有的广域。同时，供应链本身的复杂多变，纳税流程的复杂多变以及企业经营活动的复杂多变，导致基于供应链视角的纳税管理具有更大的整体复杂性。

4. 风险性。

企业纳税管理的前瞻性和战略性导致它的风险性。纳税管理的风险主要来自于企业纳税管理人员对税收政策的理解和掌握滞后于国家（地区）税收政策的变化，企业纳税管理人员与税务部门的税收监管人员对同一税收政策理解的不一致，以及随着经济业务的变化、政治经济形势的变化而导致税收政策变化等原因，这使纳税管理的最终结果与预期结果不一致。这种税收政策的滞后、理解差异、变动幅度，必然会带来纳税管理风险。

第4章

企业纳税管理的
内部供应链分析

  供应链管理在本质上是企业内部或企业之间的供应管理与需求管理的集成①。供应链管理首先是企业内部的供应管理与需求管理,它深深沉浸在内部各职能机构所形成的各种业务流程的细节中。基于供应链管理视角的企业纳税管理首先必须分析企业自身内部的供应链结构,并将其置于企业自身所处的税收制度规范下进行分析与管理,以寻求企业自身价值最大化。

---

① 美国供应链管理专业协会(Council of Supply Chain Management Professional, CSCMP)文件。

4.1 企业内部供应链与企业纳税管理

4.1.1 企业内部供应链分析

企业内部供应链是指企业内部产品生产和流通过程中所涉及的采购部门、生产部门、仓储部门、销售部门等供应链组成的供需网络,以及企业内部为顾客创造价值的主要活动及其相关的辅助支持活动。其中主要活动包括新产品研发、产品制造、市场营销、物流配送和售后服务等;相关支持活动包括财务、会计、信息技术和人力资源等。这些活动共同构成了企业价值创造活动的集合,每一项活动的开展与不同方法的选择,都对企业的税收产生重要的影响,进而影响企业整体价值。企业内部供应链与税收的关系如图4-1所示。

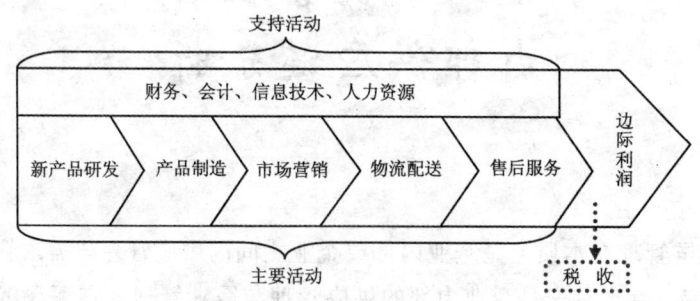

图 4-1 企业内部供应链与税收

企业的价值创造过程就是企业内部供应链各环节相互配合、相互协作的过程。企业内部供应链管理是将过去一般管理环境下的静态成本管理思想发展成为供应链管理环境下的动态流程管理思想,强调企业内部各职能部门之间的协调合作、动态均衡。企业管理理论在一般管理环境下与供应链管理环境下具有明显的不同,主要表现如表4-1所示。

表 4－1　　　　　　供应链管理理论对企业管理的影响

企业经营活动的特点	一般环境下	供应链管理环境下
企业的发展战略	多元化发展，纵向一体化战略	专业化发展，横向一体化战略
企业的经营决策	独立决策，内部重构	协调决策，集成优化
企业的经营观念	企业主体观念	系统观念
企业的管理方式	相对封闭式的静态管理	开放式的动态管理
企业的经营目标	满足下游客户，实现个体价值最优	满足最终消费者，实现整体价值最优
企业的竞争观念	排他性竞争或对抗性竞争	合作互赢
企业合同的签订	短期合约	长期合约
企业的风险管理	自担风险	共担风险
企业的信息管理	信息保密	信息共享
企业的库存管理	保持安全库存	追求即时生产和零库存
企业的收益分配	独享收益	分享收益

企业内部供应链管理的终极目标是使企业价值最大化，而企业纳税管理是对动态业务活动流程所涉及的流转税、行为税以及业务活动结果所涉及的所得税、财产税等税收缴纳活动进行管理，通过税后利润最大化实现企业价值最大化。由此可见，企业纳税管理也是企业内部供应链管理的重要内容，通过分析企业内部供应链对企业纳税管理的影响，从企业内部供应链的角度出发，探寻内部供应链对企业纳税的影响，为寻求最有效的纳税管理路径提供参考，从而最终实现企业价值最大化的目标。

4.1.2　企业组织架构与企业纳税管理

要实施有效的纳税管理，必须找到影响税负的根源[1]。企业所从事的经营活动是产生税收的物质要素和基础条件，即税本；经营活动所带来的收入和资产是税收的最终经济来源，即税源。从企业发展战略来看，最终影响和决定企业业务活动和经营行为的是其背后的公司组织架构和制度安排。因为企业从成立的那天起，便决定了企业在《公司法》等相关法律法规的许可

---

[1] 李舟：《企业纳税战略管理》[M]，中国税务出版社2011年版，第123页。

范围内，可以从事哪些业务活动，可以进行哪些经营行为。因此，衡量一个企业纳税管理水平的高低，不能仅从合理有效运用税收法规的层面进行单一地衡量，而应该提升到企业的组织架构和制度安排等基础环节，将纳税管理置于战略管理的高度进行考量，从根本上全面进行纳税管理。

4.1.2.1 公司治理结构与企业纳税管理

在市场经济条件下，企业普遍采用现代企业制度，而该制度一个最大的特点就是所有权与经营权的分离。由此，便产生了委托代理关系，代理问题便随之而来。委托代理关系被认为是"一种契约，在这种契约下，一个人或更多人（即委托人）聘用另一个人（即代理人）代表他们来履行某些服务，包括把若干决策权交付给代理人"[①]。公司治理就是为了解决所有权与经营权分离情况下的"代理人问题"，其焦点在于使所有者与经营者的利益相一致[②]。

公司治理是通过一套包括正式及非正式的制度来协调公司与所有利益相关者之间的利益关系，以保证公司决策的科学化，并最终维护公司各方面的利益[③]。一般而言，公司治理可以分为公司治理结构和公司治理机制两个部分，前者是治理公司的基础，后者通过前者发挥作用，二者密切配合，共同影响着公司的治理效率，从而影响着股东价值。

公司治理结构（Corporate Governance Structure），是一种对公司进行管理和控制的体系，简单地说，公司治理结构就是处理企业各种契约关系的一种制度，是治理企业的基础。在激烈的市场竞争中，有效的公司治理结构是企业生存发展的根本保障[④]，是推动企业纳税管理的根本动力源泉。公司治理结构是企业进行内部供应链管理的首要环节，也是内部供应链中相关支持活动之一，其目标与企业纳税管理的目标具有一致性，最终都是为了实现企业价值最大化。公司治理结构的优劣从根本上影响和决定着企业纳税管理水平的高低，并最终影响着股东权益。

---

① 詹森、梅克林：《企业理论：管理行为、代理成本与所有权结构》[M]，原载《金融经济学杂志》1976年10月，中文原载陈郁：《所有权、控制权与激励——代理经济学文选》，上海人民出版社、上海三联书店1998年版，第5—6页。
② 曾一龙：《税收筹划机制研究》[D]，[博士学位论文]，厦门大学，2006年。
③ 李维安：《公司治理》[M]，南开大学出版社2001年版，第32页。
④ 曾肇河：《公司投资与融资管理》[M]，中国建筑工业出版社2006年版，第106页。

一般而言,公司治理结构框架如图4-2所示。从该框架图中可以看出,公司治理的权力机构包括股东大会、董事会、监事会和经理层,并在各自之间形成不同的权力边界。从企业纳税管理的内部供应链视角看,根据企业价值最大化的目标,它们依次形成各自的决策分工和权力分配格局。如股东大会具有纳税管理结果的知悉权,董事会具有纳税管理的抉择权,经理层负责纳税管理方案的审批和绩效考核,税务经理(财务经理)负责纳税管理方案的制定和执行,监事会具有纳税管理合法性的监督权,而审计委员会具有审核和评价权。遗憾的是,虽然现在不少企业在企业内部设立了股东会、董事会和监事会,但形式多于内容,与现代市场经济相适应的公司法人治理结构及其运行机制尚未建立起来①。

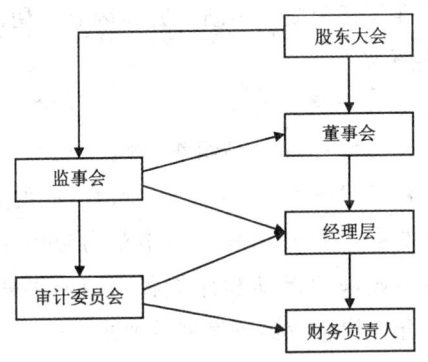

图4-2 公司治理结构框架图

4.1.2.2 企业组织结构与纳税管理

组织结构(Organizational Structure)是指,对于工作任务如何进行分工、分组和协调合作,是表明组织各部分排列顺序、空间位置、聚散状态、联系方式以及各要素之间相互关系的一种模式,是整个管理系统的"框架"。组织结构是企业内部供应链中最为基础的支持活动,企业只有具备完善、合理的组织结构,才能保证企业内部供应链中的信息流、产品流和资金流顺畅地流动。

通常情况下,企业的组织结构有以下几种类型:

---

① 常修泽:《产权人本共进论——常修泽谈国有制改革》[M],中国友谊出版公司2010年版,第249页。

1. U 型组织结构。

U 型组织结构是一种按职能划分部门的纵向一体化的职能结构，保持了直线制的集中统一指挥的优点，并吸收了职能制发挥专业管理职能作用的长处。在企业内部，按职能（如采购、生产、开发、销售等）划分为若干部门，各部门均有企业管理层直接进行管理，独立性相对较小。正是由于这些特点，在 19 世纪末 20 世纪初，被西方国家的大企业普遍采用。

U 型组织结构适用于市场稳定、产品品种较少、需求价格弹性较大的市场环境，这在市场经济发展的初期具有一定的组织优势，但是，随着市场经济的快速发展，企业的规模不断扩大，市场竞争逐步加剧，企业的利润率开始越来越低，U 型组织结构的缺点也不断暴露，企业缺乏长远的战略考虑，各部门协调越来越困难，管理成本不断上升，因此迫切需要一种新的组织结构模式的出现。

2. M 型组织结构。

M 型组织结构，又称事业部门型组织结构，与 U 型组织结构相比，该结构模式将战略决策和经营决策相分离，分别由不同的人员负责，使高层领导从繁重的日常经营业务中解脱出来，集中精力致力于企业的长期经营决策，并监督、协调各事业部的活动和评价各部门的绩效。M 型结构具有治理方面的优势，更适合现代企业经营发展的要求。

3. 矩阵制结构。

矩阵制结构，是指在组织结构上既有按职能划分的垂直领导系统，又有按产品（项目）划分的横向领导关系的结构。它把按职能划分的部门与按项目划分的小组结合起来组成矩阵，使小组成员接受小组和职能部门的双重领导，其特点是围绕某项专门任务成立跨职能部门的专门机构上，这种组织结构形式是固定的，人员却是变动的，任务完成后就可以离开，具有机动、灵活、任务清楚、目的明确的特点，克服了 U 型结构中各部门互相脱节的现象。

4. 多维制和超级事业部制结构。

多维制结构，又称立体组织结构，是在矩阵制结构的基础上建立起来的，即在矩阵制结构基础上构建产品利润中心、地区利润中心和专业成本中心的三维立体结构，若再加上时间维便可构成四维立体结构。虽然这种细分结构比较复杂，但每个结构层面仍然是二维制结构，而且多维制结构未改变矩阵制结构的基本特征，多重领导和各部门配合，只是增加了组织系统的多重性。因而，其基础结构形式仍然是矩阵制，或者说它只是矩阵制结构的扩展形式。

5. H 型组织结构。

H 型组织结构，是一种多个法人实体集合的母子体制，母子之间主要靠产权纽带来连接。H 型组织结构较多地出现在由横向合并而形成的企业之中，这种结构使合并后的各子公司保持了较大的独立性。子公司可分布在完全不同的行业，而总公司则通过各种委员会和职能部门来协调和控制子公司的目标和行为。这种结构的公司往往独立性过强，缺乏必要的战略联系和协调，因此，公司整体资源战略运用存在一定难度。

6. 模拟分权制结构。

模拟分权制是一种介于直线职能制和事业部制之间的结构形式，其优点是可以调动各生产单位的积极性，解决企业规模过大、不易管理的问题。但该组织结构也有一些缺点，如不易为模拟的生产单位明确任务，造成考核上的困难；生产单位领导不易了解企业的全貌，在信息沟通和决策权力方面也存在着明显的缺陷。

由此可见，企业组织结构的类型多种多样，每种组织结构的类型都有其各自的适应环境和优缺点，企业根据自身的发展状况和战略规划，不断地选择设置适合企业经营现状的组织结构。当然，企业的组织结构并不是仅限于上述六种类型，随着经济发展和管理方式的多样化，企业的组织结构也正在不断向扁平化、柔性化、动态化、网络化和虚拟化发展。通过企业组织结构的变更，建立起使企业整体经营成本最小化、利润最大化的组织结构，应该成为企业战略规划中极其重要的一部分，它是和企业的经营目标相一致的，更是企业进行纳税管理，实现企业内部整体税负最低、效率最高、企业价值最大的必然选择。而中小企业一般的组织结构图如图 4-3 所示。

组织结构是企业资源和权力分配的载体，它在人的能动行为下，通过信息传递，承载着企业的业务流动，推动或者阻碍企业使命的进程。由于组织结构在企业中的基础地位和关键作用，企业所有战略意义上的变革，都必须首先在组织结构上开始，企业纳税管理也不例外。

企业开展纳税管理活动，首先需要一定的组织机构作为保障，需要组织结构中各个职能部门的相互配合、分工协作，为纳税管理活动提供组织和人力资源方面的保障。纳税管理机构在企业内部供应链中的位置如图 4-4

所示。

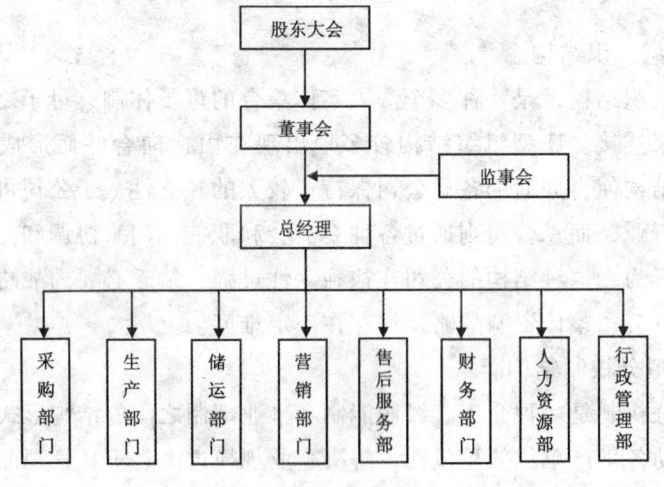

图4-3 中小企业组织结构图

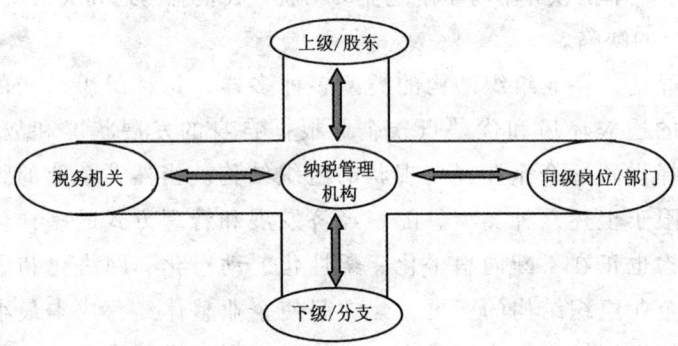

图4-4 纳税管理机构在内部供应链中的位置

4.1.2.3 企业组织结构设计与企业纳税管理

企业组织结构是实现企业管理目标的基础性载体。企业纳税管理作为一项管理活动,必须以合理有效的组织结构为依托。作为公司整体战略的重要组成部分,企业应当积极调整组织结构,构建适应全球化背景下的企业内部供需网络和为顾客创造价值的主要活动;也必须构建与其主要活动相适应的辅助支持活动。现代企业应积极实施企业纳税管理,构建以流程控制为核心的内部控制和风险管理系统。为达到这一目标,企业内部应当积极对现有纳税管理部门进行整合和重组,逐步完成流程改造,通过管理流程的有效运行对纳税事项进行全过程控制,最终防范风险,创造税务价值。但遗憾的是,本次研究调查结果表明,被调查的331份有效问卷中,仅有8.46%的被调查对象设立有专门的税务部,有5.14%被调查对象准备在未来一年内设立独立的税务部门,仍有86.4%的被调查对象尚未设立税务部门,也不准备未来一年内设立独立的税务部门;且有超过50%的被调查对象未设立专门的办税人员,办税人员由财务人员兼任,由中介机构代理的比例仅占1.2%。详细情况如表4-2所示。

表4-2 纳税管理调查问卷
(纳税流程与纳税成本管理汇总表)(节选)

题号	问题	答案	人数	占有效问卷比例%
3	贵单位是否有专门的税务部门?	已设专门的税务部	28	8.46%
		未设专门的税务部	286	86.40%
		准备在未来1年内设立专门税务部	17	5.14%
4	贵单位是否有专门的办税人员?	有专门的办税人员	132	39.88%
		由中介机构代理	4	1.21%
		由财务人员兼任	195	58.91%

在对被调查单位内部组织职能部门的影响力调查中,有75.83%的被调查对象选择了销售部门,有35.35%的选择了生产部门,仅有31.11%的被调查对象选择了财务部门;而在调查外部最有影响力的机构时,有约55%的被调查对象选择了税务机关,有51.96%的被调查对象选择了客户单位。详细情况见表4-3所示。

表4-3 纳税管理调查问卷(背景资料汇总表)(节选)

题号	问题	答案	人数	占有效问卷比例%
7	您所在单位最有影响力的部门是	研发部门	88	26.59%
		生产部门	117	35.35%
		销售部门	251	75.83%
		企划部门	23	6.95%
		人力资源	21	6.34%
		财务部门	103	31.11%
		行政管理	26	0.78%

续表

题号	问题	答案	人数	占有效问卷比例%
8	对您所在单位影响力最大的单位是	银行	79	23.87%
		上级主管部门	91	27.49%
		税务机关	182	54.95%
		财政部门	33	9.96%
		投资方或合伙人	84	25.38%
		客户单位	172	51.96%

从调查结果可以看出，大部分被调查对象仍以扩大销售为实现财务目标的主要手段。我国目前大多数企业仍然缺乏系统的管理理念和以"管理促发展"的主导思想，企业纳税管理的组织建设亟待加强，以流程控制为导向的纳税管理控制意识还有待提高。从更深层次来看，应当是因为缺乏加强内部管理挖潜的内在动因，即缺乏提高管理效能的内部激励机制。

企业组织结构的本质就是一个或多个委托代理关系。企业组织结构的设计就是设计一个最优激励机制，使委托人和代理人在委托成本和代理成本二者之和最小化的前提下，使委托人和代理人利益达到均衡，实现企业价值最大化。也就是说，对于委托人而言，所付出的委托成本较小，而收益较高；对于代理人而言，所付出的代理成本较小，风险较低，而收益较高。

企业纳税管理是一项风险和收益并存的管理活动，实行差别化的公司组织结构对企业纳税管理也会产生不同的结果。分析企业组织结构与企业纳税管理的关系，就是分析在委托代理的框架下，采用何种激励机制将对企业纳税管理产生怎样的影响。

利用供求曲线的原理，可分析公司组织结构与企业纳税管理的关系，探寻委托人（即公司的权力机构）采取何种激励机制，代理人（公司的纳税管理职能部门）将会做出怎样的纳税管理决策，进而分析这一决策的制定对企业的纳税管理结果将产生怎样的影响。纳税管理供求曲线如图4-5所示。

在该模型中，假设信息不对称，横轴代表纳税管理风险，纵轴代表纳税管理的收益。其中曲线 D 表示需求曲线，即纳税管理的收益越大，需求也就越高；曲线 S 表示供给曲线，即纳税管理的风险越大，愿意提供纳税管理方案的人就越少，E 代表均衡状态。

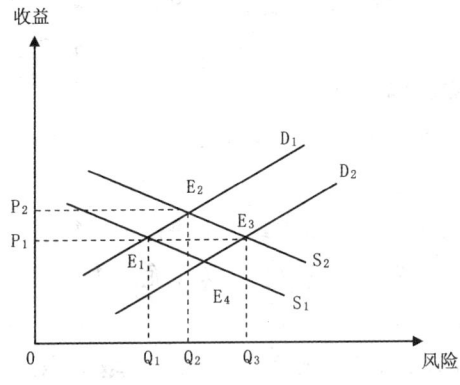

图 4-5 纳税管理供求曲线

在一般情况下,企业进行纳税管理在获取收益的同时,往往会存在一定的风险。因此,对于纳税管理职能部门(代理人)而言,只有当收益大于风险时,才会进行纳税管理活动。如果一项纳税管理方案经评估后,其风险大于收益,那么纳税管理职能部门出于自身利益和安全性的考虑,会选择不进行纳税管理,从而规避涉税风险。

如图 4-5 所示,在既定的企业组织结构下,需求曲线为 D_1,供给曲线为 S_1,二者在 E_1 点处达到均衡,即风险等于收益,在 E_1 点上方,收益大于风险,因此,对于纳税管理职能部门而言有足够的动力支持其制定纳税管理方案,进行纳税管理。

假设供给曲线 S_1 不变(即纳税管理职能部门会自动对比纳税管理风险和收益的大小,并根据比较的结果作出相应的决策,也就是如果一项纳税管理方案的风险越大,收益越小,那么其进行纳税管理的意愿就越低),D_1 移动到 D_2,也就是说公司的权力机构(委托人)对纳税管理的需求增加,此时如果委托人和代理人之间的契约仍然存在,那么均衡点从 E_1 变为 E_4,也就是说双方都必须做出让步,才能达到均衡。如果保持 S_1 不变,纳税管理的需求越大,所能达到的均衡点就越低,而这对于以追求收益最大化的企业而言,让其放弃一部分收益承担更大的风险几乎是不可能的,也是非理性的,因此,委托人必然会制定相应的激励机制,增加纳税管理部门的动力,使供给曲线不断上移,才能重新达到均衡。

同理,如果保持需求曲线 D_1 不变,即企业委托人对纳税管理的需求既定,如果 S_1 移动到 S_2,即代理人自发进行纳税管理活动,那么供给越多,

所达到的均衡点 E_2 也就越高，二者收益也就越大。根据理性人的假设，能够诱使纳税管理职能部门积极制定纳税管理方案，进行纳税管理的，也必然是企业内部有效而完善的激励机制和美好而远大的公司愿景。

因此，如果想要达到更高的均衡点，除了纳税管理部门主动提供供给外，企业权力机构应给予纳税管理部门足够的动力支持，推动供给曲线随着需求的增加不断向上移动，从而达到新的更高的均衡。

通过对纳税管理供给曲线的分析，关于企业组织结构和纳税管理的关系可以得出以下结论：

（1）如果公司的组织结构完善，并配备有效的激励机制，那么，纳税管理的动力充足，即便企业进行纳税管理的需求不增加，企业实施纳税管理的效果也会比较显著，收益也会较高。在此条件下，二者成正相关，即需求不变，供给越大，收益越大；

（2）反之，如果公司组织结构不完善，并且缺乏有效的激励机制，那么，企业进行纳税管理的动力匮乏，尽管企业的需求再高，实施纳税管理的效果也会较差。在该条件下，二者成负相关，即供给不变，需求越大，收益越低，风险越大；

（3）企业组织结构与纳税管理应是一种动态的均衡，应根据企业纳税管理的需求和能提供纳税管理方案供给的不断变化适时做出调整，在动态变化的条件下达到新的更高的均衡；

（4）与供给不变，需求不断增加相比，需求不变，激励代理人自发进行纳税管理的效果更优；

（5）企业应不断完善自身组织结构，制定完善的多元化的激励机制，不断推动纳税管理向纵深发展，实现税后利润最大化。

4.1.3 企业内部供应链流程与企业纳税管理

一般企业的内部供应链都具有四大流程环节，即获取环节、生产环节、补充库存环节和顾客订购环节，而每一环节都对应着一定的管理流程，如获取环节对应着物资采购流程、生产环节对应着生产流程等等。每一职能部门对该部门管理流程的效率都直接影响着企业内部供应链流程环节，从而影响企业内部供应链管理目标的实现。

4.1.3.1 采购流程的纳税管理

采购流程是供应链的起点，也是企业进行生产的前提和基础，是企业一项重要的管理活动。因此，对企业的采购环节进行纳税管理至关重要，因为该环节不仅直接影响着企业的采购成本管理，也直接关系到企业纳税管理初始流程，进而影响企业的整体经济效益。所以，对采购流程进行管理是企业内部供应链管理的首要环节，也是企业纳税管理的首要环节。在我国，由于实行"以票控税"的税收征管模式和采用一般纳税人和小规模纳税人等差别对待待遇，采购不仅涉及到流转税诸如增值税的抵扣问题，还涉及到诸如企业所得税等相关税款的扣除凭证问题，因此采购环节是基于供应链视角的企业纳税管理的最重要环节之一。

1. 供货主体的选择。

在我国，商品课税主要有增值税、营业税和消费税。对增值税而言，由于增值税是价外税，是以增值额为课税对象的税种，增值额的多少，直接与采购成本相关，在我国现行"以票控税、网络比对、税源监控、综合征管"的税收管理手段下，其直接后果是取得的允许抵扣的进项税额的多少，将直接影响期末缴纳税款的多少；对于营业税而言，由于以营业额差额纳税①的存在，客观上也要求企业加强购进货物环节的纳税管理。

在我国，企业所得税税前扣除有着严格的标准，采购成本是构成企业可以税前扣除成本中最主要的部分，采购成本的高低，直接决定利润水平的高低，也决定了企业所得税的税负。选择不同的供货主体，会对企业产生不同的税负。以增值税为例，当销售价格相同的情况下，由于向小规模纳税人进货，无法抵扣进项税额；而选择向一般纳税人进货，可以进行进项税额抵扣；在购进价格相同的条件下，向一般纳税人进货的税收优势明显，所承担的税负较轻。但是，实际的采购过程情况比较复杂，受货物价格、货物质量、采购数量和运输距离等多种因素的影响，有时企业会处于向一般纳税人还是向小规模纳税人采购的艰难抉择的境地。为研究购进方式与购进价格的内在联系，可以构建购进价格决策的数量模型：

假设 A 企业为一般纳税人，增值税税率为 17%，提供增值税专用发票；B 企业为小规模纳税人，只能提供普通发票；企业 M 是一般纳税人，增值

---

① 在我国现行营业税法体系下，如代理业、广告业等均以营业额的差额为税基。

税税率为17%、企业所得税税率为25%，城建税和教育费附加两项税款合计税率为10%；M从A处购进货物含税价格为C_1，从B处购进价格为C_2，不开发票的购进价格为C_3，销售应税产品（非消费税应税产品）的含税销售价格为S（假设购进的该批货物全部售出），其他税前扣除费用为R。

一般纳税人购进货物所涉及的税费负担主要有增值税、城建税和教育费附加、企业所得税。当M从A处购进货物的税后净现金流量为[1]：

$$Q_1 = [S - C_1 - R] - \{[S/(1+17\%)] \times 17\% - C_1/(1+17\%) \times 17\%]\} - \{[S/(1+17\%) \times 17\% - C_1/(1+17\%) \times 17\%] \times 10\%\} - \{S/(1+17\%) - C_1/(1+17\%) - R - [S/(1+17\%) \times 17\% - C_1/(1+17\%) \times 17\%] \times 10\%\} \times 25\%$$
$$= 0.6301S - 0.6301C_1 - 0.75R$$

当M从B处购进货物的税后净现金流量为：

$$Q_2 = (S - C_2 - R) - [S/(1+17\%) \times 17\%] - [S/(1+17\%) \times 17\%] \times 10\% - \{S/(1+17\%) - C_2 - R - [S/(1+17\%) \times 17\% \times 10\%]\} \times 25\%$$
$$= 0.6301S - 0.75C_2 - 0.75R$$

当M从外界购进货物无法取得正式发票时，其进项税额无法抵扣，同时其购进成本也不能在所得税前扣除，则无发票购进货物的净现金流量：

$$Q_3 = (S - R - C_3) - [S/(1+17\%) \times 17\%] - [S/(1+17\%) \times 17\%] \times 10\% - \{S/(1+17\%) - R - [S/(1+17\%) \times 17\% \times 10\%]\} \times 25\% = 0.6301S - C_3 - 0.75R$$

令 $Q_1 = Q_2$，则有：$C_2/C_1 = 84.01\%$；

令 $Q_1 = Q_3$，则有：$C_3/C_1 = 63.01\%$。

其经济含义是：当从小规模纳税人处购进货物的含税价格高于从一般纳税人处购进价格的84.01%时，从一般纳税人处购进货物对企业有利；当从小规模纳税人处获得的购进货物含税价格低于从一般纳税人处购进价格的84.01%时，从小规模纳税人处购进货物更有利；当从纳税人购进货物时，若不能取得发票时的含税价格高于从一般纳税人处购进价格的63.01%时，

---

[1] 由于企业从一般纳税人和小规模纳税人购进货物的成本不同，如果在这里如果仅仅考虑二者的纳税总额相等，那么企业获得的最终收益是不同的，因此所计算的价格比值也不够准确，所以用税后净现金流指标建立分析模型更为合理。

从一般纳税人处购进货物对企业有利;当纳税人不能取得发票购进货物的含税价格低于从一般纳税人处购进价格的63.01%时,不获取发票对企业更有利。

2. 采购时间的选择。

从供应链管理的角度来看,即时供应能够实现资金占用成本的最优,但由于企业生产存在不均衡性和不稳定性,即时供应往往需要相当成熟的物流系统和高超的管理能力。而从纳税管理的角度来看,在采购环节,影响采购决策的最主要的因素就是货物成本,而货物成本是由供求关系和竞争结构决定的。在竞争结构既定的情况下,供大于求,产品的价格降低;供不应求,产品的价格会升高。产品价格的变化为企业进行采购管理提供了较大的空间。在不影响企业正常生产的前提下,企业可以选择产品供大于求时进行采购,利用税负的可转嫁性,将税收负担向前转嫁[1],转移给供应商,从而使采购成本降低,增加企业利润。

此外,还需考虑税制变化对货物价格的影响。对负有纳税义务的企业来讲,及时掌握各类商品税收政策的变化,包括征税范围、税率等的变化,就可以在购货时间上做相应的筹划安排,从而降低税负[2]。

3. 采购规模的选择。

采购规模对企业纳税管理最直接的影响就是影响采购成本,进而可能影响增值税的进项税额和企业所得税的税基;采购规模越大,数量越多,企业所需承担的采购成本就越大。虽然一定条件下的购进货物可以抵扣进项税额,其成本还可以一定程度上减少企业所得税的应纳税所得额,看似采购规模越大越好,但如果采购规模过大,采购结构不合理,就会在一定程度上导致闲置的物资数量过大,使企业的存货管理成本上升,从而降低了企业利润。

假设一个企业在一定时期为维持生产所需要的采购总量是一定的,采购批量越大,则需采购的次数就越少,采购费用也就越少,存储量越大,存储时间越长,存储费用越多;反之,如果采购批量越小,则采购次数就越多,采购费用也就越大,存储费用就会越少。可见,采购规模对采购费用和储存费用都会产生直接的影响。那么如何在采购费用和存储费用之间需找一个均

---

[1] 税负的转嫁问题将在第五章进行详细分析。
[2] 蔡昌:《企业纳税筹划方案设计技巧》[M],中国经济出版社2008年版,第71页。

衡点，即使二者之和最小，确定每次采购的数量，即经济批量（Economic Order Quantity，简称 EOQ）。

经济订货批量是固定订货批量模型的一种，可以用来确定企业一次订货（外购或自制）的数量。当企业按照经济订货批量来订货时，可实现订货成本和储存成本之和最小化。用公式表示如下：

$$Q = \sqrt{2CR/H}$$

其中，Q——经济订货批量；

C——单次订货成本；

R——年总需求量；

H——单位产品的库存成本。

从上述公式中可以看出，通过确定 C、R、H 的大小，就可以计算出每次经济订货批量，使企业的所承担的采购成本和储存成本最小。

在我国现行税制下，由于增值税是以增值额为计税基础，且与能否取得可抵扣的增值税抵扣凭证以及是否按规定进行发票认证密切相关；而企业所得税是以应纳税所得额为计税基础，且与成本的核算和结转方式密切相关。在销售均衡且不考虑其他影响因素的情况下，经济批量所对应的采购金额，也是纳税管理中所对应的均衡金额。因此，为了有效利用资产，实现企业内部供应链管理的目标，企业应该依据市场需求及自身的生产营运能力确定一个适当的采购规模和合理的采购结构。

4.1.3.2　生产流程与企业纳税管理

生产管理是企业内部供应链中的重要环节，生产部门是企业内部供应链中重要的职能部门，生产过程中会发生各种成本和费用，生产流程决定了购进物资在生产过程中各生产环节的流量和停留时间，从而影响资金的占用时间和收入的实现进度。对企业生产进行纳税管理，可以有效降低企业税负，提高企业内部供应链的运行效率。

1. 设备改造时机的选择。

设备磨损的规律，一般可以分为三个阶段：第一个阶段为初期磨损阶段，在这一阶段，零件表面粗糙不平的部分迅速磨去，设备还未进入最佳的运行状态；第二个阶段为正常磨损阶段，这时设备的磨损速度趋于缓慢呈平稳状态，此阶段是设备运行的最佳状态阶段；第三阶段为急剧磨损阶段，此时设备磨损速度急剧增加。对设备进行改造，无疑是为增加设备的运行效率。企业选择不同的技术改进时间也会对企业纳税产生影响。若将技术改造的时间选择在不同的年限，那么，从那一年起到折旧年限结束为止的时间内，对每年折旧额、销售收入额、利润总额、税金总额、税负都将产生重大影响。

无论技术改造时间选在哪一年，都可以用以下的公式计算出企业的利润增长率、纳税额增长率、税负增长率，其公式如下：

企业利润增长率＝（技术改造后的利润总额－未进行技术改造时的利润总额）÷未进行改造时的利润总额×100%

纳税额增长率＝（技术改造后的纳税总额－未进行技术改造时的纳税总额）÷未进行改造时的纳税总额×100%

税负增长率＝（技术改造后的税负总额－未进行技术改造时的税负总额）÷未进行改造时的税负总额×100%

企业以最初投资采用的固定资产设备，使用平均年限法计算折旧时预期实现的利润为基数，技术改造选择的年限不同，利润增长所导致的纳税额的增长和税负的增长也不同，上述各指标也不同。因此，将不同年限的上述指标进行逐一比较，就能找出设备改造的合理时机。

因此，在遵循设备自身运行特点的同时，企业在进行设备改造时把握好改造时机，既不能过于靠前，使企业利润过高而增加企业税负，又不能过于靠后，增加企业利润的不稳定性，使企业税负各期差异过大，增加了纳税风险。合理选择设备改造的时机，对企业税负进行整体考量，显得尤为重要。

2. 产品的生产类型和成本管理要求对企业纳税管理的影响。

产品的生产类型和成本管理要求决定了企业生产成本的结转方法，并进而影响产品成本。产品成本（Product Cost）是指企业为了生产产品而发生的各种耗费，可以指一定时期为生产一定数量产品而发生的成本总额，也可以指一定时期生产产品单位成本。产品成本是衡量企业生产经营管理水平的一项综合指标，也是影响企业纳税管理水平的一项重要因素。

企业生产成本核算方法的选择，首先取决于生产类型的特点，还要考虑成本管理的要求。生产特点和成本管理的要求对成本计算方法的影响，主要表现在成本计算对象、成本计算期和在产品成本计算三个方面。这三方面的结合，构成了以成本计算对象不同为主要特征的不同的成本计算方法。

生产成本核算的基本方法主要有三种，即品种法、分批法和分步法。

品种法是以产品品种为成本计算对象归集生产费用、计算产品成本的一种方法。采用品种法计算产品成本的企业或车间中,如果只生产一种产品,成本计算对象就是该种产品,计算成本时,只需开设一张成本计算单,发生的生产费用全部都是直接费用,直接计入这种产品的成本。如果生产多种产品,就要按产品品种开设多张成本计算单,发生的直接费用计入各种产品成本计算单中,间接费用则要采用适当的分配方法,在各成本计算对象之间分配。月末计算成本时,如果没有在产品或者在产品数量很少,则不需要计算月末在产品成本,各种产品的成本计算单中按成本项目归集的全部生产费用,就是该产品的总成本,用总成本除以产量,即可得出产品的单位成本;如果月末有在产品,而且数量较多,则应将成本计算单内归集的生产费用采用适当的分配方法,在完工产品和月末在产品间进行分配,以便计算产成品成本和月末在产品成本。

分批法是以产品批别或定单为成本计算对象归集生产费用、计算产品成本的一种方法。该方法基本上是根据购货单位的定单来确定产品的批量,一般是一张定单为一批。采用分批法,仍按会计结算期于月终归集生产费用。

分步法是以产品的生产步骤为成本计算对象归集生产费用、计算产品成本的一种方法。为了进行各步骤的成本管理,不仅要求计算各种产成品的成本,而且要求按照生产步骤来计算成本,即要求按各种产品及其所经过的各步骤来设立产品成本计算单,于月末定期进行成本计算。分步骤设置的各产品成本计算单中所归集的费用,要采用适当方法在完工产品和在产品之间进行分配,计算出完工产品成本和在产品成本。

企业选择不同的生产成本核算方法,对企业当期的费用会产生不同的影响,而费用的扣除直接决定着企业所得税的计税依据,从而直接影响着企业的税负。因此,企业应根据自身生产经营的特点,可以合理地选择生产成本的核算方法,合法有效地降低企业税负。

4.1.3.3 销售流程的纳税管理

市场营销是企业经营过程中极为重要的业务,也是企业内部供应链中关键的管理流程,从某种程度上说,市场营销方案的优劣直接决定着企业经营业绩的高低。因此,对市场营销进行纳税管理,选择税负较轻、收益较大的营销方式,成为企业生存和发展的重要手段。

1. 销售与售后服务的安排与纳税管理。

企业在销售的过程中,有些业务既涉及增值税又涉及营业税,由此形成混合销售行为或兼营行为。混合销售与兼营行为不同,前者是指在同一业务中既包括缴纳增值税的业务,又包括缴纳营业税的业务,两部分的业务是有联系的,属于从属关系;而后者是指两个或多个不同的业务中,既包括缴纳增值税的业务,又包括缴纳营业税的业务,两个业务之间无从属关系,是相互独立的。因为增值税和营业税的税率不同,所以对不同业务属性的确定对企业所承担的税负也不同。因此,对于企业的销售与售后服务的安排不同,所承担的税负是不同的。下面我们通过一个简单的案例来说明:

假设某玻璃门窗生产企业 A 是增值税一般纳税人,负责玻璃门窗的生产和售后安装服务,增值税率为 17%,当期销售并安装玻璃门窗的不含税收入为 100 万元,当期可以抵扣的进项税额为 10 万元,则 A 企业由于销售并安装玻璃门窗属于增值税混合销售行为,应当全额缴纳增值税。当期应交增值税为:

应交增值税 $= 100 \times 17\% - 10 = 7$(万元)

现企业进行纳税管理设计,在 A 公司内部设立一个独立核算的安装部门,并获得安装企业资质,专门安装销售部门已经销售的玻璃门窗。分别签订销售和安装合同,并将定价安排为:销售部门按 60 万元收取货款,安装部门按 40 万元收取安装服务费用(即保持客户购买的总金额不变),则有:

A 公司应缴纳应交增值税 $= 60 \times 17\% - 10 = 0.2$(万元)

A 企业应交营业税 $= 40 \times 3\% = 1.2$(万元)

A 企业共计应缴纳增值税和营业税为 1.4 万元,远远小于纳税管理设计前应交增值税的 7 万元。

从上述分析可以看出,通过将销售产品与售后服务拆分,将混合销售行为转化为兼营行为,利用不同经济业务适用不同税种和税率来进行纳税管理,可以有效降低税负。

2. 销售方式的选择。

企业的运营模式不同,所采用的销售方式不同企业在市场营销环节,可供选择的销方式多种多样,我们可以采用直接销售,也可以委托代销;可以现销,也可以赊销。直接销售模式通常包括商业折扣、现金折扣、无偿赠送、买一赠一、现金返还、销售返利等手段,每种营销方式在带来不同现金流的同时还会产生不同的税负。下面我们通过一个简单的案例来分析不同的销售方式对企业税负的影响。

某商场是增值税一般纳税人,商品销售利润率为 40%,商场购货均取得增值税专用发票。该商场为促销拟采用以下三种方式：一是商品以七折销售；二是"满一百送三十"，即购物满100元者赠送价值30元的商品（假设所赠商品的成本为18元，均为含税价）；三是购物满100元返还30元现金。

假定消费者同样是购买一件价值1000元的商品，对于商家来说在以上三种方式下的应纳税情况及利润情况是不同的，现分别进行计算分析，借以说明营销方式对企业纳税管理的影响（为简便起见，由于城建税和教育费附加对结果影响较小，计算时不予考虑）。

（1）商品以七折销售，即价值1000元的商品售价为700元；在这种情况下，销售额以发票上注明的打折后的售价计算，且为含税销售额。

应缴增值税 = 700 ÷ （1 + 17%） × 17% - 600 ÷ （1 + 17%） × 17%
= 14.53（元）

利润总额 = 700 ÷ （1 + 17%） - 600 ÷ （1 + 17%） = 85.47（元）

应缴所得税 = 85.47 × 25% = 21.37（元）

税后净利润 = 85.47 - 21.37 = 64.1（元）

（2）"满一百送三十"。在这种情况下，所赠商品也需要按"视同销售"计算缴纳增值税：

销售1000元商品时应缴增值税 = 1000 ÷ （1 + 17%） × 17% - 600 ÷ （1 + 17%） × 17% = 58.12（元）

赠送300元商品视同销售：

应缴增值税 = 300 ÷ （1 + 17%） × 17% - 180 ÷ （1 + 17%） × 17%
= 17.44（元）

合计应缴增值税 = 58.12 + 17.44 = 75.56（元）

税前利润 = 1000 ÷ （1 + 17%） - 600 ÷ （1 + 17%） - 180 ÷ （1 + 17%）
= 188.03（元）

净利润 = 188.03 × （1 - 25%） = 141.03（元）

（3）即商品的售价为1000元，但支付给消费者300元现金；在这种情况下：

应缴增值税 = 1000 ÷ （1 + 17%） × 17% - 600 ÷ （1 + 17%） × 17%
= 58.12（元）

利润总额 = 1000 ÷ （1 + 17%） - 600 ÷ （1 + 17%） - 300
= 41.88（元）

税后净利润 = 41.88 × (1 - 25%) = 31.41（元）

由此可见，企业选择"满一百送三十"的销售方式税后净利润最高，七折销售次之，购物满 100 元返还 30 元现金的方式税后净利润最低。该结论符合现实情况，每到促销季，各大商场的价格战中首选的促销方式大多是购买满一定额度返还消费券的方式。

因此，企业在进行促销模式的选择时，应慎重考虑每种模式下的税收负担，均衡分析后，应根据自身经营目标合理选择适合企业自身发展的营销模式。

4.1.3.4 仓储与运输流程的纳税管理

仓储与运输是内部供应链中不可或缺的重要环节。由于我国对于仓储业和运输业适用营业税。仓储业作为一般服务业，适用税率为 5%；而运输业适用税率为 3%。如果企业在销售货物的同时，负责货物的仓储、运输，则从税法上来看，属于混合销售行为，则应当全额缴纳增值税。但如果设立全资子公司，将仓储、运输流程从企业剥离，交由全资子公司处理，则从子公司收回的仓储费、运输费不仅可以作为企业所得税应纳税所得额的抵减项目，收回的运输费用还可以根据税法规定，按 7% 的比例抵减进项税额。尤其是当产品毛利率很高时，将产品增值额由增值税转化为营业税，有利于获得税率差所带来的纳税管理收益。因此，在权衡是否由企业自身负责仓储与运输时，应当结合产品所适用的税种、税率，计算纳税管理收益，并与设立独立的仓储与运输公司所带来的隐性成本和显性成本进行综合比较分析，以对是否整合或剥离仓储与运输流程进行抉择[①]。

4.1.3.5 技术研发的纳税管理

技术研发是企业形成自身核心竞争力的主要手段，也是贯穿于企业内部供应链各环节的主要支持活动之一。技术研发费用是指纳税人在一个纳税年度生产经营中发生的用于研究开发新产品、新技术、新工艺的各项费用。我国税法规定，对企业的技术研发费用可以加计扣除[②]。

---

① 相关数量模型在《企业边界与纳税管理》一节中详细分析。
② 我国企业所得税法规规定，对技术研发费用，允许加计扣除 50%，对计入无形资产的开发费用，可以按形成无形资产价值的 150%，在法定期限内摊销扣除。

企业对技术研发费用的安排是企业财务活动中纳税管理的重要内容。企业在进行研发活动时，应将其纳入纳税管理的范畴，从企业战略管理的高度，合理安排，统筹规划，提前预算年度技术研发费用，并注意研发费用的列支范围，在盈利年度尽量多安排技术研发费用；在亏损年度少安排技术研发费，以最大限度地利用加计扣除的税收优惠政策。

另外，企业对技术研发活动不同的处理方式将导致企业不同的税负结果。譬如对于技术服务和技术转让，虽然字面上只有微小的差别，但所产生的税收差别却非常大①；又如对于技术指导和技术培训，表面看起来极其相似，但技术指导属于服务业的范畴，应按服务业的数目计算缴纳营业税，而技术培训属于文化活动，需按文化体育业的税目计算缴纳营业税。

4.1.3.6 合同的签订与纳税管理

合同是市场经济的产物，市场经济也是契约经济。所谓契约，就是人们经常所说的合同和协议。供应链是基于契约基础之上的一系列企业的联合体，企业内部供应链也是基于各职能部门之间的契约关系而建立起来的有机整体。合同的最大作用，就是在实施经济交换过程中明确双方的权利和义务。在企业内部供应链中，资金筹措、物资采购、人员聘用、产品运输以及产品销售，每一环节都离不开合同；合同也是税务机关在对企业应税行为进行认定的主要依据之一。业务活动是税收产生的基础，因此，对企业进行有效的纳税管理，必须关注合同所具有的节税价值。合同和税收的关系如图4-6所示。

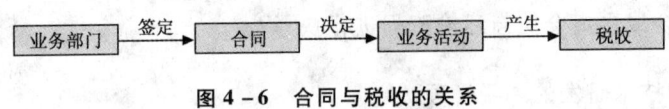

图4-6 合同与税收的关系

从图4-6可以看出，合同是由业务部门签订的，在合同中，对具体权利义务的规定决定了企业业务活动的性质，而企业业务活动的性质决定了该经济活动所适用的税种、税目和税率。例如企业招聘员工时，如果与员工签署的是劳动合同，企业就应当按照"工资薪金"税目和7级超额累进税率

---

① 按照我国现行税法规定，符合条件的技术转让费免征营业税；一个纳税年度内，居民企业技术转让所得不超过500万元的部分，免征企业所得税；超过500万元的部分，减半征收企业所得税。而技术服务费无相关税收优惠政策。

代扣代缴所聘用员工的个人所得税；如果与员工签署的是劳务合同，则应当按照"劳务报酬"税目及所对应的税率代扣代缴所聘用员工的个人所得税。

在纳税管理过程中，必须通过合同管理，来调节业务活动过程和业务性质，以实现减轻税收负担的目的。管理业务合同是从业务流程的起点进行纳税管理，不仅是节约纳税成本的必然要求，也是降低纳税风险的最重要手段。

产权关系与企业纳税管理

4.2.1 产权关系的内涵

关于产权的概念，最早可以追溯到德姆塞茨的《关于产权的理论》，其中对产权的定义为："所谓产权，意指使自己或他人受益或受损的权利。"[①] 此外，被称为产权经济学之父的阿尔奇安（Alchian）认为：在一个社会中，当两个或更多的个人都想得到同一种经济物品的好处时，必然隐含了竞争。竞争的冲突要通过这种或那种方式来解决。限制竞争的规则通常叫做产权规则[②]。而富鲁普顿和佩杰威齐在《产权与经济理论：近期文献概览》一文中，把产权概括为："产权不是人与物之间的关系，而是指由于物的存在和使用而引起的人们之间一些被认可的行为性关系……社会中盛行的产权制度便可以描述为界定每个在稀缺资源利用方面的地位的一组经济和社会关系。"[③] 在我国，普遍采用的关于产权的定义是经济所有制关系的法律表现形式，包括财产的所有权、占有权、支配权、使用权、收益权和处置权。

在市场经济条件下，产权的属性主要表现在三个方面，即产权具有经济实体性、产权具有可分离性、产权流动具有独立性。产权作为以财产所有权为基础的权利集合体，是人们在交易过程中相互利益关系的体现。产权制度

---

① 黄少安：《产权经济学导论》[M]，经济科学出版社 2004 年版，第 64 页。
② 张五常：《关于新制度经济学》，载《契约经济学》，科斯、斯蒂格利茨等著，经济科学出版社 1999 年版，第 63 页。
③ 科斯等：《财产权利与制度变迁》[M]，上海三联书店 1991 年版，第 166 页。

的变迁实际上是契约演化的结果,产权关系的调整其实就是契约关系的变化[1]。

4.2.2 产权关系与企业纳税管理

产权关系是在公司各个利益主体之间进行剩余索取权与剩余控制权有效配置的一种制度安排。这种产权安排从本质上决定了公司内部治理的有效性,也决定了公司内部的控制权结构和公司内部控制权的分配。产权关系对企业纳税管理有着极为重要的影响。现行税制下,在企业内部供应链的各个主要环节中,与产权关系密切联系的纳税管理活动主要体现在企业筹资、企业重组、股利分配等环节。分析产权安排对企业资源配置的影响,以及对企业纳税管理的影响,有助于企业从根本上进行纳税管理、合理调整内部供应链管理流程。

4.2.2.1 企业筹资与企业纳税管理

企业进行筹资的手段多种多样,如可以通过发行股票、债券等直接融资,也可以采用向银行借款等间接筹资。如果不考虑税收的因素,似乎每种筹资手段的差别并不大,但是,如果将税收的影响考虑在内,企业筹资的手段将对企业税负产生重大影响,正如汉斯-沃纳·斯恩所言:税收使企业对特定的筹资手段产生了偏好,不仅如此,还将改变企业的筹资限制条件;由于偏好不同,这些限制就会在企业的决策中起到重要作用[2]。因此,对企业的筹资手段进行合理选择,是企业进行纳税管理的重要内容之一。

1. MM 资本结构理论。

成立和经营一家公司最重要的问题之一就是,确定企业资本结构中负债和权益的合适搭配[3]。资本结构就是企业各种长期资金筹集来源的构成和比例关系,通常情况下是指企业长期债务资本和权益资本各占多大的比例。

(1) MM 无税模型。1958 年,美国著名学者莫迪格利尼(Franco Modi-

---

[1] 蔡昌:《契约观视角的税收筹划研究》[D],[博士学位论文],天津财经大学,2007 年。
[2] 汉斯-沃纳·斯恩:《资本所得课税与资源配置》[M],中国财政经济出版社 1995 年版,第 87 页。
[3] 迈伦·斯科尔斯、马克·沃尔夫森、默尔·埃里克森、爱德华·梅杜、特里·谢富林:《税收与企业战略:筹划方法》[M],中国财政经济出版社 2003 年版,第 264 页。

gliani）与米勒（Mertor Miller）在《资本成本、企业理财和投资理论》一文中所提出的 MM 资本结构理论的无税模型。像物理学家解释自然规律首先考虑无摩擦世界的运动一样，M&M 解释资本结构首先考察完全资本市场（Perfect Capital Market）下的负债经营[①]。

无税模型包括以下三个定理：

定理一：任何企业的市场价值与其资本结果无关，而是取决于按照与其风险程度相适应的预期收益率进行资本化的预期收益水平。

定理二：股票每股收益率应等于与处于同一风险程度的纯粹权益流量相适应的资本化率，再加上与其风险相联系的溢价。其中风险是以负债权益比率与纯粹权益流量资本化率和利率之间差价的乘积来衡量。

定理三：任何情况下，企业投资决策的选择点只能是纯粹权益流量资本化率，它完全不受用于为投资提供融资的证券类型的影响。

无税模型的最重大贡献在于首次清晰地揭示了资本结构、资本成本以及企业价值各概念之间的联系，其结论是，在不存在市场缺陷的条件下，资本结构不会影响公司的价值，即资本结构与公司价值无关，$V_L = V_u = EBIT/K_U = EBIT/WACC_d$，即在完全资本市场条件下，负债经营不会带来额外收益。其中：

V_L——有负债的企业的价值；

V_u——无负债的企业的价值；

EBIT——息税前利润；

K_U——无负债的企业的股权成本；

$WACC_d$——资本加权平均成本；

（2）MM 公司税模型。在完全资本市场下不存在税收，所以公司的价值与债务无关，但是在考虑公司税的情况下，债务融资就有一个重要的优势，因为公司支付的债务利息可以抵减应纳税所得额，而现金股利和留存收益则不能。1963 年，无税的 MM 理论模型得到修正，将公司所得税的影响因素引入模型，从而得出了公司所得税下的 MM 理论，也称为修正的 MM 理论或公司税模型。修正的 MM 理论认为：由于公司所得税的存在，负债会因利息抵税效应，而使企业价值随着负债融资程度的提高而增加。公司税模型

[①] 迈伦·斯科尔斯、马克·沃尔夫森、默尔·埃里克森、爱德华·梅杜、特里·谢富林：《税收与企业战略：筹划方法》[M]，中国财政经济出版社 2003 年版，第 264 页。

包括三个命题：

命题一：无负债企业的价值等于企业所得税后利润除以权益资本成本率，而负债企业的价值则等于同类风险的无负债企业的价值加上负债节税利益。负债节税利益等于公司所得税乘以负债总额。用公式表示如下：

$V_U = EBIT(1-T)/K_L$。其中：

V_U——无负债企业的价值；

EBIT——息税前利润；

T——企业所得税税率；

K_L——权益资本成本率。

命题二：负债企业的权益资本成本率等于相同风险等级的无负债企业的权益资本成本率加上风险溢价，风险溢价取决于公司的资本结构和所得税率。即：

$K_L = K_U + (K_U - K_D)(1-T)D/S$。其中：

K_D 为负债企业的权益资本成本率；

K_U 无负债企业的权益资本成本率；

D 为企业负债总额；

S 为股票市值。

由于 (1-T) 总是小于 1，负债利息的"税收挡板"效应使权益资本成本率上升的幅度低于无企业所得税时上升的幅度，这表明低成本的负债降低了企业的加权平均资本成本，提高了企业价值[①]。

命题三：在公司所得税存在的情况下，企业的加权资本成本率与负债比率负相关，即企业资本总成本随负债比率的提高而降低。即：

$IRR \geq K_U[1-T(D/V)]$ 一项为新投资的临界率，在这里，$K_U[1-T(D/V)]$ 一项为新投资的临界率，只有那些收益率等于或大于这个临界率的项目才是可接受的。

可见，在考虑公司所得税的情况下，由于负债的利息是免税支出，可以降低综合资本成本，增加企业的价值。因此，公司只要通过财务杠杆利益的不断增加，而不断降低其资本成本，负债越多，杠杆作用越明显，公司价值越大。当债务资本在资本结构中趋近 100% 时，才是最佳的资本结构，此时企业价值达到最大。最初的 MM 理论和修正的 MM 理论是资本结构理论中关

[①] 卢强：《企业税务筹划研究》[D]，[博士学位论文]，天津财经大学，2004 年。

于债务配置的两个极端看法。

(3) 米勒模型。1976年,米勒(Miller)在美国金融学会所做的一次报告中提出了一个把公司所得税和个人所得税都包括在内的模型来估计负债杠杆对企业价值的影响,即所谓的"米勒模型"。公式为:

$V_L = V_u + [1 - (1 - T_c) \times (1 - T_e) / (1 - T_d)] \times D$。其中:

V_L——有负债公司的市价;

V_u——无负债公司的市价;

T_c——公司所得税率;

T_d——债权人利息个人所得税率;

T_e——股东股利个人所得税率;

D——负债的市价。

米勒模型的结果表明,MM公司税模型高估了企业负债的好处,因为个人所得税在某种程度上抵消了企业利息支付的节税利益,降低了负债企业的价值。不过,同公司税模型相似,米勒模型的结论是100%负债时企业市场价值达到最大。

2. 权衡理论。

MM资本结构理论认为企业100%负债经营时,企业的市场价值最大,但是,如果对于未来现金流不稳定以及对经济冲击高度敏感的企业来说,如果企业债务过多,就会导致企业陷入财务困境(Financial Distress),出现财务危机,严重时甚至会破产。因此,均衡分析企业负债经营的利弊便显得尤为重要。

权衡理论(Trade-off Theory)强调在平衡债务利息的抵税收益与财务困境成本的基础上,实现企业价值最大化时的最佳资本结构。此时所确定的债务比率是债务抵税收益的边际价值等于增加的财务困境成本的现值。企业债务比率与企业价值的关系如图4-7所示。

根据图4-7分析:当负债比率未超过D_1点时,破产成本不明显;当负债比率达到D_1点时,破产成本开始变得重要,负债利息抵税利益开始被破产成本所抵消;当负债比率达到D_2点时,边际利息抵税利益恰好与边际破产成本相等,企业价值最大,达到最佳资本结构;当负债比率超过D_2点后,破产成本大于负债利息抵税利益,导致企业价值下降。因此,从理论上分析,一个独立的企业存在着达到企业价值最大的最优资本结构,该资本结构存在于负债的节税利益与破产成本相互平衡的点上。

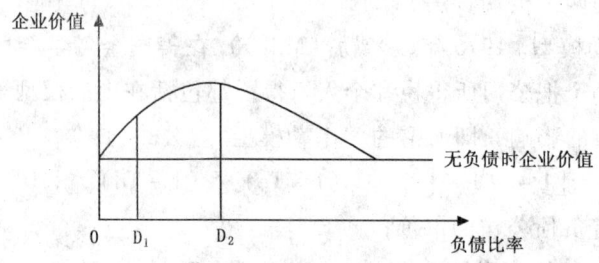

图 4-7　企业价值与资本结构图①

从契约角度分析，在复杂的资本融资关系中，除了负债的过渡增长带来的破产成本外，企业股东、债权人和经营者之间会因为资本结构问题而产生利益冲突，发生各式各样的代理成本，在现实中是难以穷举和精确量化的。尽管理论上确信在一个特定经济环境下，企业一定存在实现企业价值最大化的最佳资本结构，但是由于融资活动本身、个人所得税的课征和企业外部环境的复杂性，目前仍难于准确地显示出存在于资本成本、每股收益、资本结构及企业价值之间的关系，实现企业价值最大化的最佳资本结构还要靠有关人员的经验分析和主观判断。

3. 资本结构对纳税管理的影响。

从上述资本结构理论可以看出，负债比率合理与否，不仅制约着企业风险、成本的大小，而且在相当大的程度上影响着企业税收负担以及企业权益资本税后收益实现的水平②。

财务杠杆效应主要体现在降低税负和提高权益资本收益率，在息税前收益率不低于负债成本率的前提下，负债比率越高，额度越大，节税效果越高；当然，财务风险也越高。

权益资本收益率（税前）= 息税前投资收益率 + 负债/权益资本 ×（息税前投资收益率 − 负债成本率）

从上式可以看出，从理论上分析，只要企业息税前投资收益率高于负债成本率，增加负债额度，提高负债比率，就必然会带来权益资本收益率提高的效应。

---

① 蔡昌：《契约观视角的税收筹划研究》[D]，[博士学位论文]，天津财经大学，2007 年。
② 同上。

(1) 最佳税收筹划绩效的资本结构规划[①]。评价税收筹划绩效优劣的标准在于是否有利于企业所有者权益的增长，因而依据企业权益资本收益率或普通股每股税后盈余预期目标，组织适度的资本结构，成为融资管理的核心任务，其中的关键无疑在于怎样确立适度的负债比率，并以此为基础，进一步界定负债融资的有效限度。

目标负债规模与负债比率的确定

$EPS = [(k \times R - B \times I)(1-t) - u]/n$。其中：

EPS：期望普通股每股盈余

R：息税前投资收益率

B：负债总额

I：负债成本率

n：已发行普通股股数

u：优先股利支付额

t：所得税率

k：投资总额

此外，还可以根据获利能力预期，通过比较负债与资本节税功能的差异，利用上述公式进行追增资本或扩大负债的优选决策：

如果企业拟扩大规模 ΔK，追加负债 ΔK，则追增负债后，有：

权益资本收益率 $Q = (EBIT - BI - \Delta KJ)/S$ ①

如果企业拟扩大规模 ΔK，追加资本 ΔK，则追增资本后，有：

权益资本收益率 $Q = (EBIT - BI)/(S + \Delta K)$ ②

令①=②，整理得：$EBIT = BI + SJ + \Delta KJ$

即举债盈亏均衡点的息税前利润 $EBIT = BI + SJ + \Delta KJ$

进一步整理，则可得到下式：

$\Delta KJ = EBIT - BI - SJ$

这样在所得税率以及其他因素既定的条件下，企业欲维持原有的权益资本收益率，就必须要求 $EBIT - BI - SJ \geq \Delta KJ$ 成立，方可追加负债规模，追加负债的最高限额为：

$\Delta K \leq (EBIT - BI)/J - S$

其中，Q：权益资本收益率

[①] 蔡昌：《契约观视角的税收筹划研究》[D]，[博士学位论文]，天津财经大学，2007年。

I：既有负债成本率

J：追加负债成本率

R：息税前投资收益率

S：权益资本额

B：既有负债额

ΔK：追增负债额

（2）财务视角的税收成本及其对资本收益率的影响①。税收成本与企业净收益率之间存在着一定的联系。从理财角度分析，最能有效地量化所有者权益最大化的指标是自有资本净收益率，其公式如下：

$$Q = [R + (R-I) \times B/S] \times (1-T)$$

式中，Q：自有资本净收益率

R：息税前总资本收益率

I：借入资本利息率

B：借入资本总额

S：自有资本总额

T：企业所得税率

上式中税收成本相对数由 $[R + (R-I) \times B/S] \times T$ 表示。只要将上述公式稍作变形就可表述为：

$$Q = [R + (R-I) \times B/S] - [R + (R-I) \times B/S] \times T$$

自有资本净收益率 = 自有资本总收益率 - 税收成本

在决定税收成本的变量中，所得税率由于税法规定而具有固定性，可视为常量；息税前总资本收益率虽与资本运作有关，但主要还是由行业平均利润率决定，因此也可视为常量；借入资本利息率在一定时期内是一个常量。因此，在决定税收成本的变量中，关键变量是负债权益比率，即通常所指的资本结构。

税收成本就是通过资本结构这一渠道对企业净收益产生作用的。如果企业弱化自有资本，利润可通过债务利息的支付而减少，由此所获利益通常称负债利益，由上述公式中的 $[(R-I) \times B/S]$ 表示，从而取得巨大的节税收益，导致税收成本的降低。有趣的是，即使在负债利益为 0 的情况下，弱化自身资本也能导致税收成本的降低。

---

① 蔡昌：《契约观视角的税收筹划研究》[D]，[博士学位论文]，天津财经大学，2007年。

上述产权理论均是基于目前狭义产权理论下，企业筹集资金的利息税前扣除与否为基本前提的。随着人们对产权认识的不断深入，广义所有权理论的确立和完善，如果对环境产权征收环保税、对特许经营产权征收反垄断税等等，必然对企业纳税管理提出新的课题和新的挑战。

4.2.2.2 企业重组与企业纳税管理

企业作为市场经济的主体和最活跃的组成部分，其面临的宏观环境和微观环境在不断地发展变化，所面临的竞争和威胁无处不在，为了更好地适应残酷的竞争，企业必须培育和完善自身的核心竞争能力，充分发挥和利用自身优势，规避和改进不利因素。企业的重组并购和改组改制，就是对自身与所处环境的资源和优势的整合，也是企业为生存和发展不断自我调整或被迫调整的外在表现。企业重组是企业资源在企业内部或企业之间的整合与流转，其间产生的资金流、实物流与信息流，必然会对企业的财务核算和税收管理产生影响，而企业重组往往是战略性的，企业重组本身也是一个非常复杂的系统工程，其所带来的涉税影响和财务影响往往也是重大的。

企业重组，是指企业在日常经营活动以外发生的法律结构或经济结构重大改变的交易，在市场经济条件下，企业重组已经成为企业普遍采用的一种资本运营方式，它不仅能使企业发挥经营、管理、财务上的协同作用，而且还能优化资本结构，增强企业的竞争能力和抗风险能力。企业重组各方不仅要考虑关于资源上的整合和发展方向，还应充分关注重组的相关税务问题，有的时候税务本身就是企业重组的目的[①]。

1. 企业重组的理论基础

西方许多学者从不同角度对企业重组的动机及其社会效应进行了大量的理论研究。提出了多种理论假说，已形成较为完整的理论研究体系。主要有以下五种理论：

（1）效率理论。效率理论侧重于对企业重组的协同效应的分析，认为企业重组可以使企业获得某种形式的协同效应，即 1+1>2 的效应，从而有利于企业提高经营业绩，降低经营风险，具有潜在的社会效益。根据协同效应来源的不同，效率理论可进一步分为经营协同、管理协同、财务协同、多样化经营、战略重组以及价值低估等假说。经营协同建立在行业内存在规模

---

① 卢强：《企业税务筹划研究》[D]，[博士学位论文]，天津财经大学，2004年。

经济或范围经济，且并购前企业经营活动水平并未实现规模经济或范围经济的潜在要求等假设基础之上，认为横向并购将有助于企业扩大生产规模或实现优势互补，降低生产成本。另外，经营协同也可以产生于纵向并购领域，通过将处于产业链不同阶段的公司联合起来，可以消除有限理性、机会主义、不确定性等交易成本。因此，有人也将经营协同称作成本协同。管理协同也称差别效率理论，认为若一家企业具有高效率的管理队伍，其能力超过了企业日常的管理需求，则该企业可以通过一家管理效率较低的企业，输出剩余的管理资源，提高社会整体的管理水平。而财务协同则认为企业并购产生的互补优势并不是来自于企业的管理能力。而是来自于投资机会和内部的现金流。按照财务协同假说，若一家拥有较多现金但缺乏投资方向的企业重组一家缺乏现金却有很多投资机会的企业，则对双方有利。战略重组理论认为企业重组是企业实现分散化经营，较快适应外部环境激烈变化的重要手段。价值低估假说则将重组动机归因于目标企业价值的低估，由于企业托宾比率[①]一般小于1，因此企业重组往往比直接投资建立一家新企业成本更低。从对并购动机的解释能力上看，经营协同对横向和纵向并购具有一定的解释能力，财务协同和战略重组则比较适用于混合并购，而价值低估假说则在自然资源工业领域得到了较好的验证。

(2) 市场力量理论。市场力量是指某一企业成功将其价格提高到竞争水平以上，同时具有不被竞争对手的反击竞争策略击垮的能力。企业的竞争力最终体现在其对市场的控制能力和产品的定价权。企业的重组并购，源于企业意图控制经营环境，降低市场中企业数量，提高了市场集中度，谋求市场控制权和产品定价权，从而获得超额垄断利润。近些年，许多学者对这种传统理论提出了质疑，认为市场集中度提高往往是激烈竞争、优胜劣汰的结果，而且在实际竞争中，企业串谋几乎不可能实现。他们指出市场一方竞争者的并购扩张行为将迫使其他企业进行并购重组，同时，先发企业往往有很强的动机加快并购步伐，即具有继续重组的动机，引起企业之间的并购重组大战。而且这种并购有助于提高市场（特别是信息产品市场）的标准化程度，实现企业间的资源互补。

(3) 信息与信号理论。信息与信号理论认为，重组并购活动会散布关

---

① 即托宾的 Q 比率，是公司市场价值对其资产重置成本的比率。反映一个企业两种不同价值估计的比值。

于目标企业股票被低估的信息并且促使市场对这些股票进行重新估价。价值被低估的企业常常成为收购的目标,在并购公告日,市场会调整原先偏低的估计,从而导致累计超额收益显著大于零。

企业重组并购传递给市场参与者一定的信息或信号,表明目标企业的未来价值可能提高,从而促使市场对目标企业的价值进行重新评估或激励目标企业的管理层贯彻更有效的竞争战略。

因重组并购行为发生的信息将推动资本市场对公司的市场价值重新作出评估。其一是目标公司在得到并购的信息后,努力致力于管理效率和经营业绩的提高,从而增加公司的市场价值;其二是在目标公司无所行动的情况下,市场本身从并购的信息中得到该公司市场价值被低估的信息,即使并购活动并未最终取得成功,市场将会重新评估该公司,从而使该公司的股价上涨。

(4) 代理理论。1976年,詹森(Jesen)和麦克林(Meckling)提出了代理成本的概念,并认为代理成本是企业所有权结构的决定因素。代理理论主要涉及的是企业资源的提供者与资源的使用者之间的契约关系,该理论后来进一步发展成为契约成本理论(contracting cost theory)。

代理理论认为,代理成本源于经理人员不是企业的完全所有者这一事实。当企业经理人员本身就是企业资源的所有者时,他们拥有企业全部净资产的索取权,经理人员即企业的所有者,就会全力为自己工作,也就不存在代理问题。但当管理人员不是企业的完全所有者,即企业通过发行股票或举债的方式,从外部吸取新的经济资源时,管理人员的行为与原先自己拥有企业全部股权时将有显著的差别,管理人员的目标与股东的目标就可能产生冲突。股东的目标是企业财富最大化,而管理者的目标通常是提高在职消费、自我放松、降低工作强度、规避风险。为保证管理者为股东利益而全力工作,这就形成了詹森和麦克林的所说的代理成本问题。代理理论还认为,代理人拥有比委托人多的信息,这种信息的不对称,会逆向影响对代理人有效监督。

由于管理人员和股东利益冲突的客观存在,越是在股权结构分散的企业,股东对管理人员的监督成本越高,管理人员的违约成本越低。因此可以推论,在所有权过于分散的公众公司,其代理问题将更为严重。企业重组并购可以有效降低代理成本。

(5) 自由现金流假说。自由现金流量是指公司现金在支付了所有净现值为目的投资计划后所剩余的现金量。自由现金流量假说也称为自由现金流量的代理成本理论，即融资结构会通过约束自由现金流量，减少经理人员可用于相机处理的现金流量，降低经理人员的控制权，对企业代理问题产生积极影响，并影响企业的价值。

该理论认为，重组并购活动的发生是由于管理者和股东之间在自由现金流量的支出方面存在冲突。公司要实现效率最大化，自由现金流量就必须支付给股东，这也直接削弱了管理层对企业现金流的控制，管理层为投资活动进行融资时，就更容易受到公共资本市场的监督。这实质上也是由于代理问题产生的利益冲突，重组并购将有助于降低这些代理成本。

2. 企业重组的纳税管理。

根据我国现行税法规定，从税收管理的角度，将企业重组划分为企业法律形式改变、债务重组、股权收购、资产收购、合并、分立。无论何种重组行为，都是基于重组企业与被重组企业的资产和业务而言的。即必须先对被改组企业的资产和业务进行划分，把被重组企业的资产划分为优质资产和劣质资产、有效资产和无效资产、盈利资产和非盈利资产，把业务划分为主营业务和非主营业务、经营性业务和非经营性业务、盈利性业务和非盈利性业务，从而决定哪些资产和业务进入重组后企业，哪些资产和业务不进入重组后企业。企业的重组，必然伴随着资产结构、债务结构、人员结构、管理方式以及股权结构等的变化，不同的重组方式对资产结构、股权结构、债务结构的影响不同，对企业的财务管理和税收管理也必然产生不同的影响。

综合考虑企业重组的税收政策规定、重组业务的涉税特征以及纳税管理的内涵，企业重组的纳税管理应着重考虑以下要点：

（1）企业重组方式的选择。在我国，"财税［2009］59号"文件将企业重组划分为企业法律形式改变、债务重组、股权收购、资产收购、合并、分立。一个企业对另一个企业进行重组，是选择资产重组还是选择股权收购，亦或是选择其他的重组方式，所依据的税收政策是不同的，其所产生的税负也是有差别的[①]，因此，企业在进行重组决策时，应慎重选择，合理筹划，以保证企业重组利益最大化。

---

① 我国财政部和国家税务总局联合下发了《财政部、国家税务总局关于企业重组业务企业所得税处理若干问题的通知》（财税［2009］59号）和国家税务总局下发的《关于发布〈企业重组业务企业所得税管理办法〉的公告》（国家税务总局公告2010年第4号）对不同的重组方式规定了不同的税收政策。

（2）收购比例与企业重组支付方式的选择。收购比例是股权收购或资产收购方式下企业重组必须考虑的重要问题，按照我国现行税法规定，股权收购比例不同，所适用的税收处理方式不同①；股权支付是企业重组工作的最后环节，也是较为关键的环节，是选择现金支付、股权支付还是其他方式进行支付，不同支付方式的选择所涉及税收处理方式是不同的②，企业应该选择最有利于企业整体利益的收购比例和支付方式进行重组。在支付方式的选择下，可以是其中一种方式，也可以是几种方式的组合。

（3）企业重组日与支付时间的选择。在现代企业财务管理中，资金是具有时间价值的，企业重组双方对重组日的确定和交易支付时间的选择对双方最终利益的影响也是不容忽视的。重组日的确定是纳税义务发生日确立的标志。我国现行税法规定了不同重组方式下重组日的确定标准③。重组日可以与支付日重合，也可以分别确定，企业需根据自身现状选择适合的重组日和支付时间，以合理减轻企业税负。

（4）目标企业财务状况的综合考量。在对目标企业实施重组前，需综合考量目标企业的财务状况，明确企业的资产与负债情况，这是企业重组中不可缺少的一环。现实操作中，很多企业在分析目标企业的财务状况时没有综合考量，最终导致了大量的税务问题，产生大量税负，使企业重组所承担的税负远远大于其收益，不但重组失败，而且还拖累了原企业的正常发展。所以，企业在进行重组时尤其是考量财务协同效应时必须着重注意目标企业的

---

① 我国"财税〔2009〕59号"规定，资产收购方式下，受让企业收购的资产不低于转让企业全部资产的75%，且受让企业在该资产收购发生时的股权支付金额不低于其交易支付总额的85%；股权收购方式下，收购企业购买的股权不低于被收购企业全部股权的75%，且收购企业在该股权收购发生时的股权支付金额不低于其交易支付总额的85%，才可以选择特殊性税务处理，否则只能采用一般性税务处理。

② 我国"财税〔2009〕59号"规定，企业重组可以采用一般性税务处理方式和特殊性税务处理方式，在非股权支付的情况下，必须采用一般性税务处理；在企业合并时，企业股东在该企业合并发生时取得的股权支付金额不低于其交易支付总额的85%，以及同一控制下且不需要支付对价的企业合并，才可以采用特殊性税务处理方式；在企业分立的情况下，被分立企业所有股东按原持股比例取得分立企业的股权，分立企业和被分立企业均不改变原来的实质经营活动，且被分立企业股东在该企业分立发生时取得的股权支付金额不低于其交易支付总额的85%，才可以采用特殊性税务处理方式。

③ 我国《关于发布〈企业重组业务企业所得税管理办法〉的公告》（国家税务总局公告2010年第4号）规定，债务重组，以债务重组合同或协议生效日为重组日；股权收购，以转让协议生效且完成股权变更手续日为重组日；资产收购，以转让协议生效且完成资产实际交割日为重组日；企业合并，以合并企业取得被合并企业资产所有权并完成工商登记变更日期为重组日；企业分立，以分立企业取得被分立企业资产所有权并完成工商登记变更日期为重组日。

财务状况（如利用被并购企业的未弥补亏损以降低整体税负等）、科学筹划，使相关问题化解在重组方案实施之前，避免纳税风险的发生。

（5）企业重组的其他税收优惠政策选择。现行的税法及其相关法律法规中，对企业重组的税收优惠进行的明确的规定，如不征增值税①、不征营业税②、免征重组资产所涉及的契税③、免征土地增值税④、免征印花税⑤等等，企业在重组并购过程中，应对相关优惠政策全面了解，综合运用，充分利用优惠政策，合理合法进行重组的税收筹划，实现重组目标，降低重组成本。

4.2.2.3 股利分配与企业纳税管理

股利是企业所有者获取回报的一种形式，是一个企业向其股东支付的，在企业的收益范围内的任何现金或财产的分配⑥。股利分配是企业经营活动的归宿，也是企业内部供应链管理环节中的最后一环。不同的股利分配政策使股东利益产生差异，这为企业对股利分配活动进行纳税管理提供了一定的空间。

1. 股利基本理论。

股利的基本理论主要研究股利的支付与股票价格（或企业的价值）之间的关系，主要包括股利无关论、股利相关论、所得税差异理论及代理理论。

---

① 我国"国家税务总局公告2011年第13号"规定，自2011年3月1日起，纳税人在资产重组过程中，通过合并、分立、出售、置换等方式，将全部或者部分实物资产以及与其相关联的债权、负债和劳动力一并转让给其他单位和个人，不属于增值税的征税范围，其中涉及的货物转让，不征收增值税。

② 我国"国家税务总局公告2011年第51号"规定，自2011年10月1日起，纳税人在资产重组过程中，通过合并、分立、出售、置换等方式，将全部或者部分实物资产以及与其相关联的债权、债务和劳动力一并转让给其他单位和个人的行为，不属于营业税征收范围，其中涉及的不动产、土地使用权转让，不征收营业税。

③ 我国"财税〔2008〕175号"规定，符合条件的企业公司制改造、企业股权转让、企业合并、企业分立、企业出售、企业注销、破产以及债转股过程中涉及的土地、房屋等权属转移，分别享受免征契税或减半征收契税。

④ 我国"财税〔1995〕48号"规定，在企业兼并中，对被兼并企业将房地产转让到兼并企业中的，暂免征收土地增值税。

⑤ 我国"财税〔2003〕183号"规定，企业因改制签订的产权转移数据免予贴花。

⑥ 萨利·琼斯、谢利·罗兹-盖特那奇：《高级税收战略》[M]，人民邮电出版社2010年版，第208页。

（1）股利无关论。股利无关论（也称 MM 理论）认为，在一定的假设条件限定下，股利政策不会对公司的价值或股票的价格产生任何影响。一个公司的股票价格完全由公司的投资决策的获利能力和风险组合决定，而与公司的利润分配政策无关。

该理论是建立在完全市场理论之上的，假定条件包括：

①市场具有强式效率；

②不存在任何公司或个人所得税；

③不存在任何筹资费用（包括发行费用和各种交易费用）；

④公司的投资决策与股利决策彼此独立（公司的股利政策不影响投资决策）。

（2）股利相关论。股利相关理论认为，企业的股利政策会影响到股票价格。主要观点包括以下两种：

①股利重要论（又称"在手之鸟"理论）。该理论认为，用留存收益再投资给投资者带来的收益具有较大的不确定性，并且投资的风险随着时间的推移会进一步增大，因此，投资者更喜欢现金股利，而不愿意将收益留存在公司内部，而去承担未来的投资风险。

②信号传递理论。该理论认为，在信息不对称的情况下，公司可以通过股利政策向市场传递有关公司未来盈利能力的信息，从而影响公司的股价。一般来讲，预期未来盈利能力强的公司往往愿意通过相对较高的股利支付水平，把自己同预期盈利能力差的公司区别开来，以吸引更多的投资者。

（3）所得税差异理论。该理论认为，由于普遍存在的税率的差异及纳税时间的差异，资本利得收入比股利收入更有助于实现收益最大化目标，企业应当采用低股利政策。

（4）代理理论。该理论认为，股利政策有助于减缓管理者与股东之间的代理冲突，股利政策是协调股东与管理者之间代理关系的一种约束机制。

2. 股利分配方式的纳税管理。

股利分配的方式主要有现金股利、实物股利、公司债股利和股票股利等，每种方式对企业的价值影响不同，对股东和投资者需承担的税负也不同，因此，对企业的股利分配方式进行纳税管理尤为重要。分配可按以下三种方式征税：

（1）作为股利。在这种情况下，股东收到的股利作应税收入处理[①]。

（2）作为资本收回。在这种情况下，分配是非应税事项，但投资者应按分配的金额减少股票投资的计税基础。

（3）作为资本利得。如果分配金额足够将股东股票投资的税基降低到零的程度，任何多余的分配金额都应作为股东的资本利得征税[②]。

从理论上说在没有个人所得税和交易成本的条件下，股东是不会计较公司管理当局采取哪种方式来分配充足的股利分配资金的。在存在所得税和交易成本的情况下，特别是股息所得税率高于资本收益所得税率时，股东愿意通过公司回购股票来提高公司每股收益及每股市价，使股东获得更多的资本利得收益，减轻股东个人所得税负担，确保股东财富最大化。

现实情况是，尽管股东的个人所得税率可能高于企业所得税率[③]，但大多数上市公司依然会选择以现金股利的方式分配股利。所以，除了考虑企业所承担的显性税收外，还应特别关注隐性税收成本，通过综合比较企业所承担的显性税收成本和隐性税收成本，以及可能带来的其他管理成本，做出在整体上有利于企业的选择。

3. 股利分配时机的选择与纳税管理。

对股利分配时机的选择关键是把握股息性所得和资本利得区别，因为我国税法对二者企业所得税的规定不同，这也为企业进行股利分配的纳税管理提供的空间。

股息性所得是投资方从被投资方取得的税后利润，属于税后所得。为了防止重复征税，我国税法规定，符合条件的居民企业之间的股息、红利等权益性投资收益以及在中国境内设立机构、场所的非居民企业从居民企业取得与该机构、场所有实际联系的股息、红利等权益性投资收益免征所得税。

资本利得是投资企业处理股权的收益，即企业收回、转让或清算处置股

---

① 在我国，股利作为应税收入处理而非不征税收入，《中华人民共和国企业所得税法实施条例》规定股息、红利等权益性投资收益，除国务院财政、税务主管部门另有规定外，按照被投资方作出利润分配决定的日期确认收入的实现；只是《中华人民共和国企业所得税法》规定，符合条件的居民企业之间的股息、红利等权益性投资收益；以及在中国境内设立机构、场所的非居民企业从居民企业取得与该机构、场所有实际联系的股息、红利等权益性投资收益免征所得税。

② 迈伦·斯科尔斯、马克·沃尔夫森、默尔·埃里克森、爱德华·梅杜、特里·谢富林：《税收与企业战略：筹划方法》[M]，中国财政经济出版社2003年版，第272页。

③ 根据我国现行的税制，企业应当在缴纳企业所得税后才能向股东分利，分配给个人股东的红利无论是现金股利还是股票股利，都需另行计算缴纳个人所得税款。

权投资所获得的收入，减除股权投资成本后的余额。这种收益应全额并入企业的应纳税所得额，依法缴纳企业所得税。

在我国，由于企业所得税法规定，企业纳税年度发生的亏损，准予向以后年度结转，用以后年度的所得弥补，但结转年限最长不得超过5年。因此当投资企业亏损时，如果被投资企业分回股息和红利，则先行弥补亏损，相当于未享受免税优惠，因此当投资公司盈利情况下，子公司分配利润更有利于整体税负的降低；此外，在一般情况下，当投资方保留利润不进行分配，对投资方比较有利；但投资方准备转让股权时，则在转让之前将未分配利润进行分配，可以有效地避免股息性所得转化为资本利得。

4.3 企业财务会计处理方法对企业纳税管理的影响

财务会计制度在规范企业经营行为的同时，也给企业提供了多种可供选择的会计政策和财务会计处理方法。从企业内部供应链的视角出发，企业财务会计处理作为重要的支持服务环节，不仅需要对企业经营活动的全貌，通过财务语言进行再现，同时也是各种管理信息提供的最主要来源。由于税务会计是基于财务会计基础之上的，财务会计所采用的会计政策和会计估计不同，对企业计税基础会产生重大影响，进而对税收和企业整体价值产生重大影响。这便为企业进行纳税管理提供了相应的操作空间。

4.3.1 企业会计政策的选用对纳税管理的影响

美国会计准则委员会认为，会计政策是那些被报告会计主体的管理当局认为在当前环境下最能恰当地表述公司的财务状况、经营成果及财务状况变动，从而依循的会计原则及运用这些原则的方法。英国标准会计惯例则认为会计政策是企业所选定的、并一贯遵循的、特定的会计基础。中国的《企业会计准则》则认为，会计政策是指企业在会计确认、计量和报告中所采用的原则、基础和会计处理方法。

会计政策目标是企业价值最大化和股东价值最大化，企业在经营过程中，选用不同的会计政策，对企业的税负也将产生不同的影响，最终影响企业的税后利润和股东价值。

4.3.1.1 收入确认方法的选择与企业纳税管理

收入确认方法的选择对企业纳税管理的影响主要表现在控制收入的确认时间，将税收从一个会计期间转移到另一个会计期间，实现税收的跨期转移，从而影响企业的当期收入和税收，进而影响企业的税前利润。

时间期间变量的税收筹划认为，从现值的角度来说，未来的税负支付比现在的税负成本低。税负的递延可以通过将所得项目推迟到未来纳税，或者在较早的纳税年份加速税收扣除来实现。当该项所得的税收可以递延而现金流不用递延时，这种规划最有效[1]。因此，在一般情况下，企业应该选择尽可能推迟应税收入确认的处理办法，递延纳税，以获取资金的时间价值，增加企业的现金流量。在经济实践中，企业控制收入实现的期间主要有以下方法：其一，合理安排交易时间，控制交易进度。这主要通过对交易业务的时间安排来实现。其二，利用交易合同来控制，即通过签订并履行交易合同来实现。其三，通过不同的收入结算方式来控制收入的实现时间及所归属的期间[2]。企业通过对收入确认时间[3]的控制和安排，利用交易的时间分布来套取税收利益[4]。

---

[1] 萨利·琼斯、谢利·罗兹-盖特那奇：《高级税收战略》[M]，人民邮电出版社2010年版，第9页。

[2] 蔡昌：《契约观视角的税收筹划研究》[D]，天津财经大学，2007年。

[3] 关于收入的确认时间，《中华人民共和国增值税暂行条例实施细则》（财政部、国家税务总局第50号令）第三十八条有着明确的规定：采取直接收款方式销售货物，不论货物是否发出，均为收到销售款或者取得索取销售款凭据的当天；采取托收承付和委托银行收款方式销售货物，为发出货物并办妥托收手续的当天；采取赊销和分期收款方式销售货物，为书面合同约定的收款日期的当天，无书面合同的或者书面合同没有约定收款日期的，为货物发出的当天；采取预收货款方式销售货物，为货物发出的当天，但生产销售生产工期超过12个月的大型机械设备、船舶、飞机等货物，为收到预收款或者书面合同约定的收款日期的当天；委托其他纳税人代销货物，为收到代销单位的代销清单或者收到全部或者部分货款的当天。未收到代销清单及货款的，为发出代销货物满180天的当天；销售应税劳务，为提供劳务同时收讫销售款或者取得索取销售款的凭据的当天；纳税人发生实施细则第四条第（三）项至第（八）项所列视同销售货物行为，为货物移送的当天。

[4] 迈伦·斯科尔斯、马克·沃尔夫森、默尔·埃里克森、爱德华·梅杜、特里·谢富林在《税收与企业战略：筹划方法》一书中，对税收套利进行了定义：所谓税收套利，是指投资于享有税收优惠的组织形式，该组织形式向其他组织形式以低税后成本筹集资金，获取相对较高的税后收益率。

下面我们从企业纳税管理的角度简单分析递延纳税的税收优势。假设投资者有两种投资形式可供选择，即货币市场基金和养老金，两种方式的区别如表4-4所示。

表4-4

投资方式	投资是否可税前扣除	收入课税频率	收入课税率
货币市场基金	否	年	普通
养老金	是	递延	普通

投资于货币市场基金，投资不能税前扣除，投资收益按年课税；而投资于养老金，投资可以税前扣除，投资收益可递延课税。假定税率 T 固定，税前收益率 R 相同，投资期数为 n，两种方式的初始投资均为 S，则其投资 n 年后的税收收益为：

投资于货币市场基金的税后收益 $= S[1+R(1-T)]^n$；

投资于养老金的税后收益 $= S(1+R)^n$；

也就是说，对于同样的初始投资 S，n 年后，投资于货币市场基金的税后收益率为 $[1+R(1-T)]^n$，而投资于养老金的税后收益率为 $(1+R)^n$，显然，$S(1+R)^n$ 大于 $S[1+R(1-T)]^n$，所以，从纳税管理的角度考虑，投资于养老金优于投资于货币市场基金，而且，随着年限 n 的不断增加，这种优势愈加明显。由此可见，税收递延的优势不可小觑。

当然，企业并不是要一味地推迟收入确认时间，在特殊时期，企业应根据具体情况进行灵活选择。如在企业所得税的减免期，就要考虑提前确认收入等。

4.3.1.2 费用扣除方法的选择与企业纳税管理

费用的扣除主要影响的是企业所得税。费用扣除方法的不同，会扩大或缩小企业的成本费用总额，从而影响利润和企业的税负。企业应在税法允许的范围内，充分列支费用、预计可能发生的损失，这样才能缩小税基，减少企业所得税[1]。

企业的费用种类很多，按大类可分为管理费用、财务费用、销售费用。

---

[1] 卢强：《企业税务筹划研究》[D]，[博士学位论文]，天津财经大学，2004年。

在生产经营过程中具体选用费用扣除方法来调整当期的损益,应注意以下几点:

1. 充分预计应由本期负担而在以后发生的各项费用计入预提费用,并分摊计入各期成本。把应由本期负担的费用尽可能全面的计入本期的成本,从而达到最大限度地抵销当期利润,降低当期税负的目的。

2. 对那些数额较小的,在本期发生而在以后各期受益的费用,可以根据重要性原则,直接计入当期成本,尽量不通过待摊费用核算,这样,可以达到延迟税负的目的。

3. 在税法和会计制度允许的范围内,设立各种准备金制度,按照一定标准预提各种准备金计入费用,从而达到抵销当期利润减轻税负的目的,实现延迟纳税。

4. 尽量缩短各种待摊费用分摊计入成本的期限和各种无形资产、递延资产分摊计入费用的期限,以达到延迟企业税负的目的。

4.3.1.3 存货计价方法的选择与企业纳税管理

企业应根据各类存货的实物流转方式、企业管理的要求、存货的性质等实际经营状况,合理地选择存货计价方法,以合理确定当期发出存货的实际成本。现行的可供选择的存货计价方法主要有先进先出法、移动加权平均法、月末一次加权平均法和个别计价法[①]。每种计价方法各有优劣,在不同的宏观经济和税制环境下,对企业纳税管理产生不同的影响。

1. 先进先出法以先购入的存货应先发出这样一种存货实物流转假设为前提,对发出存货进行计价。由于存货成本是按最近购货确定的,因此期末存货成本能比较公允地反映其市场价值。但如果在通货膨胀的条件下,该方法会高估存货的价值,少计销售成本,从而使得当期利润虚增,导致企业所得税的增加;反之,在物价持续下降的条件下,该法会低估期末存货价格,多计销售成本,从而导致企业所得税减少。

2. 移动加权平均法和月末一次加权平均法都是以平均数的形式对存货进行计价,这就使得本期销售成本介于早期购货成本与当期购货成本之间,

---

① 基于后进先出法不符合存货流通的规律且容易采用此方法人为调节存货成本等原因,我国2006年颁布的《企业会计准则》和2008年实施的《中华人民共和国企业所得税法》及其实施条例均将"后进先出法"取消。

可以避免因销售成本的大幅波动而各期利润起伏较大，避免因各期企业所得税差异过大而被稽查的风险。

3. 个别计价法注重所发出存货具体项目的实物流转与成本流转之间的联系，逐一辨认各批发出存货和期末存货所属的购进批别或生产批别，分别按其购入或生产时所确定的单位成本计算各批发出存货和期末存货的成本，用该方法核算所计算的企业所得税较为准确。

存货计价方法的选择是制定企业会计政策的一项重要内容。发出存货的计价方法的选择在于对本期内存货价值在已发出存货和期末存货之间进行分割，不同的计价方法会对这种分割产生不同的影响，从而影响其拥有的当期利润和资产负债表中存货价值。在会计准则和税法认可的存货计价方法中，企业有权选择能少计当期利润，从而能享受递延纳税利益的方法[①]。

鉴于上述分析，在实行比例税率条件下，如果物价持续下降，企业选择先进先出法比较有利；如果物价持续上涨，企业选择月末一次加权平均法较为有利；而如果物价上下波动，企业选择移动加权平均法较为有利。

在实行累进税率条件下，企业选择采用加权平均法或移动加权平均法对企业的存货进行计价，可以使企业获得较轻的税收负担。

另外，对存货计价方法进行选择进行纳税管理，还应考虑税收优惠政策因素的影响。当物价持续上涨时，如果企业正处于所得税的免税期，企业在该期间内获得的利润越多，其得到的免税额也就越多，这样，企业选择采用先进先出法对存货计价，从而减少成本费用的当期摊入，扩大当期利润，增加企业所得税的减免额；反之，如果企业正处于征税期，其实现的利润越多，则缴纳的所得税越多，这样，企业选择移动加权平均法或月末一次加权平均法，均衡分摊当期的成本费用，减轻企业税负。

4.3.1.4 折旧方法的选择与企业纳税管理

我国税法规定，固定资产是指企业使用期限超过1年的房屋、建筑物、机器、机械、运输工具以及其他与生产、经营有关的设备、器具、工具等。固定资产的折旧是指在固定资产的使用寿命内，按确定的方法对应计折旧额进行的系统分摊。其常用的折旧方法包括直线法和加速折旧法，其中加速折

---

① 张光明：《存货计价方法对企业税收管理影响分析》[J]，《现代商贸工业》2009 年第 21 期，第 239 页。

旧法又包括双倍余额递减法和年数总和法。

直线法是按照固定资产使用年限（或工作时数和工作量）平均计算折旧的方法。采用这种方法计算的每期折旧额均是等额的，公式如下：

年折旧额＝（固定资产原始成本－预计残值）÷估计有效使用年限

或年折旧额＝（固定资产原始成本－预计残值）×直线折旧率

其中，直线折旧率＝1÷估计有效使用年限×100%

双倍余额递减法是在不考虑固定资产残值的情况下，根据每一期期初固定资产账面净值和双倍直线法折旧额计算固定资产折旧的一种方法。公式如下：

年折旧额＝逐年递减的固定资产账面余额×固定折旧率

其中，实际工作中应用的固定折旧率常为直线折旧率的一定倍数。

年数总和法也称为合计年限法，是将固定资产的原值减去净残值后的净额和以一个逐年递减的分数计算每年的折旧额，这个分数的分子代表固定资产尚可使用的年数，分母代表使用年数的逐年数字总和。公式如下：

年折旧额＝（资产原始成本－估计残值）×（尚可使用年限数÷年数总和）

固定资产的价值转移方式与原材料等存货的价值转移方式不同，其价值主要是通过折旧的方式逐步转移到企业产品成本中，或者形成当期费用。因此，对固定资产折旧方法的选择不同，形成的当期成本费用也不同，进而影响企业的税收负担。所以，企业应选择合理的固定资产折旧方式，作出有利于企业的选择。

从账面上看，在固定资产价值一定的情况下，企业采用不同折旧方法和不同折旧年限，提取的折旧总额是一致的。但是，资金受时间价值的影响，折旧方法不同，企业获得的资金时间价值和税负水平也不相同。随着时间的推移，在不同时间点上的同一单位资金的价值含量是不等的。企业在选择不同的折旧方法时，需要采用动态的分析方法，先将企业在折旧年限内提取的折旧按当时资本市场的利率折现后，计算出现值总和及税收抵税额现值总和，再将二者进行比较，在不违背税法的前提下，选择能给企业带来最大折旧抵税现值的折旧方法。

不考虑定期减免税的因素，单纯从应纳税额的现值来看，运用双倍余额递减法计算折旧时，税额最少，年数总和法次之，而运用直线法计算折旧时，税额最多。所以采用加速折旧法比直线法能获得更大的时间价值。

4.3.1.5 低值易耗品摊销方法的选择与企业纳税管理

不同的摊销方法对企业的资产状况、费用水平、应税所得和应纳税额等都会产生不同的影响。因此，企业在进行纳税管理时，应根据具体情况，尽可能选择适合企业发展的摊销方法，以达到延缓纳税、获得纳税利益的目的。

低值易耗品是企业存货中较特殊的一部分，具有流动性大、单位价值低、使用周期短的特点，对低值易耗品摊销方法的选择将直接影响企业的成本和损益，进而影响企业的应税所得和应纳税额，因此，应慎重选择恰当的摊销方法。

我国会计准则规定："企业应当采用一次转销法或者五五摊销法对低值易耗品进行摊销，计入相关资产的成本或者当期损益。"其中一次转销法是指低值易耗品在领用时就将其全部账面价值计入有关成本费用的方法。在该法下，由于低值易耗品在领用时，其价值从账上一次性注销，因此，在低值易耗品总价值较高时不利于均衡各期成本费用；而五五摊销法是指低值易耗品在领用时先摊销其账面价值的一半，在报废时再摊销其账面价值的另一半。其最大优点就是领用的低值易耗品保留在会计账簿上，便于对在用低值易耗品的控制，有利于确保低值易耗品的安全与完整，因此，该法运用的关键是其核算的规范化。

假设企业的低值易耗品价值为 R，企业当期利润为 S，收入为 P，费用（扣除低值易耗品价值）为 Q，当期应纳税额为 M，税率为 t，那么，在不考虑其他税收条件下，各项关系式便可表达为：

$S = P - Q - R$

$M = St = (P - Q - R)t$

在一次摊销法下，企业当期应纳税额为：$M_1 = St = (P - Q - R)t$

在五五摊销法下，企业当期应纳税额为：$M_2 = St = (P - Q - R/2)t$

可见，$M_1 < M_2$，即企业采用一次摊销法会增加企业当期费用，从而减少企业当期利润，进而减少企业的应纳税额，企业在当期会少缴税；如果企业采用五五摊销法，虽然当期多缴纳了一部分税收，但当企业领完低值易耗品时，还会再次抵减企业费用，会减少企业抵减当期的税收。

当企业存在未来递延纳税优势的情况下，五五摊销法要优于一次摊销法，因此，企业在选择低值易耗品摊销方法时，应均衡分析利弊，选择有利于企业自身的方法。

4.3.1.6 债券溢、折价的摊销方法的选择

按我国现行会计制度规定，对长期债券投资溢、折价的摊销方法，企业可以选择直线法或实际利率法进行核算。由于采用直线法，每期的溢、折价摊销额和确认的投资收益是相等的；而采用实际利率法，每期按债券期初的账面价值和实际利率的乘积来确认应计利息收入，且其金额会因溢、折价的摊销而逐期减少或增加。债券摊销方法不同，并不影响利息费用总和，但影响利息费用在各年度之间的摊销额。因此，当企业以溢价或折价方式购入除利息收入免税的国债以外的其他债券时，选择直线法摊销溢价或选择实际利率法摊销折价，可以在债券存续期内相对推迟投资收益确认的会计期间，由此减少前期所得税负担，以获得递延纳税利益。当企业在折价购入债券的情况下，宜选择实际利率法进行核算，相反，当企业在溢价购入债券的情况下，应选择直线法来摊销，对企业更为有利。

4.3.2 企业会计估计的选用对纳税管理的影响

在会计实务操作中，对同一会计事项可以采用不同的会计估计。尽管税法一般规定，在计算税基时，企业财务、会计处理办法与税收法律、行政法规的规定不一致的，应当依照税收法律、行政法规的规定计算[1]。但税法对于不同的会计估计，也在一定的幅度范围内予以认可[2]，不同的会计估计对企业税负有着不同的影响，这为企业进行纳税管理提供了相应的空间。因此，为降低税负，实现企业价值最大化，企业应选择适当的会计估计来进行会计处理。

4.3.2.1 固定资产的折旧年限与企业纳税管理

在我国，虽然税法对固定资产折旧按照固定资产的类别，分别就各类固

---

[1] 如《中华人民共和国税收征管法》第二十条和《中华人民共和国企业所得税法》第二十一条的规定。

[2] 如《中华人民共和国企业所得税法》规定的固定资产折旧年限、长期待摊费用的摊销年限等。

定资产的最低折旧年限进行了规定①，但仍有一定的弹性。由于折旧年限本身是一个经验估计值，这便为企业进行纳税管理提供了一定的空间。

从一般的意义上看，折旧年限越短，则年折旧额就越大，有利于成本回收，使本应后期扣除的成本费用前移，从而使利润确认后移，则本期应纳所得税额减少，由于资金的时间价值，相当于向国家获得了一笔无息贷款。但是，应注意的是，在有些情况下，企业采用最小的折旧年限不一定最合算。如企业适用减免税期间，采用较长的折旧年限对企业更有利。

4.3.2.2　费用摊销的期限与企业纳税管理

税法规定，符合条件的费用摊销准予在企业所得税前扣除，则在收入既定的条件下，如果费用摊销的额度越大，那么应纳税所得税额就越小，所以在估计费用的摊销年限时，可尽量选择较短的年限，将费用摊销尽快摊销完毕，递延缴纳企业所得税，获得资金的时间价值。

但是，同固定资产折旧年限的选择一样，费用摊销年限的选择也要注意企业是否处于减免税期间，如果企业处于税收优惠期间，应尽量选择较长的费用摊销年限，将费用摊销递延到税收优惠期满后的成本费用中，以抵减应纳税所得额。

当然，应当注意的是，企业纳税管理人员在选择涉税事项的会计处理方法时，要注意税法规定的某些限制条件，比如"纳税人的成本计算方法、间接成本分配方法、存货计价方法一经确定，不得随意改变，如确需改变的，应在下一纳税年度开始前报主管税务机关批准。否则，对应纳税所得额造成影响的，税务机关有权调整"②。另外还要经过复杂的预测和计算，计算出结果后还要按一定的方法进行比较，才能大致知道可以节减多少税额，从而得出更优的会计处理方法。

---

①《中华人民共和国企业所得税法暂行条例》第六十条规定：除国务院财政、税务主管部门另有规定外，固定资产计算折旧的最低年限如下：（一）房屋、建筑物，为20年；（二）飞机、火车、轮船、机器、机械和其他生产设备，为10年；（三）与生产经营活动有关的器具、工具、家具等，为5年；（四）飞机、火车、轮船以外的运输工具，为4年；（五）电子设备，为3年。

② 引自《企业所得税税前扣除办法》（国税发［2000］84号）第十二条的规定，但该文件随着《中华人民共和国企业所得税法》的颁布实施而失效。

第 5 章

企业纳税管理的外部供应链分析

在讨论完企业内部供应链对企业纳税管理的影响后,让我们将视角转换到企业所处的外部供应链,来分析企业外部供应链结构对企业纳税管理的影响。

供应链是那些把产品或服务提供给市场的公司的排列[①]。任何一个企业,都是供应链系统中的一环或数环。以工业企业为例,最简单的供应链包括企业与其上游的供货商、下游客户之间形成的供应链,如图 5-1。

但在日常经济生活中,供应链往往较为复杂,不仅包含了原材料供应

---

① Lambert, Douglas M., James R. Stock, and Lisa M. Ellram, 1998, Fundamentals of Logistics Management, Boston MA: Irwin/McGraw—Hill, Chapter 14。转引自迈克尔·于戈斯(Michael Hugos)著,佐莉译:《供应链管理精要》[M],中国人民大学出版社 2005 年版,第 2 页。

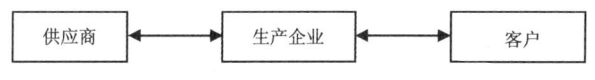

图 5-1　最简单的供应链

商、生产商、分销商、零售商、客户，还包括服务商。供应链由这些范畴的一个或多个参与者以不同的契约方式组合而成，并通过一定的时间使得供应链需求保持基本稳定，所改变的是供应链中参与者的组合以及他们各自承担的角色。图 5-2 和图 5-3 显示了扩展后的供应链结构。

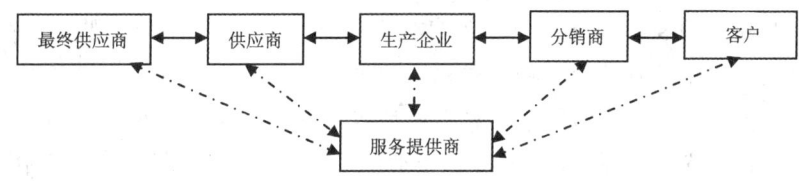

图 5-2　供应链结构

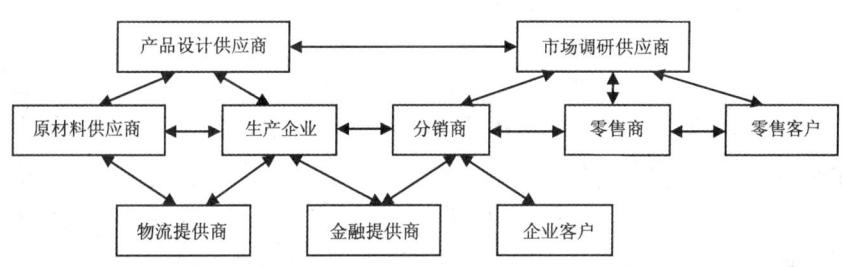

图 5-3　扩展后的供应链结构

供应链使一个企业进入它所提供产品或服务的市场。供应链需要对市场需求做出迅速而有效率的反应并同时支持公司的企业战略。正如德鲁克所说，"客户是一切组织存在的唯一理由"，公司使用的企业战略必须以其所服务的客户或潜在客户的需求为出发点，一个企业的供应链如果能够使其更有效地满足客户需求，则这个企业将会从该市场的其他公司那里夺取更多的市场份额和获得更高的利润。

供应链是为满足市场需求的一系列企业基于契约关系形成的企业组合，是动态的。首先构成供应链的企业生产经营活动是不断发展变化的；其次，构成供应链的企业是动态的，它可以随着契约关系建立而建立，随着契约关系的解除而解体。因此，我们分析供应链的构成对企业纳税管理的影响，必须从企业边界和供应链结构两个不同层面来分析。

5.1 企业边界与企业纳税管理

由于整个供应链是基于为客户提供有效产品或服务而形成、以契约为纽带的企业群。契约的稳定性决定了供应链的稳定性。构成供应链的各企业主体是相互独立的经济实体,也是各自独立的纳税主体。在我国现行税制下,不同的纳税主体所适用的税种、税率以及税收优惠政策均有所不同;对同一企业的不同经济活动所适用的税种、税率也各异。企业纳税管理作为对企业纳税的全过程管理,必然要求首先界定纳税主体,也就要求供应链系统中的企业有明确的企业边界;而明确的企业边界也是企业组织结构的基本特征之一。

5.1.1 企业边界的内涵

早在1776年,亚当·斯密在其《国富论》中就明确提出,分工是劳动效率提高的主要原因[①]。虽然亚当·斯密没有直接给出企业形成和扩张的原因,但他认为分工与企业的形成及扩张之间的有着密切的关系,并进一步论述了市场范围对分工的限制。以马歇尔为代表的新古典经济理论中,在完全理性和利润最大化的基本假设下,企业内部的运行被视为一个"黑箱",企业唯一的功能是根据边际替代原则对生产要素进行最优组合,从而实现最大的产量或最低的生产成本。企业为了实现最大利润,必须按边际成本等于边际收益的原则进行单一产品的产量和价格决策。1937年,新制度经济学的代表人物科斯(Coase)在他的著名文章《企业的性质》中,在界定了企业本质的基础上,考察了企业的行为特征,明确提出企业边界的概念,认为企业的纵向边界决定于企业和市场在组织交易活动时的交易成本边际比较,在组织交易活动的过程中企业是最优化行为者。并将企业的最优边界界定为:企业将倾向于扩张,直到在企业内部组织一笔额外交易的成本,等于通过在公开市场上完成同一笔交易的成本或在另一个企业中组织同样交易的成本为

---

① 亚当·斯密著,唐日松译:《国富论》[M],华夏出版社2005年6月第2版,第7页。

止。威廉姆森（Williamson，1975，1985）从资产专用型、不确定性和交易效率三个维度定义交易费用，在此基础上分析了企业边界确定原则，同时还从企业核心技术角度提出企业"有效边界"的概念。钱德勒认为，从组织制度上可以把企业分为古典企业和现代企业，企业成长的重要方面就是企业内部组织结构的变革。传统企业中没有中间管理层，随着企业规模的扩大，内部管理工作增加并日益复杂化，相应地内部组织分工向两个方向发展：水平方向，不同职能部门产生；垂直方向，管理层级产生。企业管理制度与企业经营规模交互作用，共同决定了企业的边界，也促进着企业边界的不断扩张。潘罗斯否认新古典经济理论认定的对企业规模的三个限制因素：即管理能力、产品或要素市场、不确定性和风险。她认为既然企业的增长主要受制于管理力量，那么管理力量的增长也必然会推动企业的增长[①]。

上述关于企业边界的经典理论都是基于经济学角度对企业边界的一种阐述。尽管不同的经济学家对企业边界有着不同层次的认识，企业的边界也可能因为不同视角而赋予不同的内涵和外延而呈现出模糊性。但站在企业纳税管理的角度，企业边界的确定主要在于区分经济行为的主体，以便确定经济行为的纳税义务人而无需溯及其余。因此，我们可以也必须明确界定企业边界。在特定的供应链下，企业边界是指企业以其核心能力为基础，在与市场的相互作用过程中形成的经营范围和经营规模，其决定因素是经营效率。企业的经营范围，即企业的纵向边界，确定了企业和市场的界限，决定了哪些经营活动由企业自身来完成，哪些经营活动应该通过市场手段来完成；经营规模即企业的横向边界，是指在经营范围确定的条件下，企业能以多大的规模进行生产经营活动。

5.1.2 企业边界与企业纳税管理

企业纳税管理首先必须解决的两个问题，一是征谁的税，二是对什么征税。这也是税收法律关系中应当明确的纳税主体和纳税对象。由于企业的横向边界决定了经营规模，纵向边界决定了企业经营范围，本书从企业的横向边界和纵向边界两个角度来分析企业边界与企业纳税管理。

---

① 叶光毓：《企业边界理论探究》[J]，http://www.chinaacc.com/new/287_294_/2009_4_16_wa90068757161490022808.shtml，2012年1月26日访问。

5.1.2.1 企业的横向边界与企业纳税管理

不同国家的经济发展状况不同，其税制结构必然存在差异。一国课征的税收按照课税对象的不同大致可以分为商品课税、所得课税和财产课税三大类①。

商品课税是对流通中的商品或劳务课征的税收，其计税依据是商品或劳务的流转额，所以商品课税也通常称为流转税。在我国，流转税主要有增值税、营业税、消费税等。税收的纵向公平原则要求经济条件或纳税能力不同的人缴纳不同数额的税收。在我国，为保证税收的纵向公平采用了诸如规定起征点②、减征额③、差别税率④等税收差别对待政策。上述税率差异的存在，为企业提供了纳税管理的政策空间。

对于规定的起征点，供应链中的企业可以通过重新规划企业边界，采用化整为零的企业拆分方式，让企业当期的应税销售额或应税服务额不超过规定的起征点；或在销售额或服务额即将到达起征点时，将当期收入合理合法地延期到下期实现即可。

对于减征额，供应链中的企业无需调整企业边界，只需要加强企业内部

---

① 朱青：《国际税收》[M]，中国人民大学出版社 2011 年 4 月第 5 版，第 5 页。

② 根据财政部、国家税务总局联合颁发的《关于修改〈中华人民共和国增值税暂行条例实施细则〉和〈中华人民共和国营业税暂行条例实施细则〉的决定》（中华人民共和国财政部令第 65 号）的规定，自 2011 年 11 月 1 日起，增值税起征点的幅度规定为：销售货物和应税劳务的，为月销售额 5000—20000 元；按次纳税的，为每次（日）销售额 300—500 元；对营业税起征点的幅度规定为：按期纳税的，为月营业额 5000—20000 元；按次纳税的，为每次（日）营业额 300—500 元。并授权省、自治区、直辖市财政厅（局）和国家税务总局应在规定的幅度内，根据实际情况确定本地区适用的起征点，并报财政部、国家税务总局备案即可。

③ 根据《中华人民共和国营业税暂行条例》（中华人民共和国国务院令第 540 号）及其实施细则以及《财政部 国家税务总局关于营业税若干政策问题的通知》（财税 [2003] 16 号）等文件规定了营业额的减除问题和营业额减除项目凭证管理问题。

④ 根据《中华人民共和国增值税暂行条例》（中华人民共和国国务院令第 538 号）规定，纳税人销售货物和提供应税劳务的增值税法定税率为 17%，对于销售粮食、食用植物油等条例规定的五大类货物，采用 13% 的税率；对于一般纳税人销售符合《财政部 国家税务总局关于部分货物适用增值税低税率和简易办法征收增值税政策的通知》（财税 [2009] 9 号）规定的特定货物按 6% 的税率征收。而对小规模纳税人增值税征收率为 3%。2011 年 11 月 16 日，财政部和国家税务总局发布了《关于在上海市开展交通运输业和部分现代服务业营业税改征增值税试点的通知》（财税 [2011] 111 号），规定从 2012 年 1 月 1 日起，在上海市交通运输业和部分现代服务业开展营业税改征增值税试点。将增值税税率调整为提供有形动产租赁服务，税率为 17%；提供交通运输业服务，税率为 11%；提供现代服务业服务（有形动产租赁服务除外），税率为 6%；财政部和国家税务总局规定的应税服务，税率为零；征收率为 3%。

控制制度建设，完善纳税管理流程，确保允许税前扣除的扣减额符合税法规定的扣除凭证管理要求，并及时申报扣除即可。

在适用差别税率的情况下，我们可以考量流转税税基与税率变化之间的内在联系，来区别对待。以增值税为例，顾名思义，由于增值税是对商品或劳务流转额的增值额征收税款，一般纳税人可以抵扣购进环节的增值税进项税额，并适用17%或13%的税率；而小规模纳税人不能抵扣进项税额，适用3%的税率。因此，在是否选择一般纳税人身份时，可以从增值率（或增值额）和适用税率的内在联系进行分析。

假设增值税一般纳税人的含税销售收入为S，增值率为R，税率为17%，且增值税一般纳税人购进货物均可以抵扣进项税额；小规模纳税人税率为3%，则

一般纳税人应交增值税 = [S ÷ (1 + 17%) − S × (1 − R) ÷ (1 + 17%)] × 17%

由于供应链是以客户为导向，无论企业是一般纳税人还是小规模纳税人，客户支付的价格应当一致，即企业选择小规模纳税人时其销售额也应当是S。则小规模纳税人应交增值税 = [S ÷ (1 + 3%)] × 3%。

在仅考虑流转税而不考虑城建税金及附加和流转税税前扣除对企业所得税影响的情况下，一般纳税人和小规模纳税人税负相等的临界点计算为：

{[S ÷ (1 + 17%) − S × (1 − R) ÷ (1 + 17%)] × 17%} ÷ S = [S ÷ (1 + 3%) × 3%] ÷ S

可以得出：R = 20.05%。

同理，当一般纳税人的税率为13%时，R = 25.32%。

从上述分析可以看出，在一般纳税人适用17%的税率，小规模纳税人适用3%的征收率的情况下，当商品或劳务的增值率小于20.05%时，采用增值税一般纳税人合适；而当增值率大于等于20.05%时，采用小规模纳税人更有利。但从管理成本来看，由于增值税一般纳税人有一定的规模要求[1]

---

[1] 《中华人民共和国增值税暂行条例实施细则》（财政部、国家税务总局令第50号）规定，小规模纳税人的标准为：从事货物生产或者提供应税劳务的纳税人，以及以从事货物生产或者提供应税劳务为主，并兼营货物批发或者零售的纳税人，年应征增值税销售额（以下简称应税销售额）在50万元以下（含本数，下同）的；除上述规定以外的纳税人，年应税销售额在80万元以下的。所称以从事货物生产或者提供应税劳务为主，是指纳税人的年货物生产或者提供应税劳务的销售额占年应税销售额的比重在50%以上。年应税销售额超过小规模纳税人标准的其他个人按小规模纳税人纳税；非企业性单位、不经常发生应税行为的企业可选择按小规模纳税人纳税。

和较为严格的管理要求①,且必须将采购环节取得的购进货物或劳务的增值税专用发票进行认证后方可抵扣②;而小规模纳税人管理要求相对要低,增值税一般纳税人的管理成本要远高于小规模纳税人。

在企业所得税领域,我国税法同样对不同规模的企业采用不同的差别税率来处理③。

其次,企业边界与纳税遵从成本④密切相关。不同规模的企业纳税费用和纳税成本率不同,例如某市部分企业纳税费用与纳税成本率(如表5-1所示)。

表5-1 某市部分企业纳税费用和纳税成本率⑤

企业类型	企业名称	纳税金额(万元)	纳税费用(元)	纳税成本率%
大型企业	照明电器公司	4810	42083	0.09
中型工业企业	织造公司	305.65	28239	0.92
小型工业企业	灯饰公司	51	20799	4.08
大型商业企业	百货公司	1000.42	105550	1.05
中型商业企业	糖酒公司	143.7	22304	1.55
小型商业企业	机电公司	1.33	994	7.48

从上述实证可以看出,公司规模越大,纳税额越多,纳税遵从成本率越低;公司规模越小,纳税额越少,纳税遵从成本率越高。

尤其是现阶段我国仍处于经济结构调整时期,税收政策变化速度快,纳

---

① 《增值税一般纳税人资格认定管理办法》(2010年国家税务总局令第22号)对一般纳税人的管理有明确规定。

② 我国税法规定,可以抵扣进项税额的发票除符合规定的增值税专用发票外,还包括海关代征增值税的完税凭证、企业自行开具的符合条件的农副产品采购发票、符合条件的运费发票等。

③ 2011年11月29日,财政部、国家税务总局联合颁发了《关于小型微利企业所得税优惠政策有关问题的通知》(财税[2011]117号)文件,自2012年1月1日至2015年12月31日,对年应纳税所得额低于6万元(含6万元)的小型微利企业,其所得减按50%计入应纳税所得额,按20%的税率缴纳企业所得税。对何为小型微利企业,《中华人民共和国企业所得税法实施条例》第九十二条明确小型微利企业的条件,即指从事国家非限制和禁止行业,并符合下列条件的企业:工业企业,年度应纳税所得额不超过30万元,从业人数不超过100人,资产总额不超过3000万元;其他企业,年度应纳税所得额不超过30万元,从业人数不超过80人,资产总额不超过1000万元。

④ 纳税遵从成本是指纳税人依法履行纳税义务所需支付的费用,它包括办税人员经费、办税设备经费、税务代理费用和税务公关费用。

⑤ 于海峰:《中国税制遵从成本的现状和特点分析》[J],《财政研究》2003年第6期;转引自孙玉霞:《税收遵从理论与实证》[M],社会科学文献出版社2008年版,第77页。

税人为适应税法变动而必须承担的临时遵从成本较大。因此，供应链中的企业应当根据自身的经营规模，重新审视由于企业横向边界不同所带来的税收成本变化，通过重组并购扩大生产经营规模或资产剥离和企业分立减小企业经营规模，以期降低税收成本，获得最大收益。

5.1.2.2 企业的纵向边界与企业纳税管理

企业的纵向边界决定了企业在供应链中的位置，即企业为供应链提供何种产品或服务，是在供应链的前端、成为原材料供应商，还是成为生产企业，或是成为中间服务商提供技术设计、物流或金融等服务，还是在下游成为分销商、零售商。企业经营范围的可变性，决定了企业纵向边界的模糊性，也正是因为企业边界可以发生变化，从而决定了企业在供应链中位置的不断变化。

在一国税制中，课税对象规定了对什么征税，是各个税种相互区别的根本标志。根据征税范围不相交叉原则设计出来的各个税种都有其各自的征税对象，并通过税法予以明确界定[①]。从纳税管理的角度来看，课税对象就决定了何种经营行为应当缴纳什么税款。在我国，根据《中华人民共和国增值税暂行条例》（中华人民共和国国务院令第538号）及其实施细则和《中华人民共和国营业税暂行条例》（中华人民共和国国务院令第540号）及其实施细则，供应链中的企业销售货物和提供修理修配劳务，应当缴纳增值税；提供物流服务、设计服务、金融服务等中间服务的企业以及企业转让无形资产、销售不动产行为，应当缴纳营业税[②]，且《增值税暂行条例实施细则》明确规定，一项销售行为如果既涉及货物又涉及非增值税应税劳务（以下简称非应税劳务），为混合销售行为。从事货物的生产、批发或者零售的企业、企业性单位及个体工商户的混合销售行为，视为销售货物，应当缴纳增值税；其他单位和个体工商户的混合销售行为，视为销售非应税劳务，不缴纳增值税。纳税人兼营非应税项目的，应分别核算货物或者应税劳务和非应税项目的销售额。未分别核算的，由主管税务机关核定其销售额。且营业税的税率根据行业不同而设置了相应的差别税率。基于前述纳税管理

---

① 刘剑文：《税法学》[M]，人民出版社2002年版，第103页。
② 根据《营业税暂行条例》的规定，交通运输业、建筑业、文化体育业、邮电通信业适用税率为3%；金融保险业、服务业、销售不动产和转让无形资产适用税率为5%；娱乐业为5%—20%。

政策空间的存在，供应链中的企业可以与其上下游企业进行协商，适当调整经营范围，改变其纵向边界，将应交营业税行为与应交增值税行为相互转化，从而降低税负。

假设增值税一般纳税人的提供应税劳务收入为 S，增值率为 R（或抵扣率为 1－R），税率为 17%，且增值税一般纳税人购物均可以抵扣进项税额；营业税的税率为 3%，则当客户接受劳务金额不变，且仅考虑流转税而不考虑城建税金及附加和流转税税前扣除对企业所得税影响的情况下，纳税人流转税税负相等的临界点计算：

$\{[S \div (1+17\%) - S \times (1-R) \div (1+17\%)] \times 17\%\}/S = (S \times 3\%)/S$

$R = 20.65\%$

同理，我们可以得出相应的临界数据比较分析表（如表 5－2 所示）。

表 5－2　　　　　　　　　临界数据比较分析表

营业税适用税率	增值税适用税率	临界点（R）	可抵扣率
3%	17%	20.65%	79.35%
	11%	30.27%	69.73%
	6%	53.00%	47.00%
	3%	97.09%	
5%	17%	34.41%	65.59%
	11%	50.45%	49.55%
	6%	88.33%	11.67%
	3%	58.25%	

从上述数据可以看出，对于适用 3% 的原营业税纳税义务人，如果调整企业边界，适用缴纳增值税后，若税率为 17%，当增值率小于 20.65% 时或可抵扣率大于 79.35% 时，将营业税应税劳务转化为增值税应税劳务是有利的；反之，若增值率大于 20.65% 或抵扣率小于 79.35% 时，将增值税应税劳务转化为营业税应税劳务是有利的。同理，对于适用 5% 的税率的营业税纳税义务人，如果调整企业边界，适用缴纳增值税后，若税率为 17%，当增值率小于 34.41% 时或可抵扣率大于 65.59% 时，将营业税应税劳务转化为增值税应税劳务是有利；反之，若增值率大于 34.41% 或抵扣率小于 65.59% 时，将增值税应税劳务转化为营业税应税劳务是有利的。对于小规模纳税人而言，即便都适用 3% 的税率，将营业税应税劳务转化为增值税应

税劳务也将减税 2.91%；若营业税适用 5%，则减税可高达 41.75%。

从上述分析可以看出，企业边界的调整对企业税负将产生直接影响。因此，当企业设计企业边界时，应当充分考虑：

1. 当企业"小而全"、"大而全"时，可以通过企业业务流程再造，对不同生产环节、不同产品进行分散经营，独立核算或分立成若干个独立的企业，或将不属于本企业经营范围的某些业务纳入经营范围，将高税负的应税行为向低税负应税行为转化，以减轻企业税收负担。

2. 充分利用混合经营的纳税政策，混合销售行业满足征收增值税条件的企业，可以通过企业业务流程再造，将其混合销售行为中可以适用营业税的业务剥离并单独经营，设立独立法人，分别核算，让该部分业务征收营业税，以减轻企业整体税负，如对附加值高（增值率大大超过 20.65%）的产品生产企业，将其运输部门独立出来成立独立核算的物流运输企业；或将本属于两个独立法人的两类业务，通过重组并购将其归并为同一混合销售行为，如某些物流企业与批发企业（增值率远小于 20.65%）并购重组，改物流运输劳务活动为销售货物并送货上门。

当然，在运用企业边界的变化进行纳税管理时，仅考虑税负的影响是不全面的，在进行纳税管理时，还应当注意以下问题：

1. 并不是所有的纳税主体都可以自由地扩大或缩小企业边界。这不仅有税法本身的限制，还包括某些行业的行业准入对企业规模和经营范围的限制。

2. 必须考虑到企业边界变化所带来的相关成本对企业现金流的影响。因为企业在运行过程中已经形成了既定的业务流程和运营模式，任何流程的改变和运营模式的变化，都可能会给企业带来新的成本或收益。

仍以增值税一般纳税人和小规模纳税人的相互转化为例，假设增值税纳税人销售货物或提供应税劳务的成本为 C，则取得增值税进项税发票允许抵扣的税额为 $C \div (1+17\%) \times 17\%$，该项业务的销售收入为 S，运营成本为 M，由小规模纳税人转化为增值税一般纳税人增加的成本为 Y，作为一般纳税人时税金导致的现金流量为 F_1，作为小规模纳税人时税金导致的现金流出量为 F_2，且 S、C、M 均为已知的常数（为简便起见，不考虑流转税带来的城建税和教育费附加）。

由于提供给下游客户的价格不变，则有：

$F_1 = [S \div (1+17\%)] - C \div (1+17\%)] \times 17\% + Y + [(S-C) \div (1+$

$17\%)-M]\times 25\%$

$\qquad = 35.9\%S - 35.9\%C - 25\%M + Y$

$F_2 = [S \div (1+3\%)] \times 3\% + [S \div (1+3\%) - C - M] \times 25\%$

$\qquad = 27.18\%S - 25\%C - 25\%M$

令 $F_1 = F_2$ 可得

$Y = 10.9\%C - 8.72\%S$[①]

当 $Y < (10.9\%C - 8.72\%S)$，即 $F_1 < F_2$ 时，作为一般纳税人更有利于减少因税金而导致的企业现金流的流出；当 $Y > (10.9\%C - 8.72\%S)$，即 $F_1 > F_2$ 时，作为小规模纳税人更有利减少因税金而导致的企业现金流的流出。

3. 必须考虑企业边界变化所带来的销售量变化对企业利润的影响。企业边界变化后，产品的销售情况和进货情况都可能发生变化，这些变化不仅会对供应链的结构和稳定性产生变化，同时也会影响企业利润和现金流量。

仍以增值税一般纳税人和小规模纳税人的相互转化为例。假设增值税纳税人销售货物或提供应税劳务的成本为 C，其生产经营的增值率为 R，对于供应链中具体企业而言，增值率应是基本稳定的（即 R 可以看做一个常数），且一般情况下应为正数。在企业边界发生变化即身份转化之前，该企业的利润水平 L_1 为：

$L_1 = C(1+R) - C = CR$

假设由于企业边界发生变化而导致身份反生变化的成本变动系数为 X，销售额变动系数为 Y（其中 X、Y 均可能为正数，也可能为负数），则该企业的利润水平 L_2 为：

$L_2 = C(1+Y)(1+R) - C(1+X)$

令 $L_1 = L_2$，则有

$C(1+Y)(1+R) - C(1+X) = CR$

可以得到：$X/Y = (1+R)$

由上式可以看出，如果要求身份转换后的利润大于身份转换前的利润，即 $L_2 > L_1$，会有以下两种情况：

[①] 进一步分析会发现，当 C/S 大于 8.72/10.9，即销售成本率大于 80% 时，Y 恒大于 0；当 C/S 小于 8.72/10.9，即销售成本率小于 80% 时，Y 恒小于 0，说明毛利率在增值税分析中的重要意义，验证了毛利率分析的结果。

(1) 如果 Y 为正数，即销售量变动是增大的，则 X/Y < (1 + R)。因为通常情况下 R 应当大于 0，当 X 是负数，即成本变动是减小的，则等式恒成立；但当 X 是正数时，即成本变动也是增大的，只要 X/Y ≤ (1 + R)，企业身份转换就不产生损失，这说明，当身份转换导致的是销售增长，成本下降或者上升幅度没有超过销售增长率 Y 的 (1 + R) 倍，对企业是有利的；但一旦 X 成本的增加超过了 Y 的 (1 + R) 时，那么转换身份对纳税人从经济上讲是不利的。

(2) 如果 Y 为负数，即销售量变动是减小的，则 X/Y > (1 + R)。因而这一不等式成立的前提条件是 X 也必须是负数，而且 |X| > (1 + R)|Y|。其经济意义是，企业身份转化要获得利益，在销售变动是减小的情况下，则必须成本也必须是下降的，而且下降的幅度应当是销售收入下降幅度的 (1 + R) 倍以上。

应当注意的是，这里的分析并没有考虑转换前后税率变化的影响，否则更加复杂。

综上所述，企业边界对企业纳税管理的影响是非常复杂的，它不仅与一国税制中税率差异密切相关，还与供应链企业对其边界变化的态度直接联系。

5.2 企业纳税管理的供应链分析

企业的生存与满足社会需求都是通过供应链实现的。在这个供应链上，原材料、产成品、商品等实物资产以不同的形态沿着供应链有序流转的同时，也伴随了信息流、资金流的流动，并形成完整的资金链和信息链；企业的这一完整的信息流、资金流、产品流为企业的利润形成奠定了基础。由于在一个存在税制的国家或地区，其产生税收的环节要么在交易（或行为）环节、要么在持有环节；因此，在整个供应链中，构成供应链的利益相关主体都有与其交易并行的税收，供应链上的资金流中，有相当一部分以税收的形式流入国库。由于税源与现金流捆绑，税收随同资金流在整个供应链中形成一个支付和转移的链条，这就是"税收链"。"税收链"是依附于供应链之上的一条特殊的资金链,它与供应链上的利益主体共同构成了企业外部供应链与税收链的统一体(如图5-4所示)。

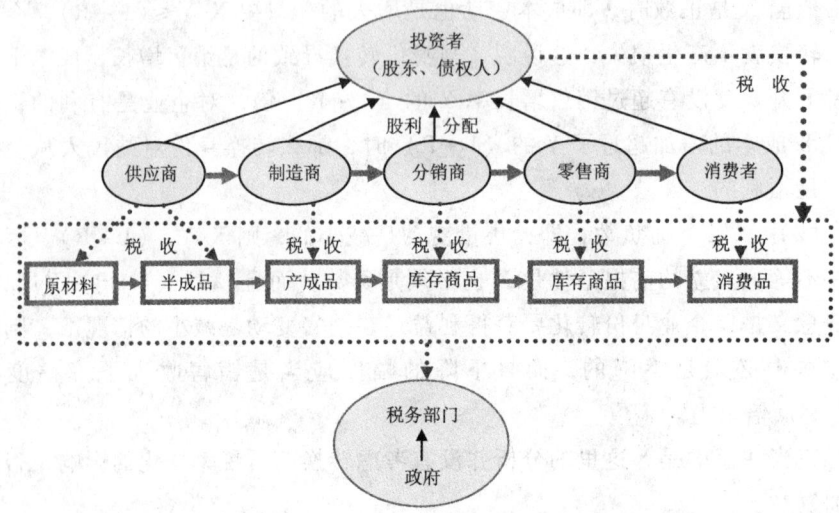

图5-4　企业外部供应链与税收链的统一体

分析税收在供应链中的流转和转嫁情况有助于企业在进行纳税管理时从整个供应链全局出发,在考虑企业自身利益的同时,照顾到整个供应链上相关利益主体的纳税管理要求和利益诉求,这样才能真正促进供应链企业之间的协作和实现供应链内企业的共赢,最终实现供应链整体剩余最大化。

由于整个供应链中的企业不仅可能在一个国家和地区,也有可能跨越数个国家和地区;不仅涉及到一国或地区的税收法律法规,更可能涉及到多个国家或地区的法律法规。为方便论述,本书先将供应链视角置于一个国家(或地区内),对于跨国家(或地区)界限的供应链纳税管理问题,在国际税收的供应链安排一节中单独论述。

5.2.1　税收在供应链中的流转特征

为了分析供应链系统内部构成主体间的税收问题,厘清供应链企业之间是如何相互影响税收并如何进行供应链整体利益下的企业纳税管理,必须分析税收在供应链中的流转特征。从企业纳税管理的角度来看,其流转特征如下文所述。

1. 税收在供应链中流转的方向性。

首先,税收在供应链中的流转是随着整个产品流在供应链的流转方向进行的,它在一定程度上具有先后顺序。如原材料供应商将原材料销售给生产企业,形成原材料供应商的流转税、所得税等纳税义务;生产企业购进原材料进行加工生产出产成品,并将其销售给中间商,从而形成生产企业的流转税、所得税纳税义务;期间如果生产企业将物流运输委托给物流企业,则形成了物流企业的流转税、所得税等纳税业务;中间商将产品销售给零售商,则进一步形成中间商的纳税义务,依此类推,形成具有既定方向的完整税收链。而这种税金流转的方向性所带来的时间差异为企业纳税管理提供管理空间。

其次,供应链内部企业之间为了更好地协作,在相同的市场环境和宏观政策的指引下,企业在战略结构、组织形式、管理方式、营销模式、商业惯例等方面会逐步趋同,朝着更加适应环境的方向协同化发展。正是这种协同发展的方向性,为企业纳税管理能够实现供应链价值最大化提供了伦理基础。

第三,构成供应链的企业为了自身利益,会在各自的企业边界内和特殊的约束下,在战略结构、组织形式、管理方式、营销模式、商业惯例等方面逐步出现差异化特征。这是供应链构成主体在特定环境下和各自细分市场里的定向选择的结果。正是这种趋异的方向性,带来了企业纳税管理的广阔空间。

2. 税收在供应链中流转的不对称性。

构成供应链的不同主体所面临的竞争压力、发展路径和发展速度不同,因而形成不同的企业边界和运营模式,这是不同主体根据企业自身条件所做的一种制度性安排。正是这种差异的存在,导致在同一环境下,各主体对产品价值的贡献、自身议价的能力、承受风险的水平等不同,从而导致税收在各主体之间形成的税收资金流量、资金流出时间不同。税收流转不对称性的存在,为税收在供应链主体之间的相互转嫁提供了基础,也为企业提供了不同的纳税管理需求。

3. 税收在供应链中流转的平衡性。

供应链是由构成该供应链的独立个体,在市场化运营中不断适应环境,自动调节发展方向和速度、自愿缔结成的相互适应、相互影响的联合体。这种平衡是一种动态平衡,各主体都是有限理性的"经济人",各主体之间的经济利益只有在动态平衡的前提下,整个供应链才能保持稳定。税收作为锲入供应链利益主体中的"楔子",也必然要求其在供应链中保持相对平衡,才能维持供应链整体的良性运转而不至于因为税收供应链解体。这就要求供应链纳税主体进行纳税管理时要兼顾供应链整体利益。

4. 税收在供应链中流转的可转嫁性。

首先是因为构成供应链的主体有着独立的经济利益,这是税负转嫁的内在动力。即便是某一完整的供应链在最终消费者前端都是由某一集团控制,也是基于该集团具有独立的经济利益,税负在集团内部构成供应链主体的子公司或分公司之间转嫁,其最终目的也是获取整体价值最大化。尽管国家税收以满足公共需要的形式返回给纳税人,由于政府给纳税人提供公共产品,纳税人所缴纳的税收即公共产品的价格[1],但在微观经济领域,则是纳税主体经济利益向国家的单方面转移,是纳税主体经济利益的损失,"理性的经济人"必然会采取各种措施降低税收造成的利益流失。在排除偷逃税等非法手段以后,通过经济交易中的价格变动来合法转移税负就成为纳税人的一个重要和基本的选择[2]。

其次是自主定价机制的客观存在为税负转嫁提供了条件。构成供应链的主体是因为供需关系而形成的基于供需契约之上的企业集合体,除国家价格管制的除外,各主体之间有着独立的产品定价权,各纳税主体可以根据自身的条件,在商品和要素的市场供求弹性制约下决定价格变动幅度,进而决定是否进行税负转嫁。

第三,税负转嫁随价格变动而变化,具有相对隐蔽性。由于纳税主体间的税负转嫁可以是一次,也可以是多次,因此,越是交易频繁、稳定的供应链,其税负转嫁的隐蔽性越强;越不完全竞争的市场里越容易实现税负转嫁。

税负转嫁的客观存在,一方面要求企业管理人员通晓税收知识,防止因信息不对称而给企业带来损失;另一方面,公开市场和公平交易的背景,有利于促进新的产品定价机制的形成。

---

[1] 熊萧:《国家税收》[M],清华大学出版社2010年版,第15页。
[2] 黄桦:《税收学》[M],中国人民大学出版社2011年3月第2版,第91页。

5.2.2 税负在供应链中的转嫁

研究税负在供应链中的转嫁在于通过税负转移的情况，确定税收负担的最终归宿，从而深入分析税收总额在供应链各主体之间的分布情况，为纳税主体之间的价格再博弈提供依据。

5.2.2.1 税负转嫁的内涵

税负转嫁是指纳税人通过各种途径将应当缴纳的税金的全部或一部分转嫁给他人负担的过程。税负转嫁是一种经济现象，与逃避税无关，但会加大纳税人逃避纳税义务的动机[①]。税负转嫁是商品经济的一种经济现象，是经济利益的再分配，纳税人与负税人一定程度上的分离是税负转嫁的结果。税负转嫁理论分为相对转嫁理论和绝对转嫁理论两种不同观点。绝对转嫁理论认为一切税收都可以转嫁或某种特定税收无论在什么情况下都不能转嫁；相对转嫁理论对税收转嫁问题不做绝对结论，认为税收负担能否转嫁以及转嫁程度取决于税种、应税商品的性质、供求关系以及其他经济条件。现代主流观点属于相对转嫁理论。

5.2.2.2 税负转嫁的形式

税负转嫁一般是通过价格调整来实现的，只有存在契约关系的双方存在交易的情况下，税负转嫁才可能实现。供应链是构成产品交易流转的整个链条，税负的转嫁离不开供应链。税负在供应链上的转嫁方式一般分为顺转方式、逆转方式、混转方式。

1. 顺转方式。

又称后转方式，即构成供应链的纳税主体按照商品在供应链上的流转方向，将其应当负担的税负在交易过程中通过提高销售价格，转嫁给下游主体，即购买方或最终消费者。在市场经济条件下，构成供应链的纳税主体将其经营活动所应负担的税款，通过利用产品的定价机制，提高产品或劳务的售价，转移给供应链的下一环节或最终消费者。提价的幅度有三种情况：如果提价幅度超过了其所应当承担的税款，则不仅实现了税负转嫁，还获得了

---

① 熊萧：《国家税收》[M]，清华大学出版社2010年版，第25页。

超额收益，这种情况下属于超额转嫁；如果提价幅度小于应承担的税款，则纳税人自己还需要承担一部分税款，则属于不完全转嫁；如果提价幅度等于其所应当承担的税款，则属于完全转嫁。顺转方式是税负转嫁的最基本和最普通的方式，一般发生在对商品和劳务的课税上，是基于商品或劳务的供给小于需求或获得产品定价权为前提的。

2. 逆转方式。

又称前转方式，是指构成供应链的纳税主体通过压低购进商品或生产要素的价格将应当缴纳的税收转嫁给供应链的上游主体，即商品或劳务的供给者。逆转方式一般发生在对生产要素的应税品上，有时也发生在应税商品或劳务上。它是基于市场供求关系不允许纳税人以提高销售价格的方式顺转而采取的一种转嫁手段；逆转的前提条件是生产要素、商品或劳务的供给大于需求。

3. 混转方式。

指构成供应链的纳税主体将税负分别向供应链的上游和下游转嫁，即将部分税负转嫁给供应者，同时又将一部分税负转嫁给购买方，从而达到税负转嫁的目的。当商品或劳务所负担的税收不能完全顺转或完全逆转时，混转就可能发生。

在现实经济生活中，并不是所有税负都能转嫁给供应链的上游或下游主体，还存在税收消转和税收资本化两种税负转化模式。所谓税收消转是构成供应链的纳税主体在不能进行税负转嫁的情况下，通过提高经营管理水平和改进生产技术等内部挖潜方法，自行消化税收负担；所谓税收资本化是指纳税主体将自己应负担的税收计入资产成本，通过销售产品或资产折旧等方式收回。这种方式实际上可以看作是一种特殊的逆转方式。税收资本化的前提条件是税法允许所缴纳的税款计入资产的成本。

5.2.2.3 税负转嫁的制约因素

上述税负转嫁方式中，除税收资本化受国家税收政策制约除外，其他税负转嫁的方式都与商品的价格密切相关。税负能否转嫁或能在多大程度上进行转嫁受课税对象、商品的供求关系、课税范围、市场结构、计税方式、反应期间等因素制约。

1. 课税对象。

从课税对象来看，以商品或劳务为课税对象的，与商品或劳务价格直接相关联的如增值税、营业税、消费税、关税等流转税容易转嫁；而以所得为课税对象的如企业所得税、个人所得税等常常难于转嫁。以企业所得税为例，尽管企业所得税也存在顺转或逆转的渠道，如提高销售价格或压低进货成本；或采取降低员工工资、增加员工劳动强度、降低股息和红利等将税负转嫁给供应链的下游或上游主体，但这种渠道都比较迂回和不易实现。

2. 商品或劳务的供求关系。

在公开的市场环境下，商品和劳务的价格是由供求关系决定的[①]；反过来，商品或劳务的价格变化也影响其供求量。两者的相互作用程度可由商品或劳务的供求弹性来表示，所谓供给弹性即在市场供给曲线的任何一点上，价格变化百分之一所导致的供给量变化的百分比，它衡量的是商品或劳务供给量对价格变化的灵敏程度。商品或劳务供给弹性越大，表明供给者当价格变化时调整供给量的可能性越大，进而通过供给量调整价格的可能性也越大。反之亦然。商品或劳务需求弹性是指在市场需求曲线的任何一点上，价格变化百分之一所导致的需求量变化的百分比，它衡量的是商品或劳务需求量对价格变化的灵敏程度。商品或劳务供给弹性越大，表明需求者当价格变化时调整需求量的可能性越大，进而通过调整需求量制约价格的可能性也越大。反之亦然。

商品或劳务供需关系与税负转嫁可以用图5-5来说明。

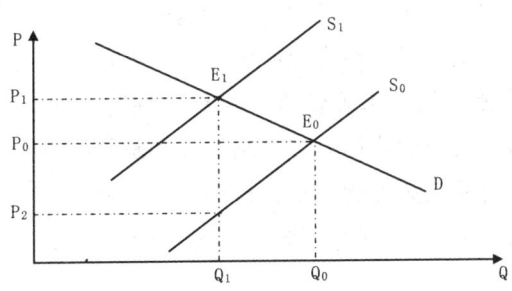

图5-5 供求关系与税负转嫁关系图

图5-5中D代表需求曲线，S_0代表税前供给曲线，P代表价格，Q代表供给量或需求量。E_0、P_0、Q_0分别代表征税前的均衡点、均衡价格和均

---

① 马克思的政治经济学理论告诉我们，产品的价格由价值决定，并受供求关系的影响。但在垄断市场或不规范的市场环境下，尤其是当产品从一般消费品转为投资品时，产品价格往往与价值产生背离，产品的价格转由产品的竞争结构或定价权决定。

衡数量。在需求曲线不变的情况下，由于税收的存在，供给价格上升，导致供给曲线由 S_0 上移到 S_1 的位置，并形成新的均衡数量 Q_1 和均衡价格 P_1、新的均衡点 E_1。即税前购买者支付的价格为 P_0，税后购买者支付的价格为 P_1，税后供给者所获得的价格为 P_2。商品或劳务的单位税额为 $P_1 - P_2$，且存在 $P_1 - P_2 = (P_1 - P_0) + (P_0 - P_2)$ 的数量关系。在这种情况下，供应者所负担的单位税额为 $(P_1 - P_0)$，购买者所负担的单位税额为 $(P_0 - P_2)$。至此，我们可以进一步推断出商品或劳务供求关系与税负转嫁之间的一般关系：

（1）商品或劳务需求弹性（D 的斜率）大小与税负向后转嫁的程度成正比，与税负向前转嫁的程度成反比。商品或劳务的需求弹性越大，购买者负担税款越多，供给者税款负担越少，即税负后转的量越大，税负前转的量越小；商品或劳务的需求弹性越小，购买者负担税款越少，供给者税款负担越多，即税负前转的量越大，税负后转的量越小。当需求完全有弹性时，税负将全部由供给方负担；当需求完全无弹性时，税负将全部由需求方负担。

（2）商品或劳务供给弹性大小（S 的斜率）与税负向后转嫁的程度成反比，与税负向前转嫁的程度成正比。商品或劳务的供给弹性越大，购买者负担税款越少，供给者税款负担越多，即税负后转的量越小，税负前转的量越大；商品或劳务的供给弹性越小，供给者税款负担越少，购买者负担税款越多，即税负前转的量越小，税负后转的量越大。当供给完全无弹性时，税负将全部由供给方负担；当供给完全有弹性时，税负将全部由需求方负担。

（3）当商品或劳务的需求弹性大于供给弹性时，则税负由购买方负担的比例小于由供给方负担的比例。如果纳税主体是供给方，税负只能实现较少部分的转嫁；当商品或劳务的需求弹性小于供给弹性时，则税负由购买方负担的比例大于由供给方负担的比例，如果纳税主体是供给方，则大部分税负得以转嫁。

3. 课税范围。

从课税范围看，课税范围越宽广的商品或劳务越容易转嫁，课税范围越窄的商品越不容易转嫁。因为课税范围越宽广，购买者找到不需缴税的低价替代品的机会越少；课税范围越窄，购买者找到不需缴税的低价替代品的机会越大。

4. 市场结构。

从市场结构来看，市场竞争越充分，越不容易实现税负转嫁；完全垄断市场，则可以实现全部的税负转嫁，在完全竞争的市场下，税负转嫁的可能性很小。

5. 计税方式。

从计税方式上看，从价计征税款的商品或劳务，由于税额随价格的波动而波动，负税者不容易发现而易于转嫁；从量计征税款的商品或劳务，由于税额不受价格变动的影响，负税者更容易察觉，因而税负不容易转嫁。

5.2.2.4 税负转嫁对供应链整体税负的影响

从上述分析可以看出，构成供应链的纳税主体可以沿着供应链向两端进行顺转、逆转或混转，或者直接消转和税收资本化，但无论采用哪种方式，从整个供应链的角度来观察税负转嫁问题时，其实只是供应链内部主体之间税负的相互转移，在主体之间没有税收政策差异的情况下，并不减少税收的总量和整体税负，对整个供应链价值并无贡献。但现实生活中，由于构成供应链主体的多元化，各主体间必然存在广泛的税收政策差异，因而为税负在整个供应链中转嫁提供了广阔的空间，这不仅是基于单一纳税主体进行纳税筹划的基础，也是供应链整体税负最低程度得以实现的理论依据。

正是由于供应链构成主体过于强调其自身利益而忽视整体利益，目前供应链构成主体间相互挤压十分突出，包括下游主体挤压上游主体、强势主体挤压弱势主体以及同类主体之间相互挤压。这种挤压表现为价格挤压、成本挤压和风险挤压，最终形成利润和生存空间的挤压。这种挤压不仅是对弱势企业的严重打击，也会对整个供应链造成负面的影响，通常导致供应链整体成本的增加，影响供应链的竞争力。因此，有必要通过对供应链进一步分析，寻求供应链整体税负最低的纳税管理路径，以降低供应链的整体成本，提升供应链竞争能力。

供应链结构对企业纳税管理的影响

供应链是由原材料供应商、生产商、批发商、运输商以及零售商等多个企业组成的联盟。在一个自由市场的环境下，合作者可以通过一次简单交易获得。但是寻找一个合适的供应商，并且双方对价格和其他细节达成一致需要企业付出交易成本。而且，如果双方只是为了进行单一交易，则每一方均希望尽可能大地获得收益并降低所有成本。反过来，如果认识到一个稳定的供应链有可能使链上的各个企业从多次交易中获得收益，获得纵向集成可以带来的好处，企业就会首先注重合作关系的建立，而不是通过谈判来试图迅速得到收益。一旦双方之间树立起了良好信誉，则双方的反应速度均会提高，因为双方已经没有必要花费时间在每一次交易中重新达成一致意见。只要经营需要，双方就可以立刻进行某些交易，从而提高效率并降低交易成本。因此，建立稳定的供应链和设计合理的供应链结构有助于企业的长期稳定发展。

5.3.1 供应链中企业构成与企业纳税管理

在一个国家和地区，不同企业所涉及的税率、税种不同，导致企业的税负不同，进而影响整个供应链的税负。供应链的主体性质、结算方式、主体数量、排序方式等都会对整个供应链税负产生影响。

5.3.1.1 供应链中企业性质与企业纳税管理

在我国，《公司法》、《企业法》、《中外合作经营企业法》、《中外合资企业法》、《外资企业法》、《个人独资企业法》等法律、法规，将企业分为国有企业、集体企业、联营企业、股份合作制企业、私营企业、个体工商户、合伙企业、有限责任公司、股份有限公司等几大类。

在税收制度上，为引进外资，我国曾分别颁布实施了《中华人民共和国外商投资企业和外国企业所得税法》及其实施条例、《中华人民共和国企业所得税暂行条例》及其实施细则，对不同所有制企业所得税实行不同的税率、税前扣除标准和税收优惠政策，造成内、外资企业税收负担的不均衡。随着《中华人民共和国企业所得税法》及其实施条例的颁布实施，内外资企业统一了企业所得税税率和相关优惠政策，税负不公现象取得明显改善，促进了企业间的公平竞争。但不同性质的企业在社会资源的利用和分配上仍然存在显著差异，如近年来年呼声最高的中小企业贷款难问题。有调查显示：从不同经济类型看，国有企业和民营企业的融资方式差别很大。其中，国有独资企业选择"长期银行贷款"、"上市"和"发行短期融资券"

的比重分别为 80.2%、8.2% 和 12.6%，要高于非国有独资企业，而选择"民间借贷"、"引入私募股权/风险投资"的比重分别为 24.2% 和 6%，要低于非国有独资企业。国有控股公司和中央直属企业选择"长期银行贷款"、"上市"和"发行短期融资券"的比重为 83.7%、9.8% 和 10.7%，要高于民营企业和家族企业，而选择"民间借贷"、"引入私募股权/风险投资"的比重分别为 26.1% 和 7.7%，要低于民营企业和家族企业。从贷款利率来看，62.3% 的小型企业银行贷款利率高于基准利率，而大型企业，这一比例为 27.2%；56.1% 的非国有独资企业从银行贷款的利率"高于基准利率"，明显多于国有独资企业（32.6%）；60.3% 的民营企业和家族企业银行贷款利率"高于基准利率"，要明显多于国有控股公司和中央直属企业（33.3%）[1]。而根据我国现行税法规定，金融机构的贷款利率是可以税前扣除的，而民间信贷的利息由于企业往往因为难以获得合法的扣除凭证而不能企业所得税税前扣除，从而加大成本。

正是这种名义税率公平下的貌似主体税负公平，而实际普遍存在的基于资源占有、特许经营权利、市场准入制度、征管和稽查力度等因企业性质不同而不同，形成了经济领域的"拼爹"现象。

由于名义税负相等而实际税负相差甚远，一方面加剧了供应链主体之间相互挤压和税负转嫁，过度挤压和税负转嫁导致供应链的不稳定性增大；另一方面也促使居于弱势地位的纳税主体怀疑税收的正义与公平，从而增加整个供应链的管理成本和纳税遵从成本，进而增加了税收征管成本。

5.3.1.2 供应链中交易主体之间的结算方式与企业纳税管理

不同的结算方式下，可能导致供应链构成主体不同的应税行为，从而对整个供应链的税负会产生影响。下面是基于我国现行税制下，最简单和最常见的代销行为的不同结算方式下供应链的税负分析：

假设整个供应链由 A、B、C 三主体组成。

第一种结算方式：假设 A 是生产企业、为增值税一般纳税人，B 是中间商，也是增值税的一般纳税人，C 是最终消费者；A 委托 B 销售给 C 某一商品，商品的适用税率为 17%、不含税价格是 100 万元；B 无定价权也无权加

---

[1] 《资本市场与中国企业家成长：现状与未来、问题与建议——2011 中国企业经营者成长与发展专题调查报告》[J]，《经济界》2011 年第 3 期，第 78—83 页。

价，B 以 100 万元的价格向 C 销售完商品后，向 A 收取代销方手续费 5 万元。供应链结构如图 5-6。

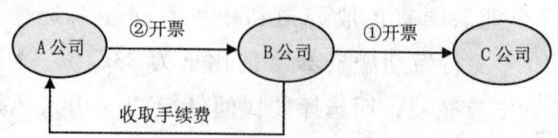

图 5-6　B 公司为增值税纳税主体的代销并收取手续费供应链结构

在该类销售结算方式中，B 先向 C 开具销售发票并收取货款 117 万元（含税价格），A 根据 B 提供的代销清单向 B 开具销售发票，再向 B 支付固定的代销手续费 5 万元（为简便起见，不考虑城建税税金及附加和企业所得税，下同）。则：

1. B 公司的应交税额与收益。

（1）由于 B 是增值税一般纳税人，对 B 公司而言，B 公司构成代销行为，在确认收入或开具发票时，按照 100 万元（不含税价格）计算为销项税 17 万元。

（2）B 公司在收取 A 公司的 5 万元代销手续费时，作为返还收入处理，应转出进项税额 0.73 万元①。

（3）收到 A 公司开具的发票时，可以抵扣购进货物的增值税 17 万元。

（4）B 公司实际应交增值税 = 17 - (17 - 0.73) = 0.73 万元。

（5）B 公司收益 = 5 - 0.73 = 4.27 万元。

2. A 公司的应交税额与收益。

（1）A 公司发出商品时，由于属于代销行为，按照我国现行《增值税暂行条例》及其实施细则的规定，在不开具增值税专用发票的前提下，在 180 天内是不需要确认收入和缴纳税款的。

（2）收到代销清单时，应当按照销售价款计算应交增值税为 17 万元。

（3）A 公司税负为 17 万元。

（4）A 公司收益 = 117 - 17 - 5 = 95（万元）。

---

① 根据国家税务总局《关于平销行为征收增值税问题的通知》（国税发 [1997] 167 号）、国家税务总局《关于商业企业向货物供应方收取的部分费用征收流转税问题的通知》（国税发 [2004] 136 号）规定，商场收取的返还收入，应按规定冲减当期增值税进项税金。商业企业向供货方收取的各种收入，一律不得开具增值税专用发票。冲减当期增值税进项税金 = 取得收入额 ÷ (1 + 适用税率)。

3. 供应链整体收益与税负。

在第一种情况下，A、B 都为一般纳税人，在 C 以 100 万元价格获得商品时，整个供应链的应交税款为 17.73（17+0.73）万元，供应链的整体收入为 99.27（95+4.27）万元，整体税负为 17.86%。

第二种结算方式：假设 A 是生产企业、为增值税一般纳税人；B 是中间商、是营业税纳税人义务人，C 是最终消费者；A 委托 B 销售给 C 某一商品，商品的适用税率为 17%、不含税价格是 100 万元；B 无定价权也无权加价，B 以 100 万元的价格向 C 销售完商品后，向 A 收取代销方手续费 5 万元。供应链结构如图 5-7。

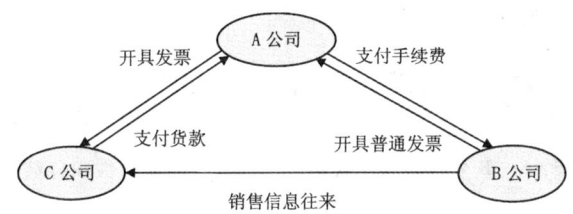

图 5-7　B 公司为营业税纳税主体的代销并收取手续费供应链结构

由于 B 公司为营业税纳税义务人，A 公司必须直接向 C 公司开具发票并收取货款；由于 B 公司提供了销售信息和销售服务，因此，A 公司应向 B 公司支付代理手续费并由 B 公司向 A 公司开具服务业专用发票。

1. A 公司应纳税额与收益。

（1）由于 A 公司是增值税一般纳税人，应按销售额的 17% 缴纳税款，即应交税金为 17 万元。

（2）A 公司收益 = 117 - 17 - 5 = 95 万元。

2. B 公司应纳税额与收益。

（1）由于 B 公司属于国税发 [1993] 149 号规定的代购代销货物行为[①]，是营业税纳税义务人。应就营业额 5 万元，按代理业 5% 的税率缴纳营业税，税款为 0.25 万元。

---

① 国税发 [1993] 149 号规定，代购代销货物是指受托购买或者销售货物，按实购或实销额进行结算并收取手续费的业务。财税 [1994] 26 号文件规定，同时具备以下条件的代购货物行为，不论企业的财务与会计账务作何处理，均应按照"服务业—代理服务"税目征收 5% 的营业税：（1）受托方不垫付资金；（2）销货方将增值税专用发票开具给委托方，并由受托方将该发票转交给委托方；（3）受托方凭据实与委托方结算货款（含税），并另外收取手续费。

（2）B 公司收益 = 5 - 0.25 = 4.75 万元

3. 供应链的整体收益与税负。

在第二种情况下，A 为增值税一般纳税人，B 为营业税纳税义务人，在 C 以 100 万元价格（不含税价格）获得商品时，整个供应链的应交税款为 17.25（17+0.25）万元，供应链的整体收益为 99.75（95+4.75）万元，整体税负为 17.29%。

第三种结算方式：假设 A 是生产企业、为增值税一般纳税人，B 是中间商、是增值税一般纳税人，C 是最终消费者；A 以不含税价格 95 万元的价格将某一商品销售给 B，B 以不含税价格 100 万元销售给 C，商品的适用税率为 17%。供应链结构如图 5-8。

图 5-8　B 公司为增值税纳税主体直接销售的供应链结构

由于 B 公司为增值税一般纳税人，A 公司 B 公司开具发票并收取货款；B 公司向 C 公司开具发票并收取货款。

1. A 公司应纳税额与收益。

（1）由于 A 公司是增值税一般纳税人，应按销售额的 17% 缴纳税款，计算应缴纳增值税税额为 16.15 万元（95 万元×17%）。

（2）A 公司收益 = 111.15 - 16.15 = 95 万元

2. B 公司应纳税额与收益。

（1）由于 B 公司是增值税一般纳税人，其进项税额 16.15 万元可以直接抵扣，销项税额为 17 万元（100 万元×17%）。应交税金 = 17 - 16.15 万元 = 0.85 万元

（2）B 公司收益 = 100 - 95 + 17 - 16.15 - 0.85 = 5 万元

3. 供应链的整体收益与税负。

在第三种情况下，A、B 均为增值税一般纳税人，在 C 以 100 万元价格（不含税价格）获得商品时，整个供应链的应交税款为 17（16+0.85）万元，供应链的整体收益为 100（95+5）万元，整体税负为 17%，整体税负最小。

5.3.1.3　供应链中主体数量与企业纳税管理

从上述增值税来看，由于增值税属于价外税，且仅对产品或劳务的增值

额征税。供应链上游环节的销项税额即为下游环节的进项税额,只要增值税链条中税率不发生变化,则供应链中的主体数量或交易次数对供应链整体税负不会产生影响。对于营业税,由于属于价内税,按每次交易的交易金额征收税款,在上一交易环节中的交易额不允许扣除的情况下,交易次数越多,缴纳税款的金额会越多,整个供应链的税负会加重。但在累进税率存在的情况下,由于边际税率的存在,供应链主体越多,交易次数越多,供应链整体税负可能反而越小。A 房地产开发公司取得土地并开发成普通商品房销售的供应链如图 5-9。

图 5-9 A 房地产公司房地产开发供应链

在我国现行税收制度体系下,其销售额和税款计算如表 5-3 所示。

表 5-3   A 房地产公司税金计算简表

项 目	行次	金额(元)
一、转让房地产收入总额	1	2500000000.00
二、扣除项目金额合计(2 = 3 + 4 + 5 + 8 + 12)	2	1407896747.53
1. 取得土地使用权所支付的金额	3	155411334.30
2. 房地产开发成本	4	701553538.59
3. 房地产开发费用(5 = 6 + 7)	5	242038900.06
其中 利息支出	6	199190656.42
其他房地产开发费用	7	42848243.64
4. 与转让房地产有关的税金(8 = 9 + 10 + 11)	8	137500000.00
其中 营业税	9	125000000.00
城市维护建设税	10	8750000.00
教育费附加	11	3750000.00
5. 财政部规定的加计 20% 扣除数(12 =(3 + 4)× 20%)	12	171392974.58
6. 财政部规定的其他扣除项目金额	13	
三、增值额(14 = 1 - 2)	14	1092103252.47
四、增值额与扣除项目金额之比(15 = 14/2)	15	78%
五、适用税率(%)	16	40%
六、速算扣除系数(%)	17	5%

续表

项　目	行次	金额（元）
七、应缴土地增值税税款（18＝14×16－2×17）	18	366446463.61
八、不允许土地增值税前扣除的其他费用	19	44423679.00
九、企业所得税纳税调增调减额	20	4500000.00
十、应纳税所得额（21＝1－2－18－19＋20＋12）	21	857126084.44
十一、企业所得税税率	22	25%
十二、应交企业所得税（23＝21×22）	23	214281521.11
十三、税金总计（24＝8＋18＋23）	24	932509505.83

从表5-3可以看出，A公司应交土地增值税约3.66亿元，供应链整体税金总计为9.33亿元，总体税负为37.32%。为降低税负，我们可以将供应链重新设计，假设A公司成立一个全资控股的子公司B房地产开发公司参与该项目的交易，即增加供应链主体数量，重新设计供应链如图5-10。

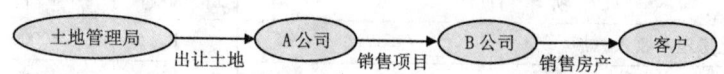

图5-10　B房地产公司介入后的供应链

由于B房地产公司的介入，整个供应链主体数量由原来的3个变成现在的4个，供应链结构比图5-9稍微复杂一点，但仍属于最简单的供应链之一，在这一供应链下，为保证土地管理机构和最终客户的利益不受影响，假设A公司取得土地等成本保持不变，A公司销售给B公司的价款为16亿元，B公司销售给客户仍然为25亿元，则A公司销售收入和应交税金总额如表5-4所示。

表5-4　　　　　A公司销售收入和应交税金总额

项　目	行次	金额（元）
一、转让房地产收入总额	1	1600000000.00
二、扣除项目金额合计（2＝3＋4＋5＋8＋12）	2	1238396747.53
1. 取得土地使用权所支付的金额	3	155411334.30
2. 房地产开发成本	4	701553538.59
3. 房地产开发费用（5＝6＋7）	5	122038900.06

续表

项目		行次	金额（元）
其中	利息支出	6	119190656.42
	其他房地产开发费用	7	2848243.64
4. 与转让房地产有关的税金（8 = 9 + 10 + 11）		8	88000000.00
其中	营业税	9	80000000.00
	城市维护建设税	10	5600000.00
	教育费附加	11	2400000.00
5. 财政部规定的加计20%扣除数（12 =（3 + 4）×20%）		12	171392974.58
6. 财政部规定的其他扣除项目金额		13	
三、增值额（14 = 1 - 2）		14	361603252.47
四、增值额与扣除项目金额之比（15 = 14/2）		15	29.20%
五、适用税率（%）		16	0%①
六、速算扣除系数（%）		17	0%
七、应缴土地增值税税款（18 = 14×16 - 2×17）		18	0.00
八、不允许土地增值税前扣除的其他费用		19	44423679.00
九、企业所得税纳税调增调减额		20	4500000.00
十、应纳税所得额（21 = 1 - 2 - 18 - 19 + 20 + 12）		21	493072548.05
十一、企业所得税税率		22	25%
十二、应交企业所得税（23 = 21×22）		23	123268137.01
十三、税金总计（24 = 8 + 18 + 23）		24	334536274.03

从表5-4可以发现，A公司将销售收入分解在A、B两公司实现，销售额下降后，因增值额未超过扣除项目金额的20%而免交土地增值税，由于土地增值税可以企业所得税税前扣除，因减少了土地增值税而相应增加利润总额，企业所得税增加。A公司应缴纳的税金总额为3.35亿元。

B公司作为新加入供应链的纳税主体，因销售房地产而应缴纳的税金总额如表5-5所示。

---

① 根据《中华人民共和国土地增值税暂行条例》第八条规定，纳税人建造普通标准住宅出售，增值额未超过扣除项目金额20%的，免征土地增值税。

表 5-5　　　　　　　　A 公司销售收入和应交税金总额

项　　目	行次	金额（元）
一、转让房地产收入总额	1	2500000000.00
二、扣除项目金额合计（2 = 3 + 4 + 5 + 8 + 12）	2	2147100000.00
1. 取得土地使用权所支付的金额	3	1600000000.00
2. 房地产开发成本	4	48000000.00 ①
3. 房地产开发费用（5 = 6 + 7）	5	120000000.00 ②
其中　利息支出	6	80000000.00
其他房地产开发费用	7	40000000.00 ③
4. 与转让房地产有关的税金（8 = 9 + 10 + 11）	8	49500000.00
其中　营业税	9	45000000.00
城市维护建设税	10	3150000.00
教育费附加	11	1350000.00
5. 财政部规定的加计 20% 扣除数（12 =（3 + 4）×20%）	12	329600000.00
6. 财政部规定的其他扣除项目金额	13	
三、增值额（14 = 1 - 2）	14	352900000.00
四、增值额与扣除项目金额之比（15 = 14/2）	15	16.44%
五、适用税率（%）	16	0%
六、速算扣除系数（%）	17	0%
七、应缴土地增值税税款（18 = 14 × 16 - 2 × 17）	18	0%
八、不允许土地增值税前扣除的其他费用	19	0%
九、企业所得税纳税调增调减额	20	0%
十、应纳税所得额（21 = 1 - 2 - 18 - 19 + 20 + 12）	21	682500000.00
十一、企业所得税税率	22	25%
十二、应交企业所得税（23 = 21 × 22）	23	170625000.00
十三、税金总计（24 = 8 + 18 + 23 + 应负担契税 0.48 亿元）	24	438750000.00

从表 5-5 可以看出，B 公司由于其开发项目的增值额未超过 20%，同样免征土地增值税，B 公司增加了应交契税 0.48 亿元和企业所得税 1.71 亿

---

① 该开发成本为购买 A 公司项目应缴纳的契税，为方便计算，单独计入开发成本。
② 该费用为 A 公司转移的开发资金利息和诸如装修费用等其他开发费用。
③ 根据财税［2003］16 号文件规定，单位和个人销售或转让其购置的不动产或受让的土地使用权，以全部收入减去不动产或土地使用权的购置或受让原价后的余额为营业额。

元。B 公司税金总额为 4.39 亿元。

B 公司介入后，整个供应链应交税额为 7.74（3.35＋4.39）亿元。整个供应链的销售额仍为 25 亿元、总体税负为 30.96%；比增加供应链主体前减少应交税税金总额 1.59 亿元，降低税负 17.04%。

从上述分析可以看出：在超额累进税率下，适当增加供应链交易主体以增加交易环节，降低边际税率是有利于降低整体税负的；但仍应当注意与交易方式的配合。以下是现在坊间流行的利用股权转让与项目销售之间的相互转换来进行纳税筹划的方法。即将上述供应链调整为 A 公司股东向 B 公司转让股权（即将项目转让转换为股权转让），A 公司股东退出。供应链结构如图 5－11。

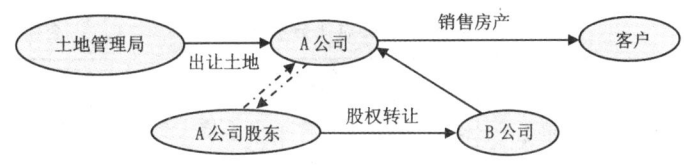

图 5－11　股权转让的供应链结构

在图 5－11 这种供应链结构下，按照我国现行税法，股权转让不涉及营业税和土地增值税，只是涉及到股权转让方的企业所得税问题。仍以 A 公司的前述销售额和成本额为例，假设上述 A 公司注册资本为 1 亿元，A 公司股东以最终的市场价格 25 亿元转让 A 公司全部股权，则 A 公司股东上缴企业所得税 6［(25－1)×25%］亿元[①]后完全退出。A 公司股东变为 B 公司，A 公司即便不再提高任何销售价款的情况下，A 公司应交税款仍为 9.33 亿元，整个供应链整体税额为 15.33 亿元，税负高达 61.32%。若提高销售价款，由于累进税率的存在，当增值率达到下一级距时，将适用更高的税率，从而缴纳税款更多[②]。虽然对于 A 公司股东来讲，由于 A 公司总计缴纳税款 9.33 亿元或缴纳单一所得税款 6 亿元均会导致其最终利益的损失，在进行股权转让的筹划后，其实际负担减少 3.33 亿元；但从整个供应链来

---

①　假设 A 公司也是企业法人，适用所得税税率为 25%；若是个人，则适用税率为 20%，缴纳税款为 4.8 亿元。

②　我国土地增值税适用四级超率累进税率增值额未超过扣除项目金额 50% 的部分，税率为 30%；增值额超过扣除项目金额 50%、未超过扣除项目金额 100% 的部分，税率为 40%；增值额超过扣除项目金额 100%、未超过扣除项目金额 200% 的部分，税率为 50%；增值额超过扣除项目金额 200% 的部分，税率为 60%。

看，上述筹划方案反而增加了税款6亿元，是不经济的。

5.3.1.4 供应链中构成主体的排序与企业纳税管理

对于不存在税率差异的供应链主体，税负不能在供应链主体之间转嫁，因而供应链整体税负稳定。当税收优惠政策的存在导致税率不一致时，供应链主体不同的排序会导致税收在整个供应链之间流传的不均衡性，从而导致供应链整体税负的变化。假设公司A、B、C均为有限责任公司，货物经过最初生产环节A、中间环节B、零售环节C，到达消费者手中。为了简化数据，便于分析，假定增值税税率为17%，销售价格均不含税，并且售价不随纳税情况的变化而变化。详细资料见表5-6。

表5-6　　　　各环节免税对比分析表[①]　　　　金额单位：万元

项目	生产环节A					中间环节B					零售环节C					税款合计
	进项税额	销售价格	税率	销项税额	应纳税额	进项税额	销售价格	税率	销项税额	应纳税额	进项税额	销售价格	税率	销项税额	应纳税额	
不免税	0	100	17%	17	17	17	200	17%	34	17	34	400	17%	68	34	68
A免税	0	100	免	0	0	0	200	17%	34	34	34	400	17%	68	34	68
B免税	0	100	17%	17	17	17	200	免	0	0	0	400	17%	68	68	85
C免税	0	100	17%	17	17	17	200	17%	34	17	0	400	免	0	0	34
全免税	0	100	免	0	0	0	200	免	0	0	0	400	免	0	0	0

从表5-6中我们很容易发现，当供应链各环节均免税或均不免税的情况下，由于税率一致，供应链中各纳税主体排序不影响税款总额。但当存在某一环节免税时，不同纳税主体在供应链中的排序就会对纳税产生重大影响。如图表所示，当生产环节A免税，即供应链的前端免税，供应链整体税负为68万元；供应链的税负率为17%；当生产环节A不免税，中间环节免税，零售环节不免税时，中间环节的税负全部转嫁给了零售环节，导致零售环节纳税额为68万元，整个供应链纳税总额85万元，供应链税负为21.25%；当零售环节免税时，整个供应链应纳税额为34万元，供应链税负

---

① 为简便计算起见，不考虑城建税金及附加等其他税费。

为 8.5%。

5.3.2 供应链中企业组织形式与纳税管理

目前存在三种基本的企业组织形式,即独资企业、合伙企业和公司企业。从历史发展考察,合伙企业的形成以独资企业为基础,而公司企业又是在合伙企业的基础上演化而来的。公司是企业组织发展到一定历史阶段的产物,是现代企业的高级组织形式。由于不同的企业组织形式纳税义务不同,供应链因为构成主体的组织形式不同而最终纳税金额不同。假设公司 A 为公司制企业,B 为有限合伙企业、C 为公司制企业,投资的供应链结构如图 5-12。

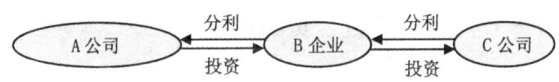

图 5-12 投资供应链结构

由于 A、C 为公司制企业,依据我国现行企业所得税法规定,A、C 公司适用《中华人民共和国企业所得税法》及其相关规定,企业所得税税率为 25%;B 合伙企业适用《中华人民共和国个人所得税法》及其相关规定,适用 5 级超额累进税率,最高税率为 35%。假设 A 公司占 B 企业 25% 的股权并按利润总额的 25% 分利,B 企业持有 C 公司 50% 的股权并按 50% 比例分配利润,C 公司 2011 年实现净利润 200 万元,则:B 公司从 C 公司分回利润 100 万元,B 企业应按股息红利所得并入利润总额缴纳所得税,且 B 企业适用 5 级超额累进税率,最高税率为 35%,由于分回利润为 100 万元应并入其他生产经营所得一并计征所得税,不考虑其他所得和费用对其纳税影响的情况下,B 企业适用税率为 35%,则 B 企业应交所得税 35 万元[①],剩余利润为 65 万元。按比例分给 A 公司 16.25 万元后,A 公司仍应就来源与 B 企业的全部利润 16.25 万元并入公司利润总额缴纳企业所得税 4.06 万元。供应链整体缴纳企业所得税额为 105.73 万元[②]。

---

① 合伙企业不适用《中华人民共和国企业所得税法》及其实施条例,应依据现行的《个人所得税法》,按"个体工商户生产经营所得"税目,以 5 级超额累计税率计征税款。
② 含 C 公司实现利润后缴纳的企业所得税 66.67 万元。

若 B 企业也是公司制企业，依据税法规定，"符合条件的居民企业之间的股息、红利等权益性投资收益属于免税收入"①，即 B 公司从 C 公司分回利润 100 万元不需再缴纳企业所得税，同时 A 够公司从 B 公司分回 25 万元也是免税收入，不需再缴纳税款，则整个供应链的纳税总额为 66.7 万元，远小于 B 企业为有限合伙企业的情况。

5.3.3 企业边界的供应链安排

前面我们已经分析了为实现企业纳税管理的税收成本最低而对不同税种和税率下的不同企业边界安排，但并未将其置于具体的供应链中进行比较分析，现将其置于具体的供应链中，观察其对供应链税负的影响。

5.3.3.1 横向边界安排对供应链税负的影响

假设公司 A、B、C 均为有限责任公司，货物经过最初生产环节 A、中间环节 B、零售环节 C，到达消费者手中。为了简化数据，便于分析，假定增值税税率为 17%，销售价格均不含税，并且售价不随纳税情况的变化而变化。详细资料见表 5-7。

表 5-7　　　　各环节小规模纳税人税额分析表　　　金额单位：万元

项目		全为一般纳税人	A 为小规模纳税人	B 为小规模纳税人	C 为小规模纳税人
生产环节 A	进项税额	0	0	0	0
	销售价格	10	10	10	10
	税率	17%	3%	17%	17%
	销项税额	1.7	0.3	1.7	1.7
	应纳税额	1.7	0.3	1.7	1.7
中间环节 B	进项税额	1.7	0	0	1.7
	销售价格	20	20	20	20
	税率	17%	17%	3%	17%
	销项税额	3.4	3.4	0.6	3.4
	应纳税额	1.7	3.4	0.6	1.7

---

① 《中华人民共和国企业所得税法》第 26 条第 2 款。

续表

项　目		全为一般纳税人	A为小规模纳税人	B为小规模纳税人	C为小规模纳税人
零售环节C	进项税额	3.4	3.4	0	0
	销售价格	40	40	40	40
	税率	17%	17%	17%	3%
	销项税额	6.8	6.8	6.8	1.2
	应纳税额	3.4	3.4	6.8	1.2
整个供应链纳税总额		6.8	7.1	9.1	4.6

从表5-7分析数据可以看出，供应链中的小规模纳税人如果在供应链的中间环节，由于导致供应链中增值税进项税额抵扣链条的中断从而增加应交税金并导致整个供应链的税负增加，而在增值额最大①的接近客户端，纳税主体是增值税小规模纳税人反而有利于减小了整个供应链的税负。

5.3.3.2　纵向边界安排对供应链税负的影响

企业纵向边界对整个供应链的影响除了我们前面已经分析过的可以通过毛利水平来安排外，对于征纳环节也应当予以充分考虑。假设A公司是高档手表原材料供应商，B企业为生产企业，增值税适用税率为17%，消费税税率为20%，供应链结构如图5-13。

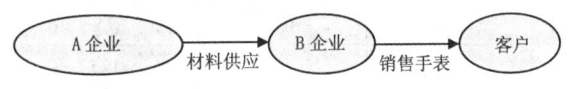

图5-13　高档手表生产企业供应链

假设A企业供应的全部原材料不含税价格为1000万元，按税法计算的利润总额200万元；B企业购进原材料价款为1000万元，销售额不含税价格为4000万元，当期可以抵扣的进项税额为180万元，其他费用2600万元，期末按税法计算的应纳税所得额额为600万元。在该供应链下，相关数据计算如表5-8所示。

---

① 前述已经分析过，当含税增值额大于20.05%时，小规模纳税人比增值税一般纳税人更有利。

表 5-8　　　　　　　　供应链税金计算表①　　　　　金额单位：万元

项目	销售额	应交增值税	应交消费税	应交企业所得税	应交税金合计
A 企业	1000	170	0	50	220
B 企业	4000	500	800	150	1450
供应链应交税款总计		670	800	200	1670

若将由 B 公司投资成立全资子公司 C 公司，并将全部销售人员转移给 C 公司，B 公司生产完后销售给 C 公司，C 公司再将手表销售给客户，则供应链变更设计为以下模式如图 5-14。

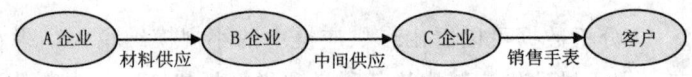

图 5-14　调整后的高档手表生产企业供应链

假设 B 企业销售给 C 企业的售价为 2000 万元，按比例转移费用 1300 万元给 C 公司，则 B 企业按税法计算的应纳税所得额为 300 万元，假设不考虑 C 公司成立费用，则按税法计算应纳税所得额为 700 万元，相关数据计算如表 5-9 所示。

表 5-9　　　　　　　调整后的供应链税金计算表　　　　　金额单位：万元

项目	销售额	应交增值税	应交消费税	应交企业所得税	应交税金合计
A 企业	1000	170	0	50	220
B 企业	2000	160	400	75	635
C 企业	4000	340	0	175	515
供应链税款总计		670	400	300	1370

从表 5-9 可以看出，由于消费税仅在生产环节缴纳，重新设计的供应链将 B 企业的销售额从 4000 万元降低至 2000 万元后，其消费税的计税基础减小，从而节约应缴纳的消费税 400 万元；但同时，消费税减少导致应交企业所得税增加 100 万元。整体税负减少 300 万元。

我们可以进一步分析，在本例中，若其他条件不变，当 C 公司成立成本可以税前一次性扣除时，C 公司成立的成本如果小于 400 万元 [300 ÷ （1

---

① 为简便计算起见，不考虑城建税金及附加等其他税费。

−25%）]，都是可以接受的；当 C 公司成立成本不允许税前扣除时，则小于 300 万元是可以接受的。

5.3.4 国际税收的供应链安排

国际税收是在开放的经济环境下，因纳税人经济活动扩大到境外、国与国之间税收法规存在差异或冲突而出现的一些税收问题和税收现象；从某一国的角度看，国际税收是一国对纳税人跨境所得和交易活动课税的法律、法规的总称[1]。国际税收研究的内容是国家之间税收分配关系的形成以及处理、协调这种关系的准则和规范[2]。

国际税收是随着国际经济活动的发展而不断发展形成的，在封闭的经济条件下，纳税人只能在一国范围内从事生产经营活动，也就不存在国际税收；而在全球化的背景下，国际贸易和跨国投资日益频繁，一国企业从境外取得收入或在境外拥有财产的情况广泛存在，各国在各自的税收管辖权范围内征税就很可能涉及跨国流动的商品和境外财产，这对从事跨国投资和国际贸易的纳税人来说，就可能同时面临在两个或两个以上国家的纳税管理问题。国际税收是各国政府对跨国纳税人的跨国所得行使征税权的表现，是一个国家对另一个国家财产权益的一种"侵犯"和"协调"，只有世界上各国广泛征收所得税并存在着跨国所得和各国征税权利的交错，国际税收才会产生[3]。从供应链的视角来看，由于整个供应链已经跨越了国界，供应链的一环或数环在其他国家或地区，必然受该国或地区税制的影响和制约，从而形成更为复杂的国际纳税管理问题。

5.3.4.1 税收管辖权在企业纳税管理中的应用

税收管辖权（Tax Jurisdiction）是国家主权在税收领域的体现，是一国政府在其主权所及范围之内所拥有的不受干涉的征税权力。不同国家可以依据国际法上的属人原则和属地原则，结合本国经济、法律和社会状况，选择适用不同类型的税收管辖权[4]。税收管辖权的确立原则包括属地主义原则和

---

[1] 朱青：《国际税收》[M]，中国人民大学出版社 2011 年 4 月第 5 版，第 2—3 页。
[2] 杨志清：《国际税收》[M]，北京大学出版社 2010 年版，第 13 页。
[3] 同上书，第 20 页。
[4] 刘剑文：《税法学》[M]，人民出版社 2002 年版，第 124 页。

属人主义原则。属地主义原则要求以纳税人的收入来源地或经济活动所在地为标准，确定国家行使税收管辖权，也称属地原则；而属人主义原则要求以纳税人的国籍和住所为标准，确定国家行使税收管辖权，也称属人原则。与一个主权国家的政治权利范围相适应，一个国家可以按照属地原则和属人原则来确立税收管辖权，从而也就有了收入来源地管辖权和居民管辖权两种基本的税收管辖权。

尽管各国对税收管辖权的认识不一，但几乎所有国家都按属地主义原则实行了收入来源地管辖权，即都在收入来源基础上"从源征税"。要求跨国企业对"经济税收事项的发生地"所在国承担有限的纳税义务。但同时多数国家的税收制度又都是按属地原则和属人原则兼用收入来源地管辖权和居民管辖权，即在"从源征税"的同时又着眼于纳税人的"居民身份"，要求跨国纳税人对其居住国承担无限或全面的纳税义务[①]。虽然各国实施的税收管辖权不尽相同，从整体上来看，世界主要国家的税收管辖权都是以其中一种管辖权为主，而以另一种管辖权为辅，世界主要国家或地区的税收管辖权实施情况如表5-10[②]。

表5-10　　　世界主要国家（地区）税收管辖权一览表

序号	税收管辖权类型	主要国家或地区
1	同时行使收入来源地管辖权和居民管辖权	中国、阿富汗、澳大利亚、孟加拉、印度、斐济、印度尼西亚、日本、韩国、马来西亚、新西兰、巴基斯坦、新加坡、泰国、斯里兰卡、西萨摩亚、哥伦比亚、萨尔瓦多、洪都拉斯、秘鲁、奥地利、比利时、捷克、斯洛伐克、丹麦、芬兰、德国、意大利、挪威、波兰、希腊、西班牙、瑞典、瑞士、土耳其、英国、爱尔兰、卢森堡、摩纳哥、荷兰、法国、南斯拉夫、俄罗斯、加拿大等
2	单一行使收入来源地管辖权	中国香港地区、文莱、阿根廷、玻利维亚、巴西、多米尼加、厄瓜多尔、危地马拉、尼加拉瓜、巴拿马、巴拉圭、乌拉圭、委内瑞拉等
3	同时行使收入来源地管辖权和公民管辖权	罗马尼亚、菲律宾
4	同时行使收入来源地管辖权、居民管辖权和公民管辖权	美国、墨西哥

---

① 杨志清：《国际税收》[M]，北京大学出版社2010年版，第54页。
② 同上书，第56页。

从表 5-10 可以看出，亚洲、欧洲、北美洲的大多数国家和地区都同时行使收入来源地管辖权和居民管辖权；而单一行使收入来源地管辖权的国家和地区多为拉丁美洲国家和地区。只有罗马尼亚和菲律宾等少数国家同时行使收入来源地管辖权和公民管辖权；也只有美国、墨西哥等少数国家同时行使收入来源地管辖权、居民管辖权和公民管辖权。

各国不同管辖权的实施，可能存在收入来源地管辖权与居民管辖权的重叠，也可能存在居民管辖权与居民管辖权的重叠、收入来源地管辖权与收入来源地管辖权的重叠，从而导致两个甚至多个国家对跨国纳税人的同一税源或征税对象交叉重叠征税。由于国际重复征税问题不仅给供应链上纳税主体的切身利益带来重大影响，也给国际经济活动和国家间的税收利益分配带来不同程度的影响，尽管大多数国家都采取积极态度，力求寻找合理的途径和方式来处理跨国纳税人的国际重复课税问题，以使其税收负担公平。国际上通常是采取单边的限制本国税收管辖权的规定，如免税法[①]和抵免法[②]；或采用双边方式的双边税收协定[③]和多边方式的多边税收协定[④]。但无论采用单边限制本国税收管辖权的规定还是采用税收协定，其最终所采用的具体方法主要有免税法、扣除法[⑤]、低税法[⑥]和抵免法几种。

免税法是指居住国政府对其居民来源于非居住国的所得，在一定条件下免予征税，免税法是以承认收入来源地管辖权独占地位为前提的。在实际应用中，免税法又有全额免税和累进免税。在全额免税的情况下，对来源于居

[①] 我国的《中华人民共和国外商投资企业和外国企业所得税法》对外商投资企业和外国企业的分回股息和红利给予免税政策，2008年1月1日随着《中华人民共和国企业所得税法》的实施而废止。

[②] 我国的《中华人民共和国企业所得税法》对我国居民企业来自境外的所得给予直接抵免和间接抵免待遇。

[③] 截至2010年，我国已经与世界各国签署了93个税收协定。我国内地与香港、澳门地区签署了避免双重征税和防止偷漏税的税收安排。（刘天永：《中国企业境外投资纳税指南》[M]，中国税务出版社2011年版，第54页）。

[④] 如丹麦、芬兰、冰岛、挪威和瑞典签订的，于1983年12月29日生效的北欧五国多边税收协定。

[⑤] 如新西兰规定，对本国居民来自英联邦成员国的所得已缴纳的所得税，可以用抵免法，而对来自英联邦成员国以外国家的所得已缴纳的所得税，则列入费用，在应税所得中扣除。（杨志清：《国际税收》[M]，北京大学出版社2010年版，第78页）。

[⑥] 如新加坡规定，对本国居民来自英联邦成员国的所得已缴纳的所得税，提供税收抵免待遇，而对来自英联邦成员国以外的非缔约国家的所得已缴纳的所得税，则实行低税率办法。（杨志清：《国际税收》[M]，北京大学出版社2010年版，第79页）。

住国以外的全部所得免予征税，仅就其国内所得征税，这种方式下，可以避免纳税人跨国收入的双重征税问题，但居住国的财政损失较多，所以采用国只有法国、澳大利亚及部分拉美国家。而累进免税法是指对其居民来自于居住国以外的所得不征税，但在对国内收入征税时所适用税率时有权将其从居住国以外取得的收入综合考虑。这种累进免税既承认非居住国政府收入来源地管辖权的独占行使，也考虑了居住国的财政收入和纳税人的纳税能力，比较符合"税负公平"原则，但这种方式的前提是居住国的所得税税率采用累进税率并通过双边税收协定加以确立，也不能完全消除对跨国纳税人的国际重复征税问题。

扣除法是指居住国政府在对本国居民的国外收入征税时，允许其将所负担的国外税款作为费用从其应税所得中扣除，就扣除后的余额部分征税[1]；低税法是指居住国政府对其居民国外来源的所得，采取较低的税率标准征收税款。这两种方法都只能减轻而不能彻底消除对跨国纳税人的国际重复征税问题。

抵免法是指居住国政府对其居民在非居住国以外的所得已在非居住国缴纳的所得税税款，允许从其应汇总缴纳的本国政府所得税税款中抵扣。这是解决国际重复征税问题的有效方法，也是国际通行做法。我国《企业所得税法》第二十三条规定，居民企业来源于中国境外的应税所得已在境外缴纳的所得税税额，可以从其当期应纳税额中抵免，《经合组织范本》和《联合国范本》也将抵免法列为供签订税收协定的国家选择避免双重征税的一种方法[2]。抵免法有直接抵免和间接抵免两种。所谓直接抵免是指居住国的纳税人用其直接缴纳的外国税款抵减其在居住国应缴纳的税款；间接抵免是指居住国的纳税人用其间接缴纳的国外税款抵减其在居住国缴纳的税款。间接抵免是在一国的母公司在境外拥有子公司并从子公司按股权比例分回税后利润的情况下，由于子公司已经在当地缴纳公司所得税，母公司分回的税后

---

[1] 原《中华人民共和国外商投资企业和外国企业所得税法实施条例》第二十八条规定，外国企业在中国境内设立的机构、场所取得发生在中国境外的与该机构、场所有实际联系的利润（股息）、利息、租金、特许权使用费和其他所得已在境外缴纳的所得税税款，除国家另有规定外，可以作为费用扣除；而修订后的所得税法对其进行了修改。《中华人民共和国企业所得税法》第二十三条规定，非居民企业在中国境内设立的机构、场所取得发生在中国境外的与该机构、场所有实际联系的应税所得，其已在境外缴纳的所得税税款，可以从当期应纳税额中抵免。即由"扣除法"修改为"抵免法"。

[2] 朱青：《国际税收》[M]，中国人民大学出版社2011年版，第67页。

利润必然负担了子公司所在国的税款（Underlying Tax），而母公司所负担的这一部分税款并非母公司直接缴纳，而是一种间接缴纳。母公司在其居住国用这笔国外税款抵减居住国应交税款就是一种间接抵免。

由于各国税收管辖权的交叉重叠现象，对于供应链中的跨国纳税主体而言，当同一纳税主体的同一笔收入在收入来源地根据收入来源地管辖权对这一所得缴纳税款后，其居住国又要对这一收入按照居住国居民管辖权缴纳一次所得税，尽管国际社会为避免国际重复征税采取了多种解决方法，但由于税制的复杂性，必然增加企业的纳税遵从成本和纳税管理难度。从另一方面来看，由于税收管辖权的不一致性，为企业纳税管理提供了空间，在设计供应链结构时可以采用以下做法完善纳税管理。

1. 利用企业居所的转移进行纳税管理。

由于在承认居民管辖权的国家里，判定公司企业居民身份的标准主要有注册登记地、总机构所在地、实际管理机构所在地等标准。如在采取登记注册地标准的国家和地区，只要调整登记注册地点，就可以不成为居民纳税人而不必承担无限纳税义务。供应链主体可以在不改变整个供应链需求的情况下，充分利用居所转移来规避税收负担。利用居所转移进行纳税管理的核心就是实现公司居所的"虚无化"，使其不具备居住国或行为发生地控制和管理地点的所有实质特征。尤其是在电子商务条件下，由于国际互联网交易中消费者可以匿名，制造商在虚拟的仓库中存储货物而容易隐匿住所，商务交易的供应链可以随时延长或缩短而成本低廉，交易的结算方式灵活多样，尤其是电子货币的广泛使用等更使得电子商务的交易难于监管。如果税务管理当局读不到全部信息就无法判断电子交易的实际情况，从而使得各国税务当局对纳税人的这种无纸化交易监管变得更加困难。尤其是电子商务交易的流动性很强，可以成本低廉地将交易地点安排在国际避税地从而规避本国税收。

2. 选择企业组织形式进行纳税管理。

当企业选择对外投资时，一般可以选择设立分支机构还是子公司，分支机构包括分公司和常设办事处等办事机构。采用分支机构可以避免对股息、利息、特许权使用费征收预提所得税，便于将税后利润转回居住国，而且发生亏损时往往可以冲减总机构的利润[1]，从而降低整体税负。但分支机构不

---

[1] 我国《企业所得税法》第十七条规定，境外营业机构的亏损不允许抵减境内营业机构的盈利。

具有法人地位，相关风险均由总机构承担，分支机构一般不能享受对参股所得的免税优惠，一般不能享受当地政府为子公司所提供的税收优惠政策，分支机构利润分回后，总机构应就其全部所得缴纳税款，当总机构税率高于分支机构时，分支机构无法获得低税国给与的减免税好处等等。以中国现行税制为例，分公司与子公司税务比较如图5－15①。

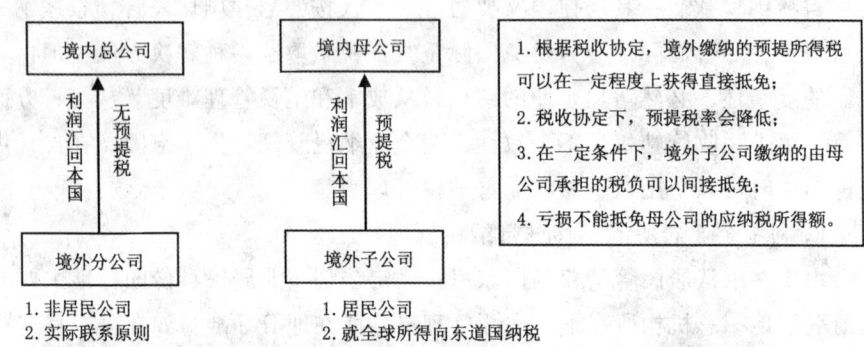

图5－15　中国企业境外投资设立子公司与分公司税务比较图

从上述分析可以看出，在进行供应链主体的组织形式设计时，可以考虑在营业初期以分支机构的形式进行经营管理；当分支机构实现盈利后，再转变为子公司。

3. 利用收入来源地管辖权进行纳税管理。

对纳税人收入来源地的判断标准与居民身份判断标准一样具有重要意义，征收所得税的国家无一不是实行属地原则的，而实行属地原则的前提是纳税人有来源于本国所得；其次，许多国家对本国居民来源于不同国家或地区的所得实施抵免政策，而其国内征税时能否全额抵免国外已征税款额也与不同来源国的税率有着直接关系。

与居民身份判断标准所不同的是，来源地标准往往因所得项目不同而不同。如大陆法系的国家对经营所得采用常设机构标准作为纳税人经营所得来源地标准；而英美法系的国家比较侧重于采用交易或经营地点来判定经营所得的来源地。对劳务所得也通常有劳务提供地标准、劳务支付地标准和劳务合同签订地等不同标准；对投资的股息、红利所得一般采用分配股息、红利

---

① 刘天永：《中国企业境外投资纳税指南》[M]，中国税务出版社2011年版，第45页。

的公司居住地；对利息所得一般采用借款人的居住地或信贷资金的使用地标准；对特许权使用费一般以特许权使用地，特许权所有者的居住地为特许权使用费的来源地，或以特许权使用费支付者的居住地为特许权使用费的来源地。对财产所得来源地的判定，各国一般均以不动产的实际所在地为不动产收入的来源地。在厘清收入来源判断标准后，就可以充分利用收入来源地管辖权的差异来安排交易行为，如增加供应链环节来改变收入来源地以达到减小税负的目的。

假设有某跨国公司的母公司在中国，在美国设有一家子公司，该子公司要向中国支付一笔 100 万美元的利息，假设中美两国没有签订税收协定，则根据来源地标准，子公司应就该笔款项缴纳在美国缴纳 30% 的预提所得税，即可以汇回的股息为 70 万美元。供应链结构如图 5-16。

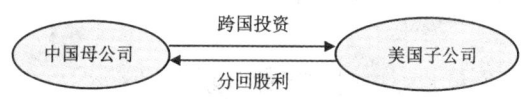

图 5-16 股利分回供应链

现想办法改变收入来源地，由中国母公司在香港地区设立全资子公司，再由香港子公司对美国子公司进行控股。假设中国大陆和香港地区、香港地区和美国均有双边协定，且预提所得税税率均为 5%，则调整后的供应链结构如图 5-17。

图 5-17 重新设计后股利分回供应链

改变供应链结构后，美国子公司向香港子公司支付股息时，扣缴 5% 的预提所得税，即 5 万美元所得税款，香港子公司汇回中国总公司款项 95 万美元时，仍需扣缴预提所得税款 4.75 万美元，从整个供应链来看，扣缴预提所得税共计 9.75 万美元，比没改变前少扣缴预提所得税 20.25 万美元。当然，由于中国母公司应就境内境外全部所得计算缴纳企业所得税税款，并对境外所得已缴税款实施限额抵免，按照现行税制规定，在未改变前供应链结构前分回的 70 万美元允许抵扣的所得税限额为 25 万美元，超过抵扣限额的 5 万美元允许在以后年限抵免。而改变后分回的

90.25万美元，经过直接抵免和间接抵免后，仍应当按国内所得税税率缴纳所得税15.25万美元。从纳税管理的角度，将股利留置香港是对供应链最为有利的。

从上述分析可以看出，极端情况下，充分利用税收管辖权的差异以及对居民身份判定标准和收入来源地判定标准的差异，可以为企业寻求国际纳税管理空间，从而使跨国企业集团和跨国供应链中的纳税主体有可能避开任何国家和地区的纳税义务，如著名的朗勃避税案[①]。

5.3.4.2 国际避税港在企业纳税管理中的应用

国际避税港（Tax Havens）即国际避税地，通常是指那些可以被人们借以进行所得税或财产税国际避税活动的国家和地区，它的存在是跨国纳税人得以进行国际避税活动的重要前提条件[②]。国际避税地一般可以分为以下几种类型。

1. 完全免征所得税和一般财产税的国家和地区。

这类国家和地区也称纯避税港或传统避税港。是指所涉国家或地区税收法律制度简易，税种较少，仅课征少量的间接税，不课征包括个人所得税、公司所得税等在内的全部所得税和一般财产税。属这一类型的国家和地区目前主要有巴哈马、百幕大、淄鲁、哥斯达黎加、瓦努阿图、开曼群岛、维尔京群岛、索马里、圣皮埃尔岛、密克隆岛、特克斯和凯科斯群岛、汤加等。其中以巴哈马共和国和百幕大最为典型。

2. 所得税课征仅实行地域管辖权的国家和地区。

该类国家和地区虽然课征所得税，但税率一般较低且仅对居民和非居民来源于境内的所得行使征税权，而放弃对来源于国外或境外所得的征税权。这类国家和地区主要有巴拿马、委内瑞拉、阿根廷、哥斯达黎加、巴西、多米尼加、巴拉圭、泽西岛、马来西亚、文莱、新加坡以及中国香港特区等。其中较为典型的是新加坡和巴拿马。

---

① 著名的朗勃避税案就是利用管辖权真空得以实现的。其路径是：英国人朗勃将一种汽轮机叶片的发明专利转让给卡塔尔的一家公司获得47500美元的技术转让费，但由于朗勃不是卡塔尔居民而不必向卡塔尔政府交税，从而避开卡塔尔的纳税义务；同时朗勃将其英国的住所卖掉，移居中国香港，以住所不在英国为由免于向英国纳税，而根据香港特区税收法规规定，香港特区实行属地原则，不对来源于本地以外地区的所得征税，因此，朗勃通过一系列的运作，最终完全避开了所有纳税义务。

② 朱青：《国际税收》[M]，中国人民大学出版社2011年版，第101页。

3. 免征某些所得税的国家和地区。

这些国家和地区或放弃对个人所得税的征税权而仅征收公司所得税；或免征公司所得税而仅行使对个人所得税的征税权。这类国家和地区主要有格林纳达、鳄鱼岛、科威特、沙特阿拉伯、约旦、伊朗、阿曼等。其中较为典型的是鳄鱼岛和科威特。

4. 征收所得税但对境外所得适用低税率的国家和地区。

这类国家和地区在行使居民税收管辖权时，虽课征个人和公司所得税、公司财产净值税和个人财产税，但对居民来源于境外的所得，实行优惠税率，明显低于境内所得适用的税率，以此来吸引外资。属于这一模式的国家和地区主要有海峡群岛、库克群岛、伯利兹、荷属安的列斯群岛、巴巴多斯、蒙特塞拉特岛以及安提瓜岛等，其中较为典型的是安的列斯群岛和巴巴多斯。

5. 虽然征收所得税和一般财产税，但税率较低的国家和地区。

该类国家和地区虽然征收所得税和一般财产税，但税率较低、税负较轻。这一类型的国家和地区主要有阿尔德尼岛、安道尔、安圭拉、巴林、英属马恩岛、坎彭、塞浦路斯、直布罗陀、根西岛、以色列、牙买加、泽西岛、黎巴嫩、利比里亚、埃塞俄比亚、列支敦士登、圣赫勒拿、圣文森特、萨克岛、斯匹次卑尔根群岛、瑞士（一些州和市镇除外）、汤加、阿根廷、哥斯达黎加、委内瑞拉、海地、巴拿马、马来西亚等。其中较为典型的是列支敦士登、塞浦路斯。

由于国际上并不存在一种超国家的政治权力来制衡各国税收制度，因而各国完全是根据自身发展的实际需要来制定相应的税收法律制度，各国经济发展水平、财政税收状况、税收征管能力、税收管理文化的等各不相同，必然导致各国税制存在广泛差异，而国际避税港的广泛存在，更加剧了国际范围内的税率与税基的不均衡性，正是这种税率和税基的广泛差异，为国际间纳税管理提供了广阔的地域空间和政策空间。充分利用国际避税港进行纳税管理不仅是可行的，也是目前世界范围内跨国公司最常用、最普遍使用的纳税管理方式之一。

在供应链设计中，尤其是跨国集团公司将供应链的一环或数环设置在国际避税港，将会大大降低跨国集团和供应链的整体税负，如国际上普遍采用的诸如在避税港设立中间控股机构、国际金融公司、国际贸易公司、国际许可公司等做法不一而足。其纳税管理的基本路径如下所述。

在国际纳税管理实践中,实际的(不进行纳税管理情况下)简易应链结构如图 5-18 所示。

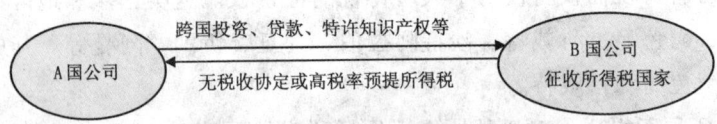

图 5-18 实际的(不进行纳税管理情况下)应链结构

由于 A 国与 B 国没有税收协定且 B 国征收高额预提所得税,当 A 国公司向 B 国公司提供投资、贷款、特许知识产权等,从 B 国收回股息、利息或特许权使用费时,首先必须向 B 国缴纳高额的预提所得税,回国后,仍必须就来源于 B 所得向 A 国承担纳税义务,尽管 A 国往往可以抵免境外已经缴纳的税款,但仍应按本国税法计算缴纳税款,尤其是在限额抵免的情况下,当 B 实际缴纳的预提所得税大于抵免限额时,将大大加重 A 公司的税负,同时也增大了供应链的整体税负。为降低税负,经过纳税管理设计后,其供应链结构如图 5-19 所示。

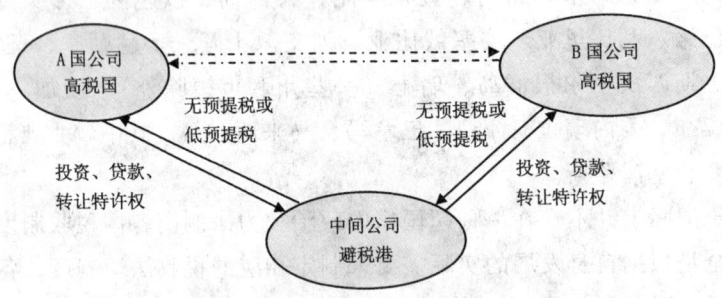

图 5-19 在避税港设立中间公司的供应链结构

5.3.4.3 利用延期纳税进行国际避税

如果一国政府为鼓励本国居民企业海外子公司的发展,对本国居民从国外分回的股息红利等,在汇回本国以前不需缴纳税款,只有在股息、红利等汇回本国后才要求缴纳税款,跨国母公司可以通过在避税港设立子公司,利用转移定价方式,将利润转移到子公司后长期滞留在海外子公司而获得推迟纳税的资金时间价值①。

5.3.4.4 利用国际税收协定进行供应链安排

国际上大多数国家都签署了双边或多边国际税收协定。根据国际税收协定，缔约国双方分别向对方国家的居民提供一定的税收优惠，有的甚至将预提税②率降到了0。这不仅为缔约国双方进行纳税管理提供了便利，也同样为第三国居民利用税收协定避税提供了有利条件。其初始路径如图5-20所示。

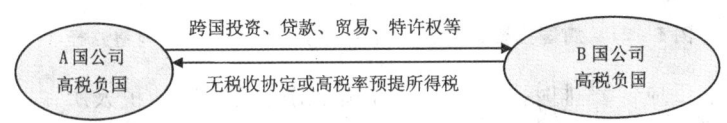

图5-20 跨国投资、贷款、贸易、特许知识产权等初始路径

由于A国公司与B国公司都在高税负国家，当A公司从B公司中收回股息、红利或特许权使用费时，就会面临高额的所得税税负，因此，往往利用第三国双边或多边国际税收协定来进行供应链安排，其结构往往如图5-21所示。

5.3.4.5 利用税收优惠政策进行国际税收管理

世界各国都有各种各样的税收优惠政策，如对特定行业或经营方式提供差别税率、加速折旧、专项免税、亏损结转、减免税期间③等。在进行国际

---

① 为规避国际延期纳税，《中华人民共和国企业所得税法》规定对非居民企业取得的"在中国境内未设立机构、场所的，或者虽设立机构、场所但取得的所得与其所设机构、场所没有实际联系的，来源于中国境内的所得"应缴纳的所得税，实行源泉扣缴，以支付人为扣缴义务人。税款由扣缴义务人在每次支付或者到期应支付时，从支付或到期应支付的款项中扣缴。并同时规定，由居民企业，或者由居民企业和中国居民控制的设立在实际税负明显低于25%税率水平的国家（地区）的企业，并非由于合理的经营需要而对利润不作分配或者减少分配的，上述利润中应归属于该居民企业的部分，应当计入该居民企业的当期收入。

② 即预提所得税的简称，指一国政府对没有在该国境内设立机构的外国公司、企业和其他经济组织从该国取得的股息、利息、租金、特许权使用费所得，实行由支付单位按支付金额扣缴所得税的制度。

③ 如2008年以前《中华人民共和国外商投资企业和外国企业所得税法》规定，在我国设立的生产性外商投资企业，经营期限在10年以上的，从获利年度起，可享受2年免征、3年减半征收所得税优惠政策，因此，部分外商投资企业在经营期限满10年以后又摇身一变，转为新的外商投资企业，以获得减免税优惠。

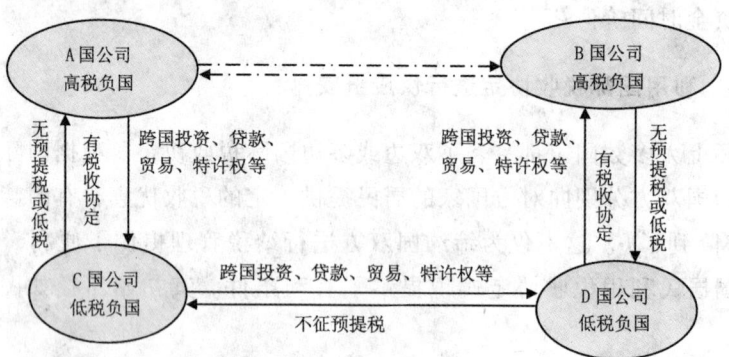

图 5-21 跨国投资、贷款、贸易、特许知识产权等调整路径

纳税管理的供应链安排时,企业必须首先充分运用居民纳税人所在国的税收优惠政策,再考虑国际税收协定和避税港的应用,否则可能不仅不能获得税收优惠,反而增加了税负。以目前我国企业海外上市通常采用的"红筹模式"为例,我国海外上市的"红筹模式"供应链结构一般如图 5-22。

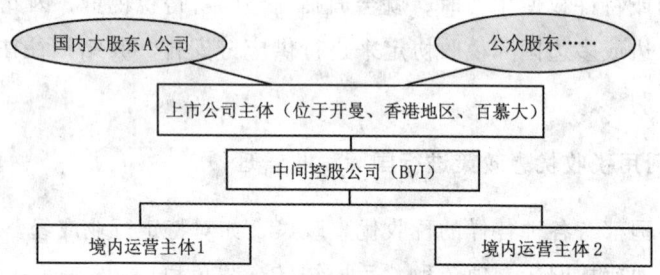

图 5-22 "红筹模式"下的资本供应链结构

在现有"红筹模式"下,尽管中间控股公司和上市公司主体都设立在著名的国际避税港,由于其收入来源地都是中国境内,因此可以免征中间控股公司和上市公司主体的所得税和财产税。但由于我国实行属地征管与属人征管相结合的原则,除对居民纳税人进行全额征税外,还将对来源于中国境内所得计算缴纳所得税税款。

假设境内运营主体 1 和境内运营主体 2 分别获得 1000 万元和 2000 万元的利润总额,由于该两机构均属于中国居民企业,因此就全部收入向我国税务机关按 25% 的税率①规定缴纳企业所得税,即分别由运营主体 1 缴纳企业

---

① 假设不属于国家税收优惠政策范畴的企业,如高新技术企业等(适用 15% 的税率)。

所得税 250 万元、运营主体 2 缴纳企业所得税 500 万元，共计应缴纳企业所得税款 750 万元。

当该利润 100% 分回给 BVI 公司时，还需要按照企业所得税法和国际税收协定，按 10% 分别由运营主体 1 代扣代缴预提所得税 75 万元、运营主体 2 代扣代缴预提所得税 150 万元，共计应代扣代缴预提所得税款 225 万元[①]。

中间控股公司 100% 汇回利润给上市公司主体时，由于两者均位于避税港，不需要再缴纳任何税款；但当国内大股东 A 公司从上市公司主体分回利润时（假设持股 50%），由于上市主体分回利润前在境外未缴纳税款，因而抵免限额为 0 元，因此应就分回的利润 1012.5 万元（［3000 – 750 – 225］×50%）应并入 A 公司当期利润全额缴纳企业所得税，在不考虑其他减免税因素的情况下，该笔收入还应当缴纳企业所得税款 253.13 万元。从供应链整体来看，缴纳税款总额为 1228.13 万元。但如果熟悉中国大陆税收法律法规，将中间控股公司、上市主体公司都按照《国家税务总局关于境外注册中资控股企业依据实际管理机构标准认定为居民企业有关问题的通知》（国税发 [2009] 82 号）和《国家税务总局关于印发〈境外注册中资控股居民企业所得税管理办法（试行）〉的公告》（国家税务总局公告 2011 年第 45 号）的规定，申请为我国居民企业，则境内运营主体 1 和境内运营主体 2 分别将利润分给中间控股公司、中间控股公司将利润分给上市主体公司，上市主体公司再分回利润给境内大股东 A 公司，就可以全部免征所得税，从而可以使整个供应链减少所得税税款 478.13 万元。

综上所述，企业纳税管理的企业外部供应链安排是一个非常复杂的系统工程，它不仅与一国税制中具体的税种、税目、税率有关，而且与供应链的构成主体性质、组织形式、数量、交易方式等等密切相关。无论供应链结构怎样安排，要实现供应链主体之间的税负转嫁和整体税负最小化，进行合理有效的纳税管理，无论是国内企业之间的关联交易还是跨国企业间的国际贸易，都必须与转移定价的合理安排相配合。转移定价在供应链税负最小化中的应用，将在第七章中予以进一步论述。

---

① 原《中华人民共和国外商投资企业和外国企业所得税法》规定，对外商投资企业分回利润，免征预提所得税，但 2008 年 1 月 1 日以后，随着《中华人民共和国企业所得税法》的实施，对来源于境内所得均需按规定扣缴预提所得税。

第6章

企业纳税管理的环境分析

　　企业的战略形态是在某一时点上所处的综合状态,这种状态是企业自身条件和外部环境综合决定的,它决定了企业的赢利能力以及未来的发展走势。在普遍存在税收的社会环境下,企业纳税管理作为企业战略管理的重要组成部分,无可厚非地成为企业实现其战略目标的重要手段。企业纳税管理是纳税人对现有税收环境的一种反应和适应,这种适应不仅仅是降低税负,更是完善内部控制制度、降低税收风险、争取纳税人合法权益的必然选择。

　　企业所处的内、外部环境对纳税管理的成败有着至关重要的作用,也是企业进行纳税管理赖以生存的土壤。影响企业纳税管理的外部环境主要有宏观经济环境、税收环境、法制环境等;内部环境主要有组织架构、人员安排、纳税意识、纳税人的素质以及纳税人所拥有的纳税信息量等。企业内、外部环境共同作用,影响和制约着企业的纳税管理水平。

6.1
宏观税收环境对企业纳税管理的影响

宏观税收环境是企业进行纳税管理所依赖的重要的外部环境，是影响或决定税收制度产生、运行及其成效的各种外部因素的总和。宏观税收环境有广义和狭义之分，广义的宏观税收环境包括政治法制环境、经济科技环境、社会文化环境、生态环境、国际环境等；而狭义的宏观税收环境包括国家税制环境、法制环境、经济环境、产业政策环境等。一般而言，宏观税收环境是由国家一系列的税收法规、制度以及纳税人的纳税意识共同决定的，离开了税收环境，企业的纳税管理将无从谈起。

6.1.1 国家税制对企业纳税管理的影响

税收制度简称税制，是国家通过法定程序确定的，用以调整国家与纳税人之间税收征纳关系的规范，包括国家制定的各种税收法律、法规、条例、实施细则和征收管理制度等[1]。一般而言，国家税收制度的制定是由一国经济体制、政治体制和文化历史共同决定的，国家的政治、经济、文化环境不同，所采用的税收制度不同，对税制各构成要素的规定也不同；另外，随着经济、特别是经济全球化进程的加快，为了适应这一经济形势的变化，国家税制也会相应进行调整。

6.1.1.1 国家税制概述

国家税制是国家进行宏观调控的重要手段之一，其对一国经济和纳税人作用的发挥主要是通过对税制构成要素的不同规定来进行的。具体而言，尽管各国的税制迥异，但构成税制的要素基本都包括征税对象、纳税人、税目、税率、计税方法、纳税环节、纳税期限、纳税地点、减免税和违章处理等。国家根据一国经济发展的要求，通过调整或改变税制要素中的一项或几

---

[1] 谷成：《中国税制》[M]，清华大学出版社2010年版，第11页。

项，来满足国家公共管理的需要，实现调控经济运行的目标。

在对国家税制的研究中，除税制的构成要素外，税制结构是另一个极其重要的课题，它是一国税制体系建设的主体工程。税制结构是指一个国家根据其生产力发展水平、社会经济结构、经济运行机制、税收征管水平等各方面情况，合理设置各个税类、税种和税制要素等而形成的相互协调、相互补充的税制体系和布局[①]。合理地设置各类税种，从而形成一个相互协调、相互补充的税制体系，是有效发挥税收职能作用的前提，也是充分体现税收公平与效率原则的有力保证。

税制的分类有很多种方法，按照不同的标准分类会形成不同的税制结构。各国普遍采用的是按照税种特点标准进行的分类，分为以商品税为主体的税制结构、以所得税为主体的税制结构和商品税和所得税并重的双主体税制结构；另外，按照税负能否转嫁的标准可以分为直接税和间接税。由于各国经济发展水平、税收政策、税收征管能力和税收文化方面存在着差异，所以各国的税制结构也有着很大的区别。发达国家及工业国家以直接税为主，多采用以所得税为主体的税制结构，而发展中国家以间接税为主，所以大多采用以商品税为主体的税制结构或双主体的税制结构（如表6-1所示）。

表6-1　　世界各国所得税与资本利得税占税收收入总额的比重

国家类别	国家数量/个	所得税和资本利得税（A）（%）	社会保障税（B）（%）	A+B（%）
工业国家	23	33.6	23.2	56.8
工业发达国家	14	34.3	29.1	63.4
发展中国家	92	20.6	8.4	29.0

资料来源：IMF. 引自Cedric Sandford. Why Tax System Differ. 2000 [②]。

6.1.1.2　最优税制理论

最优税制理论研究的是政府在信息不对称的条件下，如何征税才能保证效率与公平的统一问题。信息的不对称使得政府在征税时丧失了信息优势，

---

① 黄桦：《税收学》[M]，中国人民大学出版社2011年版，第189页。
② 转引自熊萧：《国家税收》[M]，清华大学出版社2010年版，第205页。

在博弈中处于一种不利的地位,在自然秩序作用下无法达到帕累托最优[①]状态,因此只能通过制度的安排,使之接近于最优状态。此时,最优税制理论悄然兴起。

最优税制理论是建立在市场状态假设、政府行为能力假设和标准函数假设的基础上的,是研究兼顾效率原则与公平原则构建合理的税制体系的学说。

早期的最优税制理论是拉姆齐(Ramsey)于1927年提出的最优商品税理论。在一系列假设条件下,拉姆齐得出,对商品课税的最优税率与该商品的需求弹性成反比。一般来说,生活必需品的需求弹性很小,而高档品的需求弹性相对较大,拉姆齐法则要求,有效率的税收应对生活必需品课以高税率,而对高档品课以低税率。

1953年,科利特(Corlett)和黑格(Hague)对拉姆齐(Ramsey)法则进行了补充,提出了对闲暇征税的设想,对于闲暇呈互补关系的商品课较重的税,而对与闲暇呈替代关系的商品课较轻的税。1987年,斯特恩(Stern)对拉姆齐法则进行了修订,他认为,对于高所得阶层偏好的商品,无论弹性多高都应确定高税率课以重税;对于低所得阶层偏好的商品,即使弹性很低也应确定一个较低的税率。

与最优商品税假定不存在公平问题相反,最优所得税最初的研究对效率采取了完全忽略的态度。最具代表性的人物是埃奇沃思(Edgeworth)。他提出,当每个人的边际牺牲相等时(纵向公平原则),社会效用损失最小,这就意味着最大边际税率为100%。当收入达到某个等级时,当事人的所有增加的收入都将用以交换税收,这样,一个非常大的可能性是高收入者将放弃工作,选择闲暇。由于损失了效率,政府的收入反而低于课征低税率的收入。显然,该理论具有一定的局限性,该税制没有对努力工作的人提供激励反而对其征收更多的税,缺乏公平性。

1946年,维克雷(Vickrey)提出现代最优所得税理论。他认为,如果政府能够观察到各种不同类型的人的生产能力差别,知道各种纳税人的纳税能力差别,政府就可以对不同的人征收不同的税率。这种税制结构在一定程

[①] 帕累托最优是指资源分配的一种理想状态,即假定固有的一群人和可分配的资源,从一种分配状态到另一种状态的变化中,在没有使任何人情况变坏的前提下,也不可能再使某些人的处境变好。换句话说,就是不可能再改善某些人的境况,而不使任何其他人受损。

度上兼顾了公平和效率，但由于现实中大量不对称信息的存在，如何在二者之间寻求最佳的平衡点是需要进一步思考的问题。

1971年，诺贝尔经济学奖获得者詹姆斯·莫里斯（Mirrlees）对激励条件下最优所得税问题作出了经典性研究。在考虑了劳动能力分布状态，政府最大化收益，劳动者最大化效用以及无不定性、无外部性等一系列严格假定的情况下，他得出了一系列引人注目的结论，即政府在使社会目标函数最大化的前提下，社会完全可以采用低累进的所得税税率来实现收入的分配，对高工资率和低工资都应课以零（边际）税率。并在此基础上，莫里斯（Mirrlees）进一步提出了最适所得税税率的倒"U"形理论。

此外，最优税制理论还研究了直接税和间接税的最优均衡问题，该理论认为，二者应是一种相互补充而非相互替代的关系，二者结合应成为较为理想的税制模式。

在实践中，最优税制理论对各国税收制度的制定都产生了较为深远的影响，各国在制定税收制度时，"公平"和"效率"成为各国一贯遵循的原则和目标。如我国在"十二五"时期，将"简税制、宽税基、低税率、严征管"作为税制改革的原则，并不断向税收公平和效率的方向迈进。税制改革是世界各国特别是发展中国家里的企业不得不面对的新的税收环境，企业应顺应这一变化，审时度势，高瞻远瞩，适时调整纳税管理战略。最优税制理论与公平、效率的税制原则不仅应成为国家制定税收制度的理论依据，更应该成为企业进行纳税管理的方向指引。

6.1.1.3 国家税制对企业纳税管理的影响

国家税制的调整或改变，必然导致企业面临新的外部税收环境。在新的外部环境下，企业必然会对宏观税收环境及其自身的行为取向进行博弈分析，从而探寻新税制下企业纳税管理的新方法。因此，明确国家税制对企业纳税管理的影响至关重要。该影响因素主要体现在以下几个方面：

1. 税收负担。

税收负担是衡量纳税人因缴纳税款而承担的经济负担水平的重要指标，包括宏观税收负担和微观税收负担。税收负担水平的高低直接影响着企业纳税管理的决策，是企业进行纳税管理的重要参考指标，影响着企业纳税管理的广度和深度。在同一个国家或各个不同国家，由于地区间或国家间经济发展不平衡，各个地区或国家间的纳税人所承担的税收负担也会有较大差异，而这种差异直接影响着企业的投资决策,影响着企业纳税主体的设立以及经营决策的选择。在经济总量不变的前提下,企业所承担的税收负担水平直接决定了企业占有的自有资金量,而自有资金量的大小从根本上决定着企业的经营行为,从而影响着企业纳税管理决策。

2. 税制要素。

税制要素在一国的税收制度中占有重要的地位,税制要素的变化将直接导致税收环境的改变,也将直接影响着企业的税负水平,对企业纳税管理策略的选择和改变有着重要的影响。如国家提高对某项商品的适用税率,那么经营该商品的纳税人的税收负担必然相应提高,根据企业利润最大化的经营原则,企业必然会调整纳税管理措施,减少该高税率商品的经营,转而增加其他同类商品的经营。这就是税收的替代效应所带来的企业纳税管理决策的变更。因此,企业需时刻关注税制要素的变化,在新的税制环境下,作出有利于企业和整体供应链利润最大化的选择。

3. 税收政策。

税收政策是国家税收制度的构成主体,税收政策的差异性、选择性和鼓励性是企业进行纳税管理主要的空间,同时也为企业纳税管理提供了决策依据。如地区之间的税收政策差异、行业税率的差异、企业税收政策的可选择性、核算方法的选择性、国家鼓励性商品与限制性商品的税率差异以及各项税收优惠等,都是企业进行纳税管理的重要参考。税收政策的复杂性使企业纳税管理的难度不断增加,也使企业进行纳税管理的必要性逐步提高。

另外,由于客观环境以及人们认知能力的限制,税收政策本身也不可避免地存在漏洞和空白,而这些漏洞和空白往往容易被企业利用,成为企业进行纳税管理的空间。但这些漏洞和空白并不是永恒存在的,随着税制的不断完善和变动,企业的纳税管理必然要制定新的决策,否则会导致企业的涉税风险。

4. 递延纳税(税款递延、通货膨胀)。

由于货币资金具有时间价值,递延纳税往往成为企业进行纳税管理的重要选择。因为税款延迟缴纳不仅有利于企业资金的周转,而且相当于企业的无息贷款,无需支付利息,特别是在持续通货膨胀的环境中,将缴纳税款的时间后延,更能有效地减少企业的实际支出。可见,递延纳税给企业带来的经济利益效果明显,影响着企业的纳税管理决策。

6.1.2 产业政策对企业纳税管理的影响

国家产业政策是企业进行纳税管理所面对的另一重要宏观经济环境，也是国家加强和改善宏观调控、引导和优化产业结构调整、促进国民经济健康快速可持续发展的有力举措。世界各国的经济发展经验表明，每一次经济上的重大飞跃大都是伴随着产业政策的调整实现的。产业政策的调整使劳动与资本在全国或全球范围内进行重新分配，从生产效率较低的产业转向生产效率较高的产业，给经济发展以新的动力，从而促进经济的快速发展和产业结构的进一步合理化。

6.1.2.1 产业政策概述

产业政策是指国家为了实现一定的经济和社会目标而对产业的形成和发展进行干预的各种政策的总和。其实质是针对产业活动中出现的资源配置的"市场失灵"情况而实行的政策性干预。其中"干预"的含义比较广泛，包括规划、引导、促进、调整、保护、扶持、限制等内容。

一般而言，产业政策包括产业组织政策、产业结构政策、产业技术政策和产业布局政策，以及其他对产业发展有重大影响的政策和法规。其中产业结构是资源在产业之间的配置结构，产业组织结构是资源在产业内部的配置问题，产业布局结构是资源在空间上的配置问题。各类产业政策之间相互联系、相互交叉，形成一个有机的政策体系，对一国的资源配置、弥补市场缺陷、调整产业结构、熨平经济震荡等都具有举足轻重的作用。

经过多年的调整和完善，目前，我国逐步形成了以产业为导向的政府干预经济的体制。我国的经济发展规划始终具有产业选择性，如对一些能提高国家竞争力、对产业升级起重要作用的特定产业，国家采取支持性的产业政策，通过注入资本金、财政补贴、发行债券、债转股等手段来予以支持；对于国家鼓励的传统产业改造以及成长性的战略产业，将在一定时期内采取减免税的办法来鼓励其发展；对于大多数属于竞争性产业范畴的企业和产品，将采取优胜劣汰的竞争性产业政策，国家将从公平的投资税收政策、严格的技术质量标准、规范的反垄断法规和快速的市场信息服务等四个方面来为之创造公平、公正和透明的政策环境；对污染环境、技术水平落后、严重供大于求的产业，对其实行限制性产业政策；在不违背世贸组织法律框架的前提下，对诸如农业、服务业等国际竞争能力较弱的产业和一些幼稚产业，实施适度的保护性政策。

6.1.2.2 产业政策基本理论

产业政策的理论渊源是西方古典经济学的国际分工和比较优势理论，到后来的发展经济学。其基本理论有市场失灵理论、赶超战略理论和国际竞争理论。

1. 市场失灵理论。

市场失灵是市场机制派生出来的经济问题，又称市场失败或市场失效，是与市场效率相对应的一个概念。产业政策主要是政府针对市场失灵而采取的一种补救措施。日本经济学家小宫隆太郎指出："产业政策的中心课题，就是针对在资源分配方面出现的'市场失灵'采取对策。"

2. 赶超战略理论。

赶超战略理论是在总结后发国家实现赶超目标的成功经验的基础上所得出的理论认识，较好地阐述了"为什么后发国家在实现赶超过程中比发达国家更多地运用产业政策"的奥秘。事实证明，由于"后发优势"的存在，发展中国家完全可能通过制定和推行合理的产业政策，来实现经济的超常规发展，缩短追赶先进国家所需的时间。

3. 国际竞争理论。

国际竞争理论强调产业政策是当今世界各国更好地参与国际竞争的需要。由于经济全球化和世界经济一体化趋势的出现，国际经济关系和国际分工体系正在经历前所未有的变化，各国经济都面临着新的机遇和挑战。在这种形势下，各国政府都迫切需要以产业政策为基本工具，审时度势，充分发挥政府的经济职能，增强本国产业的国际竞争力，从而维持或争取本国产业在经济全球化过程中的优势地位。

6.1.2.3 产业政策对企业纳税管理的影响

税收政策通过影响企业利润进而影响企业纳税管理决策的选择，企业的决策选择影响着企业进入某一行业的数量，从而影响着该产业的行业规模和市场均衡。因此，可以说，国家通过对某一行业的税收政策进行调整，从而引导企业服从国家产业政策目标。可见，税收是政府引导产业结构调整从而促进经济增长方式转变的重要经济杠杆。

对于国家支持、鼓励、保护性的产业实施积极的税收政策，通过降低税率、税收优惠、税收减免等手段，促进产业结构的优化。如为推动我国文化、新能源、新材料、节能环保、公共安全等产业链高端产业的扶持和鼓励，国家实行了一系列的减税措施，在税收政策给予支持[1]，鼓励这些产业的快速发展，提升国家的核心竞争力。企业应该根据国家的产业政策导向，适时调整企业的产品结构，合理安排产业链上下游产品的供销，充分利用税收优惠，进行全面纳税管理，促进企业整体供应链价值增值。

对于国家限制性的产业实施消极的税收政策，通过提高税率、加计征税等手段，限制某一行业的发展，从而减少该行业在整个产业结构中的比重，达到优化产业结构的目的。如为限制我国高能耗、高污染、资源型项目等产业链低端产业的发展，国家普遍实行重税措施。因此，企业应该根据国家的政策导向，明确投资导向，合理安排生产，避免进入高税负、低价值的产业，不断提高供应链管理价值。

6.1.3 国际税收协定与税收竞争

一国政府对跨国纳税人的跨国所得或收益进行征税，将会涉及与其他有关国家政府之间的税收分配关系[2]。如何处理这种分配关系，才能不限制或阻碍国家之间的经济交往，缔结国际税收协定是较为必要的一种方法。

6.1.3.1 国际税收协定

1. 国际税收协定的定义与分类。

国际税收协定是指两个或两个以上的国家为了协调相互间在处理跨国纳税人征纳事务方面的税收关系，依照平等原则，通过政府间谈判所缔结的确定其在国际税收分配关系的具有法律效力的书面税收协议。它是国际税收的

---

[1] 如《财政部、国家税务总局关于扶持动漫产业发展增值税、营业税政策的通知》（财税 [2011] 119 号）规定：对属于增值税一般纳税人的动漫企业销售其自主开发生产的动漫软件，按 17% 的税率征收增值税后，对其增值税实际税负超过 3% 的部分，实行即征即退政策。动漫软件出口免征增值税。对动漫企业为开发动漫产品提供的动漫脚本编撰、形象设计、背景设计、动画设计、分镜、动画制作、摄制、描线、上色、画面合成、配音、配乐、音效合成、剪辑、字幕制作、压缩转码（面向网络动漫、手机动漫格式适配）劳务，以及动漫企业在境内转让动漫版权交易收入（包括动漫品牌、形象或内容的授权及再授权），减按 3% 税率征收营业税。

[2] 杨志清：《国际税收》[M]，北京大学出版社 2010 年版，第 235 页。

重要内容，是各国解决国与国之间税收权益分配矛盾和冲突的有效工具。

按照不同的分类标准，国际税收协定的分类有很多种。按参加国多少，国际税收协定可以分为双边税收协定和多边税收协定。其中双边税收协定是指只有两个国家参加缔约的国际税收协定，是目前国际税收协定的基本形式；而多边税收协定是指两个以上国家参加缔约的国际税收协定，是国际税收协定的发展方向。按其协调的范围大小，可以分为一般税收协定和特定税收协定。其中一般税收协定是指各国签订的关于国家间各种国际税收问题协调的税收协定；而特定税收协定是指各国签订的关于国家间某一特殊国际税收问题协调的税收协定。

目前，国际上已签署的税收协定已超过4000个[1]。截至2011年5月底，我国已对外正式签署96个避免双重征税协定，其中93个协定已生效，和我国的香港、澳门两个特别行政区签署了税收安排[2]。

2. 国际税收协定的内容。

目前，国家之间缔结的国际税收协定在很大程度上受《OECD协定范本》和《UN协定范本》的影响及制约，其结构及内容基本上与两个范本一致，都包括以下内容：

（1）国际税收协定适用的范围。

①人的适用范围。一切双边税收协定只适用于缔约国双方的居民，外交代表或领事官员的外交豁免权除外。

②税种的适用范围。各类税收协定一般将所得税和一般财产税列为税种适应的范围。

③领域的适用范围。一般的税收协定规定各缔约国各自的全部领土和水域。

④时间的适用范围。一般国际税收协定在缔约国互换批准文件后立即生效，通常没有时间限制。

（2）国际税收协定基本用语的定义。

①一般用语的定义解释。一般用语的定义解释主要包括"人"、"缔约国"、"缔约国另一方"、"缔约国一方企业"等。

②特定用语的定义解释。特定用语对协定的签订和执行具有直接的制约

---

[1] 杨志清：《国际税收》[M]，北京大学出版社2010年版，第237页。
[2] 数据来源：国家税务总局网站。

作用，必须对特定用语的内涵和外延做出解释和限定。如"居民"、"常设机构"等。

③专项用语的定义解释。国际税收协定中有一些只涉及专门条文的用语解释，一般放在相关的条款中附带给定义或说明。

(3) 税收管辖权的划分。对各种所得征税权的划分，是双边税收协定中包括的一项主要内容。各国对所得的征税有不同的内容，涉及的所得范围各不一样，但总的来看，可分为四大项：一是对营业所得的征税；二是对投资所得的征税；三是对劳务所得的征税；四是对财产所得的征税。

(4) 避免双重征税的方法。在签订税收协定时，还应考虑采用什么样的方法来避免对优先行使征税权而已征税的那部分所得的重复征税。如何在免税法、抵免法和扣除法中选择采用方法以避免国际间重复征税，如果缔约国双方确定给与对方跨国纳税人的全部或部分优惠以饶让，也必须在协定中列出有关条款加以明确。

(5) 特别规定。除了上述基本的规定之外，缔约国之间还需在税务行政协助等方面做出一些特别规定，以便妥善处理各国税收关系。这些特别规定主要有税收无差别待遇条款、税收情报交换和相互协商程序等。

①税收无差别待遇。税收无差别待遇原则在国际税收协定条款规定中具体表现为：

第一，国籍无差别条款。即缔约国一方国民在缔约国另一方负担的税收或者有关条件，不应与缔约国另一方国民在相同情况下负担或可能负担的税收或有关条件不同或者比其更重，禁止缔约国基于国籍原因实行税收歧视。

第二，常设机构无差别条款。即缔约国一方企业设在缔约国另一方的常设机构的税收负担，不应高于缔约国另一方进行同样业务活动的企业。

第三，扣除无差别条款。缔约国一方企业支付给缔约国另一方居民的利息、特许权使用费和其他款项，应与在同样情况下支付给本国居民一样，准予列为支出。

第四，所有权无差别条款。即资本无差别条款，是指缔约国一方企业的资本不论是全部还是部分、直接或间接为缔约国另一方一个或一个以上的居民所拥有或控制，该企业税负或有关条件，不应与该缔约国其他同类企业不同或比其更重要。

②税务情报交换。《OECD 协定范本》和《UN 协定范本》都规定，

缔约国双方主管当局应交换为实施本协定的规定所需要的情报,或缔约国双方关于本协定所涉及的税种的国内法及按此征税与本协定不相抵触的情报。

③相互协商程序。缔约国财政部门或税务主管当局之间通过缔结互助协议,完善相互协商程序,用以解决有关协定使用方面的争议和问题。该程序是各税务主管当局之间的一个讨论程序,旨在尽可能找到为各方所能接受。

3. 国际税收协定的法律属性。

国际税收协定是建立在缔约国国内税法基础之上的,也就是说,先有国内税法,然后才有国际税收协定。此外,对于本国与他国签订的国际税收协定,只有国内法律将其纳入国内税法体系,该协定才能生效①。在国际税法这一综合性的法律体系中,各国相互间签订的双边或多边税收条约,就像联系和衔接缔约国的国内相关税制的桥梁和纽带;而缔约国各自的国内相关税法制度,就像是维系和支撑这座桥梁的桥墩或桥头堡。缔约国国内有关税法上主张的征税权,在适用于具有跨国性质的征税对象和纳税人时,需要经由国际税收条约这座桥梁加以规范协调;国际税收条约中协调缔约国各方对各种跨国征税对象的征税权冲突的原则和规定,必须通过缔约国各自的国内税法中相应的实体和程序性规则的配合施行,方能有效地避免对跨国征税对象和纳税人的国际重复征税和双重未征税,同时防止国际逃税和避税现象的发生和泛滥②。

当国内法和国际税收协定不一致时,目前世界上大多数国家都规定国际税收协定处于优先执行的地位,我国也不例外③。可见,国际税收协定具有国内法和国际法的双重属性,如图 6-1 所示。

6.1.3.2 税收竞争

进入 21 世纪,经济全球化的趋势日益明显,资金流、货物流、信息流正以前所未有的规模和速度在全球范围内流动,逐利的属性必然导致资本流向那些能够产生丰厚利润的国家和地区,为了有效吸引外资,各国都在努力

---

① 朱青:《国际税收》[M],中国人民大学出版社 2011 年版,第 234 页。
② 蔡庆辉:《有害国际税收竞争的规制问题研究》[M],科学出版社 2010 年版,第 i 页。
③ 《中华人民共和国所得税法》第五十八条规定:"中华人民共和国政府同外国政府订立的有关税收的协定与本法有不同规定的,依照协定的规定办理。"

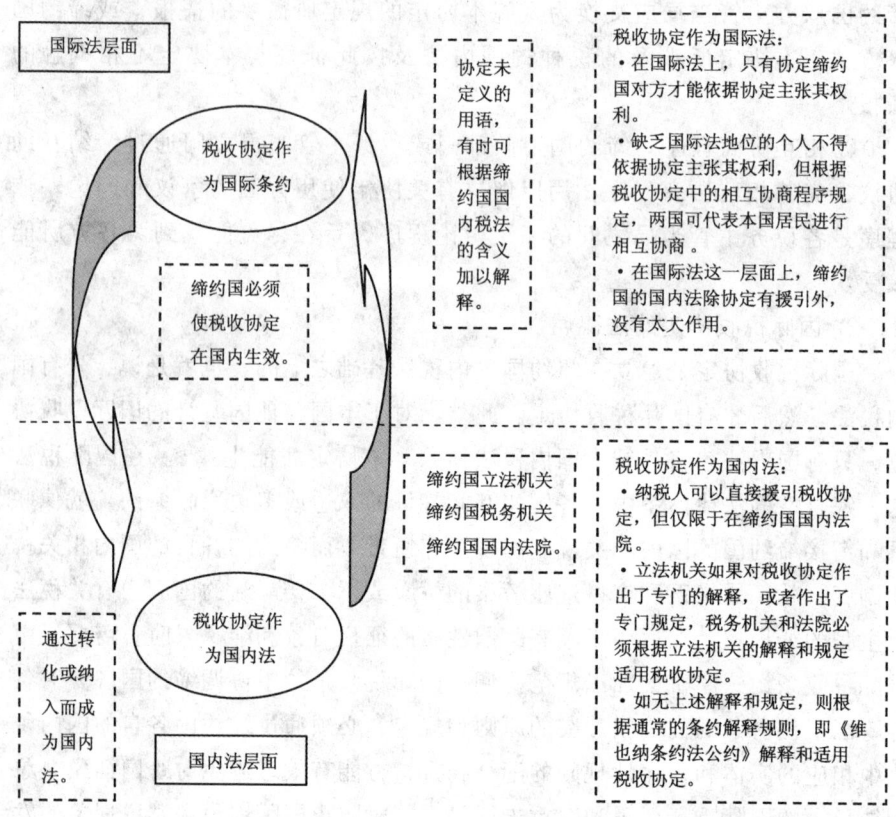

图 6-1 国际税收协定的双重属性

资料来源：ATO. Income Tax：Interpreting Australia's Double Tax Agreements. TR2001/13. 引自陈延忠：《国际税收协定解释问题研究》[M]，科学出版社 2010 年版，第 15 页。

通过各种手段和优惠政策吸引外资，而税收无疑成为其中的一个重要手段，在吸引外资方面发挥着重要的作用。各国税收政策的差异，促使经济主体在全球范围内进行税收套利，这便不可避免地对一国的税收收入、税收制度以及经济效率产生重要的影响，不但使一国内政府和纳税人之间形成博弈，而且在国家与国家之间也形成了博弈，由此导致了税收竞争的产生。

1. 税收竞争的概念。

税收竞争是经济全球化发展的结果，是全球范围内各国竞争的一种表现形式。美国宾夕法尼亚州立大学迪金沙法学院的巴克（Barker）教授认为："国家部分或全部放弃其对经济活动的征税权，并导致本国有效税收少于其他国家有效税收的结果。税收竞争是一种国家旨在吸引或阻止经济活动的有目的的典型行为。"① 国内学者靳东升认为税收竞争是指政府通过税收手段，吸引经济资源到自己的管辖范围，促进本地区经济发展的一种自利行为②。通过国内外学者对税收竞争的定义，可以得出以下结论：

（1）国际税收竞争是全球化背景下，各国政府为了追求本国利益，通过税负水平的差别，以降低纳税人税收负担为主要手段，来吸引或阻止国际流动性生产要素，促进本国的经济增长的一种经济行为。

（2）国际税收竞争的前提是经济全球化。在经济全球化的背景下，信息交流、智力资本、金融资本在全球范围内的快速流动，为一国吸引全球经济资源成为可能。

（3）国际税收竞争的主体是一国政府，其实现手段是税制设计和政策调整。

（4）国际税收竞争的存在，导致各国税制更加差异化。

2. 税收竞争的分类。

按照不同的标准，税收竞争可以分为不同的类型。

（1）按税收竞争的范围划分，可将税收竞争分为国内税收竞争和国际税收竞争。在国内，由于各地区资源和税源存在差异，地方政府为了各自利益，在各地区政府之间发生的税收竞争普遍存在。在国际领域，由于各国税法存在差异，各国都拥有独立的税收管辖权，因此，国家之间的税收竞争也在所难免。

（2）按税收竞争的对象划分，可以分为广义的税收竞争和狭义的税收竞争。广义的税收竞争是针对国际流动性资源，诸如资本、技术、人才以及商品而展开的广泛、多种形式的税收竞争；而狭义的税收竞争是指具有特定意图的具体的税收竞争。

（3）按税收竞争的后果划分，可以分为正常的税收竞争和有害的税收竞争。正常的、适度的税收竞争能使世界资源在国家和地区之间得到有效配置，提高供应链在全球范围内的运行效率；而有害的税收竞争则会损害国家的税收主权，导致竞争国税收优惠收益的禀赋下降，削弱国家的财政收入，使公民得不到足够的公共品的供给，阻碍了资源在全球范围内的优化配置。

---

① Barker W. B. Optimal international taxation and tax competition：overcome the contradiction [J]. Northwestern Journal of International Law and Business, 2002, (7): 8.

② 靳东升：《论国际税收竞争与竞争性的中国税制》[J]，《财贸经济》，2003年第9期，第73页。

3. 税收竞争的影响。

税收竞争是经济全球化的产物,是国际税收关系发展的一种必然结果,它在为全球经济带来积极作用的同时,也存在一定的负面效应,特别是"有害税收竞争"的存在,在一定程度的阻碍了全球化的进程。

(1) 税收竞争的积极影响。税收竞争的积极影响主要表现在以下几个方面:

①有利于促进本国经济的增长。税收竞争的主要方式是降低税率、提供税收减免和税收优惠、设置避税地以及延期纳税等,而这些方式的采用对资本具有很强的吸引力,使资本纷纷流入,最终促进一国经济的增长。据世界银行对两类国家近20年的数据分析,发现在那些选择向企业征收较少税收的国家,经济增长更快;而选择以高税负来筹集资金和提供更多公共服务的国家,其经济增长就要慢一些。可以说,国家之间合理的税收竞争已成为一国有效分配资源的可选择的重要手段之一,低税收常常与经济的高速增长相伴随。

②有利于贯彻税收中性原则。出于各国、各地区各自利益的诉求,各国和各地方政府纷纷实行一系列扩大税基、降低税率的改革,这在一定程度上削弱了税收对经济活动的扭曲作用,从而有效地贯彻了税收中性的原则。

(2) 税收竞争的负面效应。经济合作与发展组织于1998年通过的《OECD关于有害税收竞争的报告》概括了有害的优惠税制具备的4个特点:其一是对所得实行低税率或零税率;其二是优惠税制限定在特定的范围之内;其三是税制运作缺乏透明度;其四是不能有效与其他国家进行信息交流。税收竞争的负面效应主要表现在以下几个方面:

①侵蚀各国税基,扭曲国际资源的地域流向。恶性税收竞争的根本在于吸引非居民的税基,把产业活动引向本国。优惠的税收措施将会影响跨国企业的投资决策和经营地点的选择,从而使富有流动性的资本、金融及其他服务业从高税负国转移到低税负国,侵蚀了各国税基,破坏了资源在世界范围内的合理配置。

②扭曲税负的分配,引起新的不公平。在现代社会中,税收早已成为各国财政收入的主要来源,当然,也是财政支出的重要财力支撑,如果一国税收收入不相对稳定,支出大于收入,那么政府就有可能提高缺乏弹性税基的税率,如降低流动性强的资本的税负,而提高劳动力、消费品的税负,从而造成税负的扭曲和税制的不公平。

③增加征税成本。为避免税收竞争引起的税基被侵蚀和不公平，一国有必要采取保护本国制度的措施，以避免受到他国的不利影响。另外，为保证合理课征，有必要建立国际信息网络，这又会造成税制的复杂化，从而导致征税成本增大。

因此，必须对税收竞争进行客观、全面、辩证、发展的理解，税收竞争是经济全球化进程中国际税收关系发展的一种必然现象，是国家税收主权在经济全球化进程中的一种表现形式，但过度的税收竞争反而将阻碍经济全球化的进程，因而，走"税收竞争——税收协调"之路是处理国际税收关系的应有的趋向[①]。从某种意义上说，只有依靠国际组织通过国际间的税收协调，才能在世界范围内维护公平、效率的税收环境，促进国家之间、企业之间、国家与企业之间和谐发展。

6.2 信息技术与企业纳税管理

美国未来学家托夫勒说："如果前工业社会的财富是土地，工业社会的财富是资本，那么后工业社会（信息社会）的财富就是信息。谁具备了先进的信息技术，谁就能获得更多的信息，也就能得到更多的财富，反之亦然。"[②] 因此，在新的时期，掌握各种信息资源将成为企业制胜的法宝。

6.2.1 信息的特征

在日常生活中，信息无处不在、无时不在。有关信息的定义，信息论的奠基人之一申农提出：信息是"用来消除不确定的东西"。而控制论的奠基人维纳也曾指出："信息就是信息，不是物质，也不是能量。"专门指出了信息是区别于物质与能量的第三类资源。信息是用语言、文字、数字、符号、图像、声音、情景、表情、状态等方式传递的内容。信息的含义是广义

[①] 蔡庆辉：《有害国际税收竞争的规制问题研究》[M]，科学出版社2010年版，第14页。
[②] 王君：《电子商务税收问题研究》[M]，中国税务出版社2006年版，第14页。

的、全面的，是同时涉及语法信息、语义信息和语用信息的全信息[①]。

6.2.1.1 信息的特征

信息来源于物质，但又区别于物质，它具有自身的属性特征。

（1）载体依附性。信息的表示、传播、存储必须依附于某种载体，载体就是承载信息的事物。语言、文字、声音、图像以及纸张、胶片、磁带、磁盘、光盘等，甚至人的大脑，都是信息的载体，不存在没有载体的信息。

（2）可处理性。人脑就是最佳的信息处理器。人脑的思维功能可以进行决策、设计、研究、写作、改进、发明、创造等多种信息处理活动。

（3）可存储性。信息可以脱离它所反映的事物被存储、保存和传播。正是因为信息的可存储性，我们通过书籍、录音、影响可以看见或听到以前发生的事物，而不需要把以前的真实事物保存下来的原因。

（4）传递性和共享性。信息通过交换、传递、共享之后，可以产生出更多的信息，并可以被重复使用而不会像物质和能源那样产生损耗。

（5）时效性。一般而言，信息的实效性越强，信息的价值就越大。

6.2.1.2 信息不对称理论

信息不对称理论是由美国经济学家乔治·阿克洛夫（George Akelof）、迈克尔·斯宾塞（Michael Spence）、约瑟夫·斯蒂格利茨（Joseph Stigliz）相继提出的，是20世纪现代经济学的重大突破。信息不对称理论是指在市场经济活动中，各类人员对有关信息的了解是有差异的：掌握信息比较充分的人员，往往处于比较有利的地位，而信息贫乏的人员，则处于比较不利的地位。该理论认为：市场中卖方比买方更了解有关商品的各种信息，掌握更多信息的一方可以通过向信息贫乏的一方传递可靠信息而在市场中获益，买卖双方中拥有信息较少的一方会努力从另一方获取信息，市场信号显示在一定程度上可以弥补信息不对称的问题，信息不对称是市场经济的弊病，要想减少信息不对称对经济产生的危害，政府应在市场体系中发挥强有力的作用。目前，这一理论被广泛应用到从传统的农产品市场到现代金融市场等各个领域。

[①] 钟义信、周延泉、李蕾：《信息科学教程》[M]，北京邮电大学出版社2005年版，第26—27页。

在企业纳税管理过程中，信息不对称对企业的纳税管理的影响也是较为明显的，主要体现在以下几个方面：

1. 信息不对称使企业产生非税成本。

信息不对称在企业的纳税管理中是普遍存在的，也贯穿于企业纳税管理活动的每一个环节，如设计、制定、执行、评估和反馈等各个阶段。一项有效的纳税管理活动安排并非只是该项活动的节税额度的大小，而是扣除各种非税成本后的净收益的大小，只有当二者之差大于零时，该项纳税管理活动的安排才是有效的。

非税成本是指企业因实施纳税管理所增加的非税收支出形式的其他成本，如代理成本、缔约成本、信息成本、市场交易成本、监督成本、机会成本、信息披露成本、违规成本、税收筹划咨询费用等。

企业如果想要制定有效的纳税管理方案，必须尽量将信息不对称的影响程度降到最低。换言之，企业需要掌握更高质量、更有效的信息，尽量缩减各种非税成本。

2. 信息不对称使企业忽略了"隐性税收"。

隐性税收是指同等风险的两种资产税前投资回报率的差额，即有税收优惠的资产投资的企业以取得较低税前收益率的形式间接支付给税收机关的税收。

对于企业而言，其所承担的总税收应为显性税收与隐性税收之和。能使企业实现总税收负担的最小化的纳税管理活动才是更为有效的。而信息不对称，使企业忽略了"隐性税收"的存在，使企业没有正确地计算其正确的税收负担。

3. 信息不对称使企业面临涉税风险。

诺贝尔经济学奖得主肯尼斯·阿罗曾说过："我们要获得社会或自然界中实物运作方式的知识，就必须穿过层层迷雾。"那层层迷雾就是信息的迷雾[1]。信息不对称的存在，使企业的纳税管理活动面临着众多的不确定性。而无法对全部纳税管理信息的掌握，必然使企业面临涉税风险，有时甚至企业还浑然不知。

---

[1] 蔡昌：《契约观视角的税收筹划研究》[D]，[博士学位论文]，天津财经大学，2007年。

6.2.2 纳税管理需要哪些信息

在经济全球化的背景下，信息早已进入爆炸式增长的时代，企业每天接触的信息量呈几何级数倍增，信息正在变得多样和复杂，再加上信息不对称现象的普遍存在，企业在进行纳税管理时，如何筛选有用信息，成为企业不得不面对的一个问题。通常情况下，企业进行纳税管理所需要的信息主要有供应链主体信息、税收环境信息、政府的涉税行为信息和反馈信息。

1. 供应链纳税主体信息。

在供应链的视角下，企业不仅需要掌握自身的生产经营和财务管理活动的信息，还需要掌握自身所处的供应链中各纳税主体的信息，只有如此，才能进行有效的纳税管理，这是企业在整体供应链上进行纳税管理的前提。供应链纳税主体信息主要包括供应链各纳税主体纳税管理的目标、组织形式、经营状况、财务状况、发展规划等。其中，纳税管理的目标是基础信息，是企业纳税管理的出发点和归宿，只有明确各纳税主体进行纳税管理的目标，才能制定出有效的纳税管理方案，实现供应链整体价值最大化。

2. 税收环境信息。

税收环境是企业纳税管理的外部条件，任何纳税管理活动都是在一定的税收环境中进行的，离开税收环境，企业纳税管理将失去存在的基础。管理者在进行纳税管理时，必须预先对自身所面临的税收环境进行全面、客观的分析，并在此前提下，做出合理决策。税收环境信息主要包括税收制度、税收政策、各个税种之间的关系、征纳程序、税务行政复议制度等。

3. 政府的涉税行为信息。

在经济总量既定的前提下，征纳之间是一对矛盾统一体，存在此增彼减的关系，二者基于不同的利益诉求进行相互博弈。征税人出于国家利益的考虑，在依法征税的前提下，应收尽收；而纳税人为了自身利益最大化，必然会尽可能地进行纳税安排，从而减轻自身税负。而纳税人的这种纳税安排有可能与政府的课税意图相违背，从而使企业面临涉税风险。因此，纳税人必须了解政府的相关涉税行为，就政府对纳税人可能的行为反应作出合理预期,以增强纳税管理的成效。政府的涉税行为信息主要包括:政府对纳税人可能涉及的避税活动的态度、政府反避税法规和措施,政府反避税的运作规程等。

4. 反馈信息。

纳税人的经营状况以及所面临的税收环境并不是一成不变的,而是时刻处于变化的、动态的过程中,那么,纳税管理方案在执行的过程中效果如何,是否还适应已经变化了的环境,这就需要纳税管理者时刻关注各种反馈信息,适时进行调整,以消除不利影响。

6.2.3 信息在纳税管理的作用

信息是企业纳税管理中重要的要素,在企业纳税管理中发挥着重要的作用。

1. 信息是企业纳税管理活动的前提。

企业在纳税管理中只有明确掌握各种涉税信息,才能进行有效的纳税管理,信息是企业纳税管理活动的前提。否则,企业的纳税管理活动犹如空中楼阁,缺乏支撑,不可避免地面临各种涉税风险,给企业带来不必要的损失。

2. 信息是纳税管理过程中的思维活动的依据

企业的纳税管理活动是在一定的时间、一定的税收环境、一定的信息量等外部条件的基础上进行的,具有明显的时效性,当外部条件发生变化时,企业的纳税管理活动必须做出相应的调整。而这种纳税管理活动的调整和更新,并不是管理者的主观臆断,而是需要有效信息作为依据,在掌握大量信息的基础上开展的。

3. 信息是纳税人与外部环境沟通的纽带。

纳税管理者借助信息来认识外部环境,又通过信息传递、共享把他的思维活动的结果以指令方式作用于外部世界。纳税管理者根据外部环境的变化状况调整企业的纳税管理活动,同时又根据纳税管理实施状况和效果的反馈信息来调整自身的纳税管理活动。这样的信息流贯穿于企业纳税管理的始终,是企业与外部环境沟通的重要纽带。

综上分析,企业纳税管理是企业基于特定税制环境下的一种战略性规划。宏观税制必须满足国家特定时期的经济发展需要,以及国际税收竞争的广泛存在,导致各主体之间的经济业务所涉及的税收负担可能存在显著差异。基于供应链视角的企业纳税管理是以整个供应链为管理对象的,随着信息在供应链内部的广泛共享,供应链为追求整体利益最大化,将促进供应链在全球范围内的重构。一旦"供应链竞争"替代了"企业竞争",供应链的纳税管理将对现行的国家税制和国际税收竞争格局形成重大挑战,也将对国家税收征管提出更高的要求。

第7章

法律与伦理：
纳税管理的供应链管理理念

  法律和伦理是衡量人们社会经济行为的基本标准。法律是国家制定或认可的，由国家强制力保证实施的，以规定当事人权利和义务为内容的具有普遍约束力的社会规范。伦理是指在处理人与人、人与社会相互关系时应遵循的道理和准则。法律是成文的制度性标准，尽管在不同的国家和不同的时代，法律被赋予了不同的含义，但一成不变的是：法律是被国家赋予的强制性社会规范。而伦理是被社会广泛认同的非成文的道德规范。商业伦理是商业社会商业与社会关系的基础，商业伦理研究的主要是商业主体应该遵循的商业行为原则和规范、树立优良的商业精神等商业道德问题；与法律不一样，违反法律，将会受到相关法条规定的惩戒，违反伦理不一定会受到惩戒。

法律和伦理构成了经济自由与和谐的基础。商业契约中所弘扬公平与正义的商业伦理，也必须遵循法律和道德的准绳。企业纳税管理作为企业纳税的一种全过程管理活动，不仅体现着征纳双方之间的契约关系，也体现了其他利益相关方之间的契约关系。因此一方面，纳税管理必须遵循法律法规的规范，也受到法律规范的保护；另一方面，纳税管理同样弘扬利益相关方之间的公平和正义。正是由于其弘扬公平与正义，才能得到利益相关方的认同，并最终降低贸易摩擦成本与税收遵从成本。

基于供应链视角的纳税管理必然会关注到资金流、信息流、产品流在整个供应链中流转，不仅形成资金链、信息链、物流链，同样也形成了税收链。税收在供应链的不同主体之间的转嫁和税收制度下的重新博弈，必然要求遵循相应的法制规则和商业伦理，而供应链利益各方之间的对等契约地位和税收的公平与正义，必然会引发对供应链结构的重新思考甚至变革。

供应链下纳税管理的法律与伦理分析

法律是全体公民必须遵守的"硬约束"，伦理道德是全体公民共同遵守的一种"软约束"。供应链下的税收法律与伦理和普遍的税收法律与伦理并无二致，因为构成供应链的主体是处于供应链不同环节的企业，而企业是税收的缴纳主体和管理主体。

7.1.1 供应链下纳税管理的法律分析

税收在本质上是以满足公共需要为目的，由政府凭借政治权力（公共权力）进行分配而体现的特殊分配关系[①]，是对私产的一种公然侵占，因而必须遵循法治原则，法治是建立市场经济下税收体制的核心。

---

① 黄桦：《税收学》[M]，中国人民大学出版社2011年版，第11页。

7.1.1.1 税收的法定主义

税收法定主义也称税收法定原则,是税法至为重要的基本原则,它是民主与法治原则等现代宪法原则在税法上的体现。税收法定主义原则被世界各国普遍接受,并将其写进了各自国家的宪法。英国在 1215 年 6 月由国王约翰签署的《大宪章》中规定:除固定税金外,国王若要征收其他税金必须召开贵族会议决定,否则不得向市民征收额外税金等。这被认为是税收法定原则的起源。其后,英国在 1688 年《权利法案》中第四条规定:"凡未经议会准许,借口国王特权,为国王而征收,或供国王使用而征收金钱,超出议会准许之时限或方式者,皆非法。"这可以认为是税收法定原则的确立。美国 1776 年 7 月 4 日《独立宣言》的发表和 1776 年 6 月 12 日《佛吉尼亚权利法案》中的"无代表则无课税"的提出,揭示了美国税收法定主义的萌芽;1787 年美国宪法第一条规定征税的法律必须由众议院提出,并成为法律后才能向人民征收,第一次以成文宪法的形式确立了税收的法定原则。日本宪法第 84 条规定:新课租税或变更现行租税,必须有法律规定或法律规定的条件为依据。目前,我国宪法[①]第 56 条规定"中华人民共和国公民有依照法律纳税的义务"。但该规定仅能说明公民的纳税义务要依照法律产生和履行,并未说明征税主体要依照法律的规定征税[②],作为补充,《税收征管法》[③]第三条规定,税收的开征、停征以及减税、免税、退税、补税,依照法律的规定执行;法律授权国务院规定的,依照国务院制定的行政法规的规定执行。任何机关、单位和个人不得违反法律、行政法规的规定,擅自作出税收开征、停征以及减税、免税、退税、补税和其他同税收法律、行政法规相抵触的决定。尽管《征管法》法律位阶相对较低,但毕竟构成了税收法治的基本框架。

---

① 指经 1982 年 12 月 4 日第五届全国人民代表大会第五次会议通过,1982 年 12 月 4 日全国人民代表大会公告公布施行;根据 1988 年 4 月 12 日第七届全国人民代表大会第一次会议通过的《中华人民共和国宪法修正案》、1993 年 3 月 29 日第八届全国人民代表大会第一次会议通过的《中华人民共和国宪法修正案》、1999 年 3 月 15 日第九届全国人民代表大会第二次会议通过的《中华人民共和国宪法修正案》和 2004 年 3 月 14 日第十届全国人民代表大会第二次会议通过的《中华人民共和国宪法修正案》修正后的《中华人民共和国宪法》。

② 刘剑文:《税法学》[M],人民出版社 2002 年版,第 37 页。

③ 指 2001 年 4 月 28 日第九届全国人民代表大会常务委员会第二十一次会议修订的《中华人民共和国税收征收管理法》(中华人民共和国主席令第 49 号)。

税收法定的内容，黄桦将其分为两个方面：税收的程序规范原则和征收内容明确原则，前者要求税收程序（税收立法程序、执法程序、司法程序）法定，后者要求征税内容法定①。刘剑文将其分为税收要素法定原则、税收要素明确原则、征税合法性原则②。本书从税收实体法和税收程序法两个方面，从纳税管理流程出发，将其表述为下以下几方面内容：

1. 课税要素法定原则。

税收实体法的构成要素是构成税收征纳实体法必不可少的内容。在课税要素中，征纳主体、征税对象、计税依据、税率和税收优惠是最为重要的，这些要素是决定征税主体能否征税和纳税主体的纳税义务能否成立的必要条件，因此必须且只能由立法机关在法律中加以规定。一方面，凡涉及税收课征的一切要素的内容，都必须由法律规定，凡违反法律规定的各种征税办法也属无效。另一方面，税法规定纳税人应当承担的纳税义务，必须依法承担，否则将受到法律的惩戒和制裁。

2. 课税要素明确原则。

在税法中，凡构成课税要素和税收征管秩序的部分，不仅要由法律作出专门的规定，其内容须尽量明确，不出现歧义。如果税法规定不明确，模棱两可，甚至混乱不清，就会导致误解税法或形成过大的自由裁量权。因此，对于不确定概念的使用，应当做到根据法律的宗旨和具体的事实可以明确其意义，对于不明确的税法要素和内容，由法院审查并做出解释。

3. 税收程序合法原则。

首先，税收立法程序必须合法，我国《立法法》③ 第八条第八款规定，"基本经济制度以及财政、税收、海关、金融和外贸的基本制度"只能制定法律。并于第九条规定，第八条规定的事项尚未制定法律的，全国人民代表大会及其常务委员会有权作出决定，授权国务院可以根据实际需要，对其中的部分事项先制定行政法规。因此，税法的制定程序应当遵循程序合法的原则；其次，行政执法程序必须合法。在课税要素充分满足的范围内，税务行政机关不仅没有减免税的自由，也没有不征税的自由，而必须依照法律规定履行征税职责，依章征收税款，在执法过程中真正做到"有法可依、有法

---

① 黄桦：《税收学》[M]，中国人民大学出版社 2011 年版，第 50 页。
② 刘剑文：《税法学》[M]，人民出版社 2002 年版，第 37—39 页。
③ 指 2000 年 3 月 15 日第九届全国人民代表大会第三次会议通过，2000 年 3 月 15 日中华人民共和国主席令第三十一号公布，自 2000 年 7 月 1 日起施行的《中华人民共和国立法法》。

必依"。第三,税收司法程序必须合法,税收司法程序是国家司法机关依照法律、法规规定对税务行政诉讼案件和税务犯罪案件进行审理、判决的程序。司法程序的合法性,关乎司法公正。因此,征税权、纳税法律救济权等都必须遵守法定的程序,人民在不服征税机关的征税决定或处罚决定时,有权依照一定的程序解决税务争议,维护自身的合法权益。

4. 纳税程序合法原则。

税收程序法对征纳双方的权利、义务、纳税流程等应当有明确规定,并不得违法税收立法的基本精神。纳税程序的合法性一方面要求纳税人严格按照纳税程序法规定的程序,进行纳税申报;另一方面也要求税务机关理顺现行的一些不规范的程序设置,避免因程序设置本身的不科学、不规范而产生的问题;及时完善信息公开制度,凡涉及纳税人的权利义务的,除法律法规规定应该保密的,都应向社会公开,依法允许查阅,加大外部监督的力度。

7.1.1.2 偷税、避税、税收筹划、纳税管理的法律分析

偷税也称逃税,是指负有纳税义务的纳税人,故意通过对已经发生纳税义务的经济行为进行隐瞒、虚报、少报等违法手段以逃避纳税义务,降低税收负担的行为,具有明显的违法性和欺诈性。在我国《刑法》[①] 对偷税行为有着明确的处罚规定:"偷税数额占应纳税额的百分之十以上不满百分之三十并且偷税数额在一万元以上不满十万元的,或者因偷税被税务机关给予二次行政处罚又偷税的,处三年以下有期徒刑或者拘役,并处偷税数额一倍以上五倍以下罚金;偷税数额占应纳税额的百分之三十以上并且偷税数额在十万元以上的,处三年以上七年以下有期徒刑,并处偷税数额一倍以上五倍以下罚金。"此外,刑法还对利用虚假发票进行偷逃税款,尤其是利用增值税专用发票骗取出口退税款给予了严厉的处罚规定。可见,利用偷逃税款的方式攫取经济利益,将面临巨大的税收风险和高昂的隐性成本。

避税是指负有纳税义务的单位和个人在纳税前采取各种合符法律规定的方法,有意减轻或解除税收负担的行为[②]。在国际上,越来越多的国家认为避税是错用(misuse)或滥用(abuse)税法的行为,是纳税人通过个人或企业事务的人为安排利用税法的漏洞(loopholes)、特例(anomalies)和缺

---

① 《中华人民共和国刑法》第二百零一条。
② 金鑫、刘志城、王绍飞等著:《中国税务百科本书》[M],经济管理出版社1991年版。

陷（deficiencies），来规避或减轻其纳税义务的行为，避税也已成为一种政府制止的活动。究其原因，避税虽以非违法的手段来达到逃避纳税义务的目的，但其结果与逃税一样危及国家税收，直接后果是将导致国家财政收入的减少，间接后果造成了税收制度的有失公平[①]。联合国税收专家小组认为："避税相对而言是一个比较不明确的概念，很难利用人们所普遍接受的措辞对它作出定义。但是，一般地说，避税可以认为是纳税人采取利用某种法律上的缺陷减少其本应承担的纳税数额，虽然避税行为可能被认为是不道德的，但避税使用的方式是合法的，而且不具有欺诈性质"[②]。在我国税收实践中，虽然并没有对避税规定严格的法律界定和明确的法律责任，但对纳税人不是纯粹出于正常交易动机，而是利用税法漏洞和缺陷来人为降低税负的避税行为，税务机关会采取强制性的反避税措施。如散见于我国现行税法中的调整纳税人交易成果的相关规定和《特别纳税调整规程》。

税收筹划这一概念众说纷纭。荷兰国际财政文献局（IBFD）在其编著的《国际税收辞汇》中下的定义是，"税收筹划是指纳税人通过经营活动或个人事务活动的安排，实现缴纳最低的税收"[③]。美国南加州大学的W·B·梅格斯博士在与R·F·梅格斯合著的《会计学》中说："人们合理又合法地安排自己的经营活动，使之缴纳可能最低的税收，他们使用的方法可称之为税收筹划……少交税和递延交纳税收是税收筹划的目标所在……在纳税发生之前，有系统地对企业经营或投资行为作出事先安排，以达到尽量地少缴所得税，这个过程就是税收筹划。"[④] 在我国，下面几人最具代表性。盖地教授认为，"税务筹划是纳税人依据所涉及的税境，在遵守税法、尊重税法的前提下，以规避涉税风险，控制或减轻税负，有利于实现企业财务目标的谋划、对策与安排"[⑤]。蔡昌博士将其定义为："税收筹划是纳税人在财税工作中对税收负担的低位选择行为，即纳税人在法律许可的范围内，通过对经营、投资、理财等事项的精心谋划和安排，以充分利用税法所提供的优惠政策或可选择性条款，从而获得最大节税利益的一种理财行为"[⑥]，并认为税

---

① 蔡昌：《基于契约观视角的税收筹划研究》[D]，2007年6月。
② 苏晓鲁：《偷漏税及其防范》[M]，中国劳动出版社1994年版。
③ IBFD International Tax Glossary, Amsterdam, 1988.
④ W. B. Meigs & R. F. Meigs：Accounting, 1987.
⑤ 盖地：《税务会计与税务筹划》[M]，中国人民大学出版社2010年版，第361页。
⑥ 蔡昌：《税收筹划的八大规律》[M]，中国财政经济出版社2005年版。

收筹划是一种纳税设计和战略规划活动,站在战略规划的高度,从微观和宏观两个角度,分析了税收筹划的目标与定位。可以看出,税收筹划是基于对税法的充分理解和运用的基础上,以降低税收负担和税收风险为目标的一种理财活动。因此,科学的税收筹划是遵循税法的立法意图、领悟税法精神的一种战略安排。

纳税管理是企业管理活动的重要组成部分,是在领悟税法精神的基础上,对税法合理有效的应用。通过对纳税政策的管理,可以知悉税收政策内容,了解政策导向,领悟立法精神,在现有治理结构和组织架构的条件下,构建符合企业自身条件和税法要求的纳税管理机构和设计纳税流程,充分运用纳税管理空间,努力降低纳税成本和纳税风险,在遇到税收争议时,妥善采取税收争诉管理手段,减少纳税争议带来的损失。纳税管理作为财务战略管理的重要组成部分,不仅是一种纳税设计和战略规划,更是一种全流程的综合管理。

纳税管理与税收筹划的联系与区别在于,纳税筹划是企业纳税成本管理的重要组成部分,其法律依据和目标是一致的,都是在遵循现行税制的前提下,实现企业价值最大化。但税收筹划的内容只涉及企业纳税成本控制和纳税风险管理。由于纳税成本控制在企业纳税管理中处于核心位置,因此纳税筹划的思想和方法也将贯穿企业纳税管理的始终[①]。

1. 企业纳税管理的微观目标。

企业纳税管理的内容包括企业纳税政策管理、纳税流程管理、纳税成本管理、纳税风险管理和纳税争诉管理。纳税管理可以实现的微观目标包括以下几方面。

(1) 促进企业流程再造,理顺企业内部控制制度建设。纳税管理要求我们根据企业的治理层结构、组织职能结构的现状,结合税收政策对企业纳税管理的要求,诸如税务专业人员的配备、岗位的安排以及增值税一般纳税人必须具备的条件等,要求企业重新审视整个运营管理模式,并再次对其经营管理的各个环节之间的相互关系进行审查。而审查的对象不仅仅是企业组织架构内部,还包括企业与客户之间的关系,企业与供应商、合作伙伴、企业雇员甚至竞争对手之间的关系。其涉及的范围相当广泛,几乎涵盖了企业运营战略及战术的方方面面,企业不得不推动流程再造。由于纳税管理本身

---

① 赵军红:《企业纳税管理》[M],上海财经大学出版社2007年版,第6页。

对内部控制存在一定的刚性要求,如在我国增值税一般纳税人必须能够提供准确的税务资料[①]、企业所得税采用"查账征收[②]"必须建立健全账簿,规范财务核算,正确计算盈亏,依法办理纳税申报等,为应对日益严苛的税收征管要求,企业不得不重新审视自身内部控制制度的完善程度,加速企业相关采购与付款流程、销售与收款流程、仓储保管流程、固定资产管理流程、投资与筹资管理流程、工资薪金管理流程等与税收相关的各个内部控制流程的制度建设和执行力度,从而有效地推动企业建立和完善内部控制制度。

(2) 降低企业涉税风险。涉税风险是企业经营管理活动中的重要风险之一。尽管偷税、避税、纳税管理在概念上相去甚远,但在实际纳税征管过程中,界限却很难厘清,尤其是当纳税人采用的纳税管理方式不被税收征管机关认可,或税收征管机构放大甚至是滥用征管自由裁量权时,这种税收征纳双方的争议会导致较大的涉税风险。因此,企业在设计纳税管理方案时,可以展开税务自查自检工作,利用各种技术手段在实施纳税管理方案前对涉税风险进行风险识别、风险评估、风险转移与风险消化。

(3) 寻求最佳的纳税模式,也为税收征管提供新的探索空间。纳税管理是特定企业特定环境下的个性化管理方案。但由于企业经营管理和运作存在规律性,通过纳税管理,可以寻求最佳的纳税模式,并使之系统化、规范化、制度化于企业内部管理。而且税收政策越稳定,这种纳税模式的效用会越大。

对于不同的企业,尽管有着不同的内部管理特征,但由于税收政策是针对某类经济业务而做出的规定,因而反映在纳税问题上会有着惊人的相似。一旦通过纳税管理方案的设计,成功解决了企业的某一纳税问题,就会开创一种成功的模式,并可以规律性地推演到类似企业或领域。从税收征管的角度来看,由于税务征管方处于纳税人的博弈对立面,新的纳税模式的广泛应用,必然构成税务征管的新的探索领域,进而推动税收征管方式的变革。

(4) 维护企业的合法权利。企业纳税管理是以实现财务战略为目标,

---

① 我国《增值税一般纳税人认定管理办法》(国家税务总局令第 22 号)第四条规定,对提出申请并且同时符合下列条件的纳税人,主管税务机关应当为其办理一般纳税人资格认定:(一)有固定的生产经营场所;(二)能够按照国家统一的会计制度规定设置账簿,根据合法、有效凭证核算,能够提供准确税务资料。

② 我国目前企业所得税征收方式分为查账征收和核定征收两种。《国家税务总局关于印发〈企业所得税核定征收办法〉(试行)的通知》(国税发〔2008〕30 号)文件对核定征收方式的条件做了明确规定。

首先是着力于降低税收负担;其次是构建良好的纳税环境;第三是在存在税收争议时,最大限度地争取企业合法权益。企业纳税管理方案的设计、实施、考评本身就是对企业合法权益的保护。

2. 宏观视野下的企业纳税管理。

税收作为宏观经济的调控手段之一,能否实现其终极目标受多方面因素的制约,包括税收政策的科学性、传导机制的健全程度、调控对象的反应度等。企业纳税管理是企业基于自身利益而对国家税收政策作出的合理的、良性的反应。纳税人对税收政策的反应度,直接决定了税收杠杆对国家宏观经济的调节能力。税收政策通过有效的传导机制传导到企业,企业通过设计纳税管理流程和方式,调整企业边界和企业所在的供应链结构,从而实现资源配置的优化和产业结构的调整。"这种通过纳税人自身的行为选择来达到优化资源配置的效果,是市场经济条件下政府引导资源配置的主要方式,对于宏观经济的稳定和产业结构的供求平衡有着非常重要的作用。"①

7.1.1.3 税务代理的法律分析

代理制度是商品经济发展的产物。随着早期资本主义商品经济的发展,社会分工越来越细,促使委托代理走向专业化,各种专业代理人应运而生。最早推行税务代理制的国家是日本,1911 年首先在大阪开始制定出《税务代办监督制度》。1942 年日本政府制定《税务代理士法》,在全国统一实行,这是日本现行税务代理士制度的原型。韩国政府 1958 年开始着手研究税务代理制度,并于 1961 年 9 月颁布《税务士法》、10 月颁布《税务士法施行令》、11 月颁布《税务士法则》。同年 12 月韩国财政部根据《税务士法则》,举行了第一次税务士考试,从此韩国税务士制度正式运行。美国财政部 1966 年 8 月 9 日发布的第 230 号通知,对税务代理人资格条件、程序、惩戒措施、延伸教育等作了详尽规定,成为美国税务代理的主要法规依据。

除日本、韩国、美国、英国较早实行税务代理制度外,还有许多国家也实行了不同形式的税务代理制度。在我国,1992 年 9 月颁布的《中华人民共和国税收征收管理法》第五十七条规定,"纳税人、扣缴义务人可以委托税务代理人代为办理税务事宜"。正式确立了税务代理的法律地位。1994 年

---

① 蔡昌:《基于契约观视角的税收筹划研究》[D],[博士学位论文],天津财经大学,2007 年 6 月。

9月16日，国家税务总局颁发了《税务代理试行办法》，随后，国家税务总局又以国税发（1994）211号文件向全国税务机关下达了《关于开展税务代理试点工作的通知》，强调"全面推行税务代理制度已成为税收征管改革的一项重要任务"，奠定了推行税务代理工作的基础。1995年2月28日，中国注册税务师协会成立，这是由中国注册税务师和税务师事务所组成的行业民间自律管理组织，受民政部和国家税务总局的业务指导和监督管理。1996年11月22日，人事部和国家税务总局联合颁布的《注册税务师资格制度暂行规定》（人发〔1996〕116号）对税务代理专业技术人员的执业准入控制，税务代理行为明确的规定，为税务代理事业的发展提供了制度保障。

税务代理属于民事代理中委托代理的一种，它的产生不仅取决于市场经济的发展，还取决于申报纳税方式的实施①。税务代理人是在纳税申报方式确立后，锲入纳税管理供应链中的特殊主体，构成特定的税务代理供应链（如图7-1）。税务代理是税务代理人根据纳税人、扣缴义务人的委托或授权，以纳税人、扣缴义务人的名义，依照国家税收法律和行政法规的规定，代理纳税人、扣缴义务人履行纳税义务的民事法律行为②。

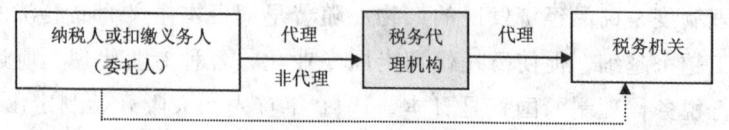

图7-1 税务代理供应链

1. 税务代理的法律关系。

由于税务代理是一项政策性很强、法律约束高的工作，不同于一般的民事代理行为。税务代理关系的确立，要受到代理人资格、代理范围的限制。在我国，《注册税务师资格制度暂行规定》第二条规定："国家对从事税务代理活动的专业技术人员实行注册登记制度。按本规定取得中华人民共和国注册税务师执业资格证书并注册的人员，方可从事税务代理活动。"第三条规定："从事税务代理业务的中介服务机构为税务师事务所，税务师事务所必须配备一定数量的注册税务师。"税务代理人员必须经过严格考试取得中华人民共和国注册税务师执业资格证书，并经省、自治区、直辖市及计划单

---

① 目前在世界范围内，税款入库方式分为直接征税方式和申报纳税方式，申报纳税方式的采用必须具备两个客观条件，其一是自觉纳税的公民，其二是法制健全的社会。

② 北京注册会计师协会：《税务代理》[M]，经济科学出版社2002年版，第3页。

列市注册税务师管理机构注册登记才可以从事代理业务；注册税务师承办代理业务，必须由所在的税务师事务所统一受理，未经国家税务总局及其授权部门的批准确认，所有机构不得从事税务代理业务。《注册税务师资格制度暂行规定》第二十一条规定："注册税务师可以接受纳税人、扣缴义务人的委托进行全面代理、单项代理或常年代理、临时代理。"

税务代理人必须拥有委托人的委托和授权才能以委托人（被代理人）的名义进行纳税事宜的代理活动[①]。《注册税务师资格制度暂行规定》第二十四条规定，注册税务师承办业务由其所在的税务师事务所统一受理并与委托人签订委托代理协议书。即税务代理关系的确立必须以签订书面委托代理协议书为依据，未经签订委托代理协议书或以口头和其他形式而开展税务代理业务不受法律保护。税务代理关系的变更、税务代理关系的终止，都应当符合法律法规的规定和协议的约定。

2. 税务代理的法律责任。

为确保税务代理活动的顺利进行，税务代理事业的健康、持续、稳定发展，必须明确税务代理双方的法律责任。在我国，规范税务代理法律责任的包括民法通则[②]、合同法[③]、税收征收管理法[④]及其实施细则和其他有关法律法规。承担的责任包括民事法律责任和刑事法律责任。

（1）委托方的责任。委托代理协议作为委托方和受托方真实意思的表示，应当全面履行委托代理协议的规定，如果委托方违反协议的规定，致使注册税务师不能履行或不能完全履行代理协议，由此产生法律后果的法律责任应当全部由委托方承担。委托人除应当按税法规定承担相应的税收法律责任[⑤]外，还应当按《合同法》的规定向受托方支付违约金和赔偿金[⑥]。

[①] 《中华人民共和国民法通则》第六十三条规定："公民、法人可以通过代理人实施民事法律行为。代理人在代理权限内，以被代理人的名义实施民事法律行为。被代理人对代理人的代理行为，承担民事责任。"

[②] 指1986年4月12日第六届全国人民代表大会第四次会议通过的《中华人民共和国民法通则》，下同。

[③] 指1999年3月15日第九届全国人民代表大会第二次会议通过的《中华人民共和国合同法》，下同。

[④] 指2001年4月28日第九届全国人民代表大会常务委员会第二十一次会议修订的《中华人民共和国税收征收管理法》，下同。

[⑤] 委托方的纳税义务并不因为委托代理关系的存在而转移给受托代理人。

[⑥] 《合同法》第107条规定，当事人一方不履行合同义务或者履行合同义务不符合约定的，应当承担继续履行、采取补救措施或者赔偿损失等违约责任。

(2) 受托方的责任。《民法通则》第六十六条规定，没有代理权、超越代理权或者代理权终止后的行为，只有经过被代理人的追认，被代理人才承担民事责任。未经追认的行为，由行为人承担民事责任；代理人不履行职责而给被代理人造成损害的，应当承担民事责任；代理人和第三人串通，损害被代理人的利益的，由代理人和第三人负连带责任；第三人知道行为人没有代理权、超越代理权或者代理权已终止还与行为人实施民事行为给他人造成损害的，由第三人和行为人负连带责任。因此，代理人越权代理或因工作失误、不按期完成代理事项等未履行代理职责，给委托方造成损失的，应由受托方承担相应的法律责任。《征管法实施细则》第九十八条规定，税务代理人违反税收法律、行政法规，造成纳税人未缴或者少缴税款的，除由纳税人缴纳或者补缴应纳税款、滞纳金外，对税务代理人处纳税人未缴或者少缴税款50%以上3倍以下的罚款。《注册税务师资格制度暂行规定》第五章"罚则"中明确规定，注册税务师未按照委托代理协议书的规定进行代理或违反税收法律、行政法规的规定进行代理活动的，由县及县以上税务行政机关按有关规定处以罚款，并追究相应的责任。注册税务师从事税务代理活动，触犯刑律、构成犯罪的，由司法机关依法惩处。

(3) 共同法律责任。《民法通则》第六十七条规定，代理人知道被委托代理的事项违法仍然进行代理活动的，或者被代理人知道代理人的代理行为违法不表示反对的，由被代理人和代理人负连带责任。因此，如果税务代理机构或代理人员相互勾结，偷税漏税，共同违法的，应按共同违法处理，双方都要承担法律责任，触犯刑律、构成犯罪的，由司法机关依法惩处；此外，代理人员还应当按照《注册税务师资格制度暂行规定》的规定，注销其注册税务师注册登记，收回执业资格证书，禁止其从事税务代理业务。

3. 税务代理的原则。

税务代理作为一种特殊的民事代理行为，应当遵循以下原则：

(1) 依法代理原则。各项税务代理，必须以现行的税收法律、法规为依据，在既定的法律规范和程序下进行，这是税务代理的前提；税务代理必须在授权范围内进行。任何违法代理或越权代理行为都应当承担相应的法律责任。

(2) 自愿原则。税务代理属于委托代理，代理行为发生的前提必须是代理双方自觉自愿。纳税人可以根据《税收征管法》的规定，有选择委托或不选择委托代理的自由；代理人也可以根据委托事项的内容、性质、以及自身的条件决定是否接受委托的自由。只有双方自愿，委托关系才能形成。

（3）客观公正原则。客观公正原则是由中介机构的性质和地位决定的，税务代理人处于征纳双方的中间位置，必须站在公正的立场上，按照国家税收法律、法规的规定以及税务机关依据法律法规作出的征管决定，维护国家税收利益；另一方面，也要根据税收法律法规的规定，维护纳税人、扣缴义务人的合法权益。任何偏向行为都会有失公允。

（4）严格管理原则。税务代理人作为社会中介，应当独立行使代理权，优质高效地完成纳税人、扣缴义务人委托代理事项，并对委托代理过程中获得的涉及委托方的生产经营情况和相关数据等商业秘密严格保密；又要依法宣传税法，依法代理缴纳税款，维护国家利益。因此，税务中介机构必须严格自我管理，依法开展税务代理活动。

（5）有偿服务原则。首先，税务代理是智力服务，税务代理实行有偿服务是对智力劳动的尊重，体现智力服务和知识转让的价值，符合市场经济规律；其次，税务代理机构是独立法人，是自收自支、自负盈亏、依法纳税的中介机构，实行有偿服务是其得以正常运转和持续发展的基础。因此，应当遵循有偿服务原则。

7.1.2 供应链下纳税管理的伦理分析

7.1.2.1 企业纳税管理的伦理分析

著名经济伦理学家乔治·恩德勒在《面向行动的经济伦理学》中指出，经济伦理学的中心任务是"为在所有的经济行为层次上改进整个决策过程的伦理质量而做出贡献"。市场经济伦理是人们在市场经济活动中应当共同遵守的最起码的道德准则，是保证社会经济活动有序运行的协调机制。

构成税收的基本因素有具体和抽象两种含义。前者通称税收制度要素，后者指税收分配关系要素。税收分配关系要素包括税源、负税人、税收负担率及行使课税权的国家。其中，税源是税收的来源。负税人是最终负担税款的主体，税收负担率是负税人所负税款占其收入的比率。除这些要素外，国家作为行使课税权的主体也是一个重要的因素。这些要素组合在一起，构成了国家与经济单位及个人之间在税收分配中的社会关系。这种关系是客观存在，不以税法规定为转移，并因此而形成了复杂的税收伦理关系。税收伦理既包括了税收征管伦理，即税收的公平与正义；也包括企业纳税管理伦理，即互利、适度、诚信、守法等。

1. 企业纳税管理的伦理特征。

企业纳税管理的伦理特征是指企业纳税管理活动所应当具有的基本道义精神及其应当遵循的基本道德前提。企业纳税管理的伦理特征正是基于企业纳税管理的基本问题而形成的伦理规范，是开展纳税管理活动，尤其是供应链下企业纳税管理活动的基本前提。"在过去，业务流程是在企业独立运行条件下定义的。而现在，它被描述为连续互动的整个企业群的运作。业务流程已经成为一条横贯组织的红线，一个企业的业务流程相对于其他企业来说，不再是分散和孤立的，而是连绵不断，相互依存，反应迅速的一个整体的一部分。"① 由于企业纳税管理对企业整个业务流程的管理，这种广域的企业纳税管理具有多种属性和前提，而伦理属性是其重要的一面。其主要特征包括：

（1）伦理的永恒性和历史性。伦理道德的发展有其永恒性和历史性，从古代中国的老子、孔子以及古希腊的柏拉图、亚里士多德，到近代的马克思、凯恩斯以及现代社会的普遍伦理观，无不对人类社会的和平、正义、公平等普遍价值观予以高度重视和弘扬；但在不同历史时期，对伦理道德观念又有其特定的时代内涵。恩格斯在《反杜林论》中曾感叹："善恶观念从一个民族到另一个民族、从一个时代到另一个时代变更得这样厉害，以致他们常常是相互直接矛盾的。"企业纳税管理是近期提出的新的管理理念，不仅受到永恒的道德伦理观念的影响，也在不断形成其自身特定历史阶段的伦理共识。

（2）伦理的统一性与独特性。在人类社会发展的每一个历史阶段上，伦理道德对经济发展秩序的维系作用是始终存在的，在任何一个社会里，都必须遵循人类社会最基本的共同伦理规范，伦理具有相对的统一性；但不同国家、不同种族、不同阶级、不同领域，又都有其各自相对独立的伦理要求，具有其独特性。企业纳税管理作为社会经济活动的组成部分，必然遵循普遍的社会经济伦理，同时也必然存在其自身的伦理标准和道德前提。

---

① 詹姆斯·钱匹著，闫正茂译：《企业 x 再造》[M]，中信出版社 2002 年版，第 32 页。

2. 企业纳税管理应遵循的伦理原则。

（1）守法原则。守法经营是企业基业长青最基本的前提条件。企业纳税管理是以现行的相关法律、法规为依据，充分利用纳税管理空间，对筹资、投资、生产经营管理进行整体策划和预先安排，以追求降低纳税成本和涉税风险为主要目的，但任何以纳税管理为名的故意偷逃税款行为都是纳税管理伦理所不允许的，因此，守法原则是企业纳税管理的最基本的原则。

（2）适度原则。列宁说过，"真理只要向前一步，哪怕是一小步，就会成为谬误"。纳税管理是基于对纳税管理空间的合理、有效利用为前提的，虽然纳税管理与偷税、逃税在理论上有着明确的界限，但在税收征管实践中，有时候很难界定偷税、避税与纳税管理的界限，尤其是税收制度不稳定和税收征管的自由裁量权客观存在的条件下，实施纳税管理必须在适度的范围内，过激的纳税管理行为和过度的纳税管理空间运用，都可能陷入避税甚至是偷逃税款的泥沼。

（3）诚信原则。诚信的基本语意是要求人们在民事活动中行使民事权利和履行民事义务时应当讲究信用，严守诺言，诚实不欺，在不损害他人利益的前提下追求自己的利益，否则将获得不利的法律评价。美国《统一商法典》第1—201条对诚信的解释是：在相关的行为或交易中忠于事实真相。中国《民法通则》第四条规定：民事活动应当遵循自愿、公平、等价有偿、诚实信用的原则。美国学者萨莫斯（Summers）认为诚信原则只是一个与特定的恶意概念相对应的短语，诚信的概念并不意味着善意（good faith）行为是什么，而是意味着哪些特定的恶意行为是法律所禁止的。他将恶意分为六类：规避交易的精神、履行缺乏勤勉和存在懈怠、故意提供不完全的履行、滥用特定条款的权利、滥用检验对方履行的权利、干扰另一方履行或不与另一方合作。诚信原则在私法领域尤其是在民法债权理论中被视为"最高行为准则"。

（4）互利共赢原则。企业经营活动不仅连接着企业股东、债权人、债务人、企业员工等有关各方，还包括处于供应链上下游的众多企业。企业经营活动的复杂性和群体性决定了企业纳税管理活动的复杂性和群体性，尽管相关利益主体基于"理性经济人"和信息不对称原因，各自都有追求自身利益最大化的需求，这种复杂性和群体性要求企业纳税管理中兼顾各方利益，共荣共生。纳税管理的互利共赢的伦理原则要求企业在追求自身利益最大化的同时尊重供应链相关各方的合法利益，并在整体利益最大化的前提下,与利益方重新博弈,防止因一己私利引发相关方的利益冲突而导致整体纳税方案的无法实施,最终导致供应链的瓦解和纳税管理的失败。

3. 纳税管理行为的伦理判断。

从契约的视角来看,征税和纳税是一种国家与纳税人之间的公共契约。它表明任何税收都应当取得相关各方的同意,是征纳双方长期博弈的结果。任何一项税收都不应当是随意的,以强权为基础的,任何一项税收都是合意的。尽管税收是以国家权利对私有财产的一种侵占,也存在"搭便车"现象,但这是人类文明的需要,是以公正和均等的方式集中承担政府职能运责所需开支的不二选择。

企业通过依法实施企业纳税管理以降低纳税风险、节约纳税成本,增强企业活力和未来可税性收益,为国家税收的长期稳定提供经济基础,从企业和国家两个角度考虑,都有利于实现税法追求的效率价值;其次,纳税管理不属于税法禁止的范围,企业在依照公法性质的税法进行纳税管理的同时,也受到私法的保护,企业可按意识自治的精神自由选择,任何企业都有选择和不选择纳税管理以及选择什么样的纳税管理技术作为提高自身经济效益的权利和自由。尽管企业纳税管理具有相当的难度,但是从事纳税管理的专业人员和税务代理专业机构的服务,为企业的这种选择提供了现实基础。企业可通过企业纳税管理提高竞争能力,实现公平竞争。第三,也正是主要基于上述两点,企业的纳税管理得到税收征管部门的许可和鼓励,企业通过合法手段减少税收负担,增加企业的可税性收益,有利于实现纳税主体利益和国家公共利益在长远意义上的动态平衡,同时也不伤及企业之间竞争的公平性,由此可见,纳税管理符合公法和私法所共同追求的秩序原则,也符合会计伦理道德行为。

在国际税收领域,大多数国家都允许纳税人不超过税法规定要求多缴纳税款。1935年英国上议院议员汤姆林爵士针对"税务局长诉温斯特大公"一案,做了有关纳税管理的申明"任何一个人都有权安排自己的事业,依据法律这样做可以少缴税。为了保证从这些安排中得到利益……不能强迫他多缴税"。汤姆林爵士的观点赢得了法律界的认同,英国、澳大利亚、美国等国在以后的税收判例中经常援引这一原则精神[①]。1947年,美国著名法官

---

① 盖地:《税务会计与税务筹划》[M],中国人民大学出版社2010年版,第361页。

勒德尼·汉德有一段名言:"法院一再声称,人们安排自己的活动以达到低税负的目的,是无可指责的。每个人都可以这样做,不论他是富翁,还是穷光蛋。而且这样做是完全正当的,因为他无需超过法律的规定来承担国家税负;税收是强制课征的,而不是靠自愿捐款。以道德的名义来要求交税,不过是奢谈空论而已。"① 在美国的海文营诉格雷戈里一案中,法官勒德尼·汉德在陈述时曾说:"任何人都可以安排他的事务以使其税负尽可能的低,在选择缴税的最佳方式时,他不受约束,甚至也没有一种爱国的义务要求增加他的税负。"② 美国大法官 Gsuthorland 也郑重宣告:"纳税人以法律许可的手段减少应纳税额,甚至避免纳税,是他们的合法权利,这一点不容置疑。"③

尽管世界大多数各国都承认企业纳税管理是纳税人的合法权利,但仅仅承认纳税人的权利是不够的,纳税管理的产生还必须根植在一个健全和透明、切实保障纳税人权利可以得到实现的法制基础之上。任何一个国家都有法,但不一定有法治。"在法制不健全、不透明的国家,在人治的国家,税收和税收筹划都得不到法律保证:一方面是基层征税人员说了算,税收流失严重;另一方面非征税人员的税收筹划到头来是一场空。"④

4. 企业纳税管理的博弈分析。

博弈论是研究决策主体之间的行为发生直接相互作用时候的决策以及这种决策的均衡问题,也就是说,当一个主体的选择受到其他主体选择的影响,而反过来影响到对方选择时的决策和均衡问题。博弈论可以划分为合作博弈和非合作博弈。二者的区别主要体现在人们的行为相互作用时,当事人之间能否达成一个具有约束力的协议,如果有,就是合作博弈;反之则是非合作博弈。合作博弈强调的是团体性、效率、公正和公平;非合作博弈强调个性和个人最优决策,而不管结果是否有效率⑤。

(1) 企业纳税管理与国家税制的博弈分析。企业通过纳税管理来节约

---

① W. B. Meigs & W. B. Meigs, Accounting [M], 1987, P738.
② 墨菲、马克·希金斯:《美国联邦税制》[M],东北财经大学出版社出版,第34页。
③ 蔡昌:《基于契约观视角的税收筹划研究》[D],[博士学位论文],天津财经大学,2007年6月。
④ 北京注册会计师协会:《税收筹划》[M],中国财政经济出版社2005年版,第13页。
⑤ 卢强:《企业税务筹划研究》[D],[博士学位论文],天津财经大学,2004年6月。

税收成本，而国家可以通过提高或降低税负和减免税措施来调节经济，下面是国家通过提供税收减免优惠政策鼓励某种经济活动的例子，来说明国家与纳税人的博弈过程。首先我们假设：

①博弈的参与者为企业（纳税方）和代表国家的税务机关（征管方）。

②企业和税务机关各有两种选择，前者可以采用纳税管理和不采用纳税管理；后者可以采用征税与免税优惠。

③参与双方的信息完全公开，且参与者都是理性的经济人，所不同的是作为国家代表的税务机关不仅要考虑自身税收征管收益，还要考虑社会效益。

④假设某项经济活动的总收益为 V，如果企业依法纳税的税收成本为 C，企业的净收益为（V－C）；如果企业进行纳税管理而且不会产生新的成本（包括显性成本和隐性成本），则企业纳税管理后的净收益是 V。

⑤假设税务机关的征税成本是 B，预期全部豁免企业税收会带来社会效益 D。当政府征税时，其收益是（C－B）；政府全部豁免税收时，收益是 D。

⑥经济活动涉及的税种可能分为两类，一类是可以采用纳税管理降低税负且不影响效率的情况，如所得税；一类是纳税管理无法降低纳税成本或降低后影响经济运行效率的情况，如流转税。我们可以对两类税收分别构建博弈模型。

第一类税收的博弈模型如图 7－2 所示。

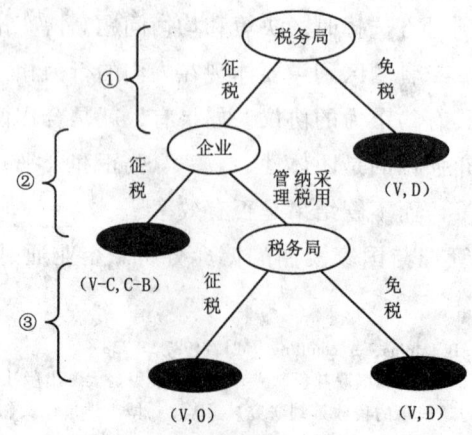

图 7－2　第一类税收的博弈模型

①表示该类经济活动在开始时，政府尚未意识到提供税收优惠的社会效益，即 D≈0，则当政府不提供税收优惠时，其收益为（C-B）。由于（C-B）>D，所以政府选择征税。

②表示实施该经济活动的企业在既定的税制框架下如何决策。由于企业如果不进行纳税管理，就必须全额缴纳税收，则其收益为（V-C）。如果企业采用纳税管理改变经营模式可以不缴纳税款，由于不影响经济活动的效率，无论税务机关是否给予税收优惠，其收益均为 V。因为 V>（V-C），企业必然会选择纳税管理①，但企业所采取的行为会对税务机关的决策产生影响，因而博弈尚未终止。

③表示国家税务机关对企业纳税管理所作出的反应，如果税务机关仍按原来的征税方法征税，则税务机关既无法获得社会效益，且由于当事人采用的是合法的纳税管理手段，不能采用罚款等行政手段获得其他收益，因此税务机关的收益则为 0；反之，如果主动采用税收优惠政策，则可以获得社会效益 D，而企业也获得收益 V，从而实现双赢。

上述分析可以告诉我们，在完全信息公开的动态博弈下，在更加重视自身利益的理性经济人社会，完善公正的税收法律制度不但能够最大限度地保障纳税人和国家利益，而且能够提高经济活动的效率。当然，该种税收法制必须满足两个基本要求，即一是对人们的合法权益保护力度足够大；二是对侵害他人利益者有足够的威慑力，如果达不到这个水平，税收法制的作用会很有限甚至无效。我们可以用第二类税收博弈模型如图 7-3 加以进一步说明。

		税务机关	
		征税	免税
企业	不选择纳税管理	(V-C, C-B)	(V, D)
	选择纳税管理	(V-L, 0)	(V, D)

图 7-3　第二类税收的博弈模型

假设灵活性和效率性降低或面临的损失为 L，如果企业进行纳税管理，则其收益为（V-L），当 L>C 时，即进行纳税管理所面临的灵活性和效率性降低或损失大于缴纳税款时，（V-L）<（V-C），企业从整体利益出

---

① 由于纳税管理采用的手段是符合税法规定的，因此无法采用罚款等形式以加大纳税成本 C。

发,会选择不进行纳税管理,而是遵从税法规定,按税法规定缴纳税款;当 $L<C$ 时,即进行纳税管理所面临的灵活性和效率性降低或损失小于缴纳税款时,$(V-L)>(V-C)$,企业从整体利益出发,会选择进行纳税管理,从而获得相对收益。

对于国家而言,税务机关可以判定,当 $C-B>D$ 时,即征税收益大于社会效益时,选择征税;如果 $C-B<D$ 时,即征税收益小于社会效益时,选择免税优惠。

从上述博弈模型可以看出,由于国家税务机关已经明了企业的博弈选择和自身的调节手段,因此可以通过调节税收成本 C 和设置影响灵活性和效率性降低或面临的损失 L 来规范纳税人的纳税管理行为,并使之符合国家预期。第二类模型进一步说明了国家税制在税收行政制度公平性和税收执法制度严肃性的重要作用。

(2)企业之间的纳税管理博弈。根据需求定理,在其他条件不变的情况下,一种商品的需求量与其本身价格之间成反方向变动,即需求量随着商品本身价格的上升而减少,随商品本身价格的下降而增加。从需求函数的角度上说,需求量的变动是需求函数的自变量(P)变动引起的应变量数值的变化。无论如何变化,都在函数的值域范围之内。因而表现在图形上为同一曲线(即需求曲线)上点的移动。相反的,需求的变动是由于函数外的原因(外生变量)的变化引起的函数整体的变化。因此可以绘制企业纳税管理背景下的供给变化曲线,如图 7-4。

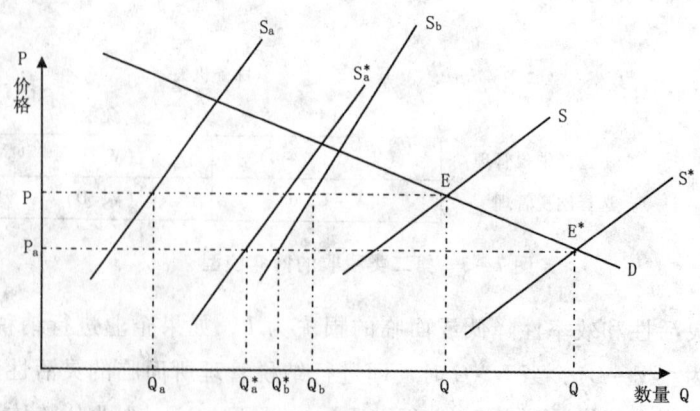

图 7-4 企业纳税管理背景下的供给变化曲线

在图 7-4 中，S 为总供给曲线，D 为总需求曲线。S_a 为企业 A 的供给曲线，S_b 为 B 企业的供给曲线。当 A、B 两企业都不做纳税管理时，总需求与总供给平衡在 E 点时价格为 P，总供给量为 Q（其中 A 企业供给量为 Q_a，其中 B 企业供给量为 Q_b，且 $Q_a+Q_b=Q$）。

当企业 A 进行税务筹划而降低成本，并导致价格降到 P_a 位置时，若需求系数不变，则其供求平衡点推动到 E^*，总需求量从 Q 推动到 Q^*，总需求量增加了 Q^*-Q。从图 7-4 可以发现，当市场需求在不饱和状态下，企业进行纳税管理降低价格，有助于促进需求量的扩大，且 A 企业增加的供给量为 $Q_a^*-Q_a$；B 企业将减少的供给量为 $Q_b-Q_b^*$，并且当（Q^*-Q）＞（$Q_a^*-Q_a$）时，B 企业的供给曲线也被推动，从而增加供给量为 $Q_b^*-Q_b$，即 A 企业纳税管理对 B 企业也是有利的。

但当需求量 Q 保持既定不变的情况下，由于 A 企业进行纳税管理降低了成本，总供给曲线推进到 S_a^* 的位置，A 企业的供给量达到 Q_a^*，即 A 企业增加的供给量为 $Q_a^*-Q_a$，则 B 企业减少供应量为 $Q_a^*-Q_a$。

在现实生活中，总需求量并不是一成不变的，即价格弹性一般不可能为 0，因此，企业进行纳税管理有助于提高总需求量，从而可能对双方企业均有利。

当企业进行纳税管理相互不影响时，以完全独立的所得税纳税人为例，假设在同等条件下的企业 A 和企业 B，都面临纳税管理与否的选择，信息完全公开并相互了解，经过评估纳税管理方案得出：如果两个企业都不进行纳税管理，A、B 各自的收入均为 100，应交企业所得税均为 25，税后收益均为 75；假设各全部进行纳税管理且各自得到的收入都不变，企业进行纳税管理后缴纳所得税为 10，付出纳税管理成本为 5，税后收益为 85；则构不成博弈的双方，此时，A 企业纳税管理成果对 B 企业不构成影响。因此，从理性经济人的角度出发，A、B 两企业均应当进行纳税管理以降低成本。但现实生活中，完全互不影响的情况极其少见。

当企业纳税管理举措相互影响时，如流转税，假设在同等条件下的企业 A 和企业 B，都面临纳税管理与否的选择，经过评估纳税管理方案得出：如果两个企业都不进行税务筹划，各自的收入为 10 单位，缴税 5 单位后，各自的净收益为 5 单位；如果他们都进行税务筹划，各分得收入为 12 单位（成本下降，供给增多，收入上升），缴税为 4 单位，付出筹划成本 0.5 个单位,这时各自净收益 7.5 单位;如果一个筹划一个不筹划,筹划的收入为 15 单位(不仅抢得另一企业的市场份额,还扩大整体市场的规模),不筹划的收入为 9 单位,扣除各自的税款与成本之后,净收益一个为 10.5 单位,另一个为 4 单位。信息完全公开并相互了解,他们同时选择自己的行动且只选择一次。可以得出博弈矩阵如图 7-5。

		企业 A	
		选择纳税管理	不选择纳税管理
企业 B	选择纳税管理	(7.5, 7.5)	(10.5, 4)
	不选择纳税管理	(4, 10.5)	(5, 5)

图 7-5 博弈矩阵

资料来源:李嘉明:"企业税务筹划的数理分析",《重庆大学学报》2001 年 9 月,第 50 页。

从上述分析可以看出,对于互不干涉的两个企业之间的纳税管理问题,不适用博弈分析。但在相互博弈的双方,博弈矩阵的纳什均衡[①]是 A、B 两企业都选择纳税管理。因此,在理性的支配下,企业若有能力就必然会选择纳税管理行为。

7.1.2.2 税务代理的伦理分析

实行税务代理制是企业进行纳税管理的客观需要。企业由于规模、人员配备等原因导致专业知识、核算水平、办税能力参差不齐;以及考虑到纳税成本和对自身权益的保护等因素,必然要向社会寻求中介服务,寻找精通税法、熟悉税收业务的专业人员代为办理纳税事宜。委托税务代理不仅可以做到依法纳税及兑现优惠政策,还可以节约成本,便于企业集中精力搞好生产经营。但企业委托税务代理的意图不尽相同,纳税意识较强的企业委托税务代理的目的是通过代理人员的指导和帮助,降低纳税风险,尽可能杜绝不了解税收法律法规的相关规定而发生纳税方面的错误并导致被课以重罚,或因不熟悉税收政策而丧失某些税

---

① 在博弈 $G = \{S_1, \cdots, S_n; u_1, \cdots, u_n\}$ 中,如果由各个博弈方的各一个策略组成的某个策略组合 $(S_1^*, \cdots, S_n^*)$ 中,任意博弈方 i 的策略 s_i^* 都是对其余博弈方策略的组合 $(S_1^*, \cdots, S_{i-1}^*, S_i^*, S_{i+1}^*, \cdots, S_n^*)$ 的最佳对策,也即 $u_i(S_1^*, \cdots, S_{i-1}^*, S_i^*, S_{i+1}^*, \cdots, S_n^*) \geq u_i(S_1^*, \cdots, S_{i-1}^*, S_{ij}, S_{i+1}^*, \cdots, S_n^*)$ 对任意 $S_{ij} \in S_i$ 都成立,则称 $(S_1^*, \cdots, S_n^*)$ 为 G 的一个纳什均衡。(谢识予:《经济博弈论》,复旦大学出版社 2005 年版,第 68 页)。

收权益的机会。在这种情况下，代理人员和代理机构只要能够按照税法规定和委托代理协议的约定，勤勉尽责，合法进行代理活动就能完成委托代理任务。但实践中，更多的企业委托税务代理是基于规模相对较小，自身人员不足和特定的降低纳税成本意图，税务代理人员很可能面临企业内部控制制度不健全、会计账目不清甚至是被授意偷逃税款的情况，因而面临较大的法律风险和道德风险。

1. 税务代理中的纳税管理。

税务代理作为代理纳税人进行纳税管理的中介服务活动，一方面必须依据代理契约，在代理范围内最大限度地保护委托代理人的合法权益，另一方面必须严格遵循税收法律法规的规定诚实合法纳税，同时处于相对独立的中间立场，因此，代理人的价值取向和道德水平，将直接影响企业的纳税管理和税务机关的税收征缴。

（1）税务代理的风险底线。由于委托人的管理水平不一，委托代理意图不同，税务代理人所面临的风险不同，税务代理人员首先必须具备敏锐的执业观察能力和应有职业谨慎性。

代理人员接触的企业多种多样，虽然有不少内部管理良好的企业，但也不乏内部管理混乱，账目不清、委托动机不良的企业。代理人员在遇到该类企业时应当运用专业技能和常识，识别企业的委托动机。只要不是委托动机不良，就应当适时提出建议和意见，帮助企业规范管理，完善内部控制制度；对于委托动机不良的委托人，应当予以拒绝。其次，代理机构和人员应杜绝为企业提供违法服务。基于代理机构属于自主经营、自负盈亏的中介组织，其自身生存压力和逐利本性往往被委托代理人所利用；税务代理工作中强令代理、指定代理和介绍代理等问题的客观存在，往往使代理人员的独立性受到影响。但无论如何，代理人员必须努力确保不要协助客户偷税。代理人员不能容许有诱使他们不按照一贯的高标准执业的某种压力存在，彻底披露纳税人以往账目中或申报中的疏漏以降低代理风险是必要的，一旦发现客户偷税，应当予以明确告知并指出其所面临的风险，直至解除合同和协助税务机关检查，而不是一味迁就客户。第三，树立正确的代理良知。良知是衡量伦理道德的重要标准，当然并不是每一个人都认同这一观点，即合法的就是道德的，或任何在法律规定范围内的行为不仅是可行的，而且是值得称赞的。道德价值应该高于最低法律要求，而且他是靠个人的良知来维系并决定自己的价值取向的。作为税务代理中介，因其连接着税务征纳双方的切身利益，其效仿效应比作为独立的纳税个体要大得多。因此，一个良好的税务代理形象不仅有利于建立良好的客户关系，也同样有助于构建在作为国家权力代表的税务机关面前的专业形象，更有助于提高整个税务代理行业的公信力。

（2）帮助客户做好纳税管理。企业之所以委托税务代理来代理纳税事务，是基于其自身的某些不足。维护纳税人的合法权益是税务代理人员的应尽职责和义务。企业纳税管理作为企业的基本管理内容，也是企业应有的权利，代理人员向委托人宣讲税收政策、完善内部控制流程、采用合理合法的方法降低纳税成本，在企业与税务机关存在争议时提供专业的建议和意见，遇到纳税争诉时协助企业完成税收司法程序，这不仅有助于企业内部管理制度的完善和合法权益的维护，也有助于国家降低税收管理成本。尽管笔者不赞成利用转变真实交易的做法进行避税，因为它有违税收立法精神；但对存在争议的中性避税方案的运用，则认为不应当受到过多的指责，客户希望得到关于某一经济活动的纳税管理方案或降低税负的建议无可厚非。代理人员提供相关的方案和建议也是应尽之责。"没有理由假设这种情形，即任何一名纳税人在他自己和完全与自己处于不同位置的他人之间保持着最公平的关系；并且如果上述说法成立的话，那么这种做法就是错误的。即宣布任何准则，用于统一约束不同情形的纳税人。而不允许他们有机会改变他们的纳税安排以便减少其纳税负担。"[①]

实际上，代理人员能在多大程度上给委托人带来多大的纳税管理效益，在一定程度上决定了代理人员和代理机构的竞争能力。桑德福（Sandford）对税务中介机构的调查结果表明，许多税务顾问都渴望他们的客户利用可能的手段避税，客户也希望尽可能降低税负，但客户还表现出不希望采用复杂手段来避税的态度[②]。本次调查中（如表7-1），有约77%的人可以考虑或会委托中介机构来开展纳税管理活动，并且收费方式中，愿意以节税额的一定比例或小额的固定费用加节税比例收费的约占到84.6%，充分说明了这一点。

---

① 汤姆·林奇：《税务实务中的道德》，原载《会计师》杂志1987年11号。转引自蔡昌：《基于契约观视角的税收筹划研究》[D]，2007年6月。

② Sandford, Hidden Cost of Taxation, Institute for Fiscal Studies 1973, Chapter 8.

表 7-1　　　　　　　纳税管理调查汇总表（局部）

题号	问题	答案	人数	占有效问卷比例%
10	如果开展纳税管理的话，您是否会选择委托中介机构来协助？	会	48	14.5%
		可以考虑	206	62.24%
		不会	55	16.62%
		担心企业商业秘密泄漏	22	6.64%
	合计		331	100%
11	在委托中介机构进行纳税管理筹划时，何种收费方式是您所能接受的？	定额收费	51	15.41%
		节税额的5%以内	78	23.56%
		节税额的10%以内	72	21.75%
		节税额的20%以内	12	3.63%
		节税额的20%以上	8	2.42%
		小额的固定费用加节税比例提成	110	33.23%
	合计		331	100%

当然，在涉及到利用法律的空白和漏洞领域进行纳税管理时，由于税收制度的在不断的变化中，税收法律中的不确定性和变化可能会全盘否定现有条件下的纳税管理方案从而加大代理人员的执业风险。因此，代理人员在向客户提供纳税管理方案的同时，必须向客户指出其风险所在以及风险的大小程度。

2. 税务代理机构与企业管理当局之间的博弈分析。

税务代理如同其他代理一样，是基于委托代理协议基础之上的一种契约关系。一方面，企业委托税务代理的目的是维护自身合法权益，而税务代理必须遵循合法原则并受制于委托代理的权利义务对等关系。由于代理协议是不完备的，委托代理双方之间往往存在信息不对称和利益矛盾，这就决定了税务代理中介有可能为了降低执业风险或减少执业成本而损害企业的利益；另一方面，由于税务代理实行有偿服务，税务代理为了获得更多的执业利益而与企业管理当局相互串谋，做出共谋偷逃税款等有违伦理道德的行为。

我们可以通过博弈模型来分析代理中介与企业管理之间的博弈行为。假设：

①代理中介的收费为 V；

②代理中介与企业"串谋"的概率为 x，则"不串谋"的概率则为

1 - x;

③企业管理当局"偷税"的概率为 y,则不偷税的概率为 1 - y;

④企业管理当局的偷税效应为 R。企业管理当局与税务代理"串谋"时,可得到增加收益 ΔR,代理机构可以得到增加收益 ΔV;

⑤企业管理当局与代理机构的"串谋"行为一旦被税务机关发现,将会给企业管理当局带来处罚及信誉损失为 C;给代理机构带来处罚等损失为 D;

⑥企业管理当局希望偷税而代理机构"不串谋"时,企业管理当局给代理机构的惩罚为 P。

则代理机构与企业管理当局之间可以构建如下博弈支付矩阵如图 7-6。

项目	企业管理当局偷税 y	企业管理当局不偷税 (1 - y)
代理机构串谋 x	($V + \Delta V - D$, $R + \Delta R - C$)	(V, R)
代理机构不串谋 (1 - x)	(V - P, R)	(V, R)

图 7-6 代理机构与企业管理当局的博弈支付矩阵

①对代理机构的博弈分析。根据博弈支付矩阵,假设代理机构选择"串谋"的预期效应为 U_1;选择"不串谋"的预期效应为 U_2,则有:

$U_1 = (V + \Delta V - D)y + V(1 - y)$

$U_2 = (V - P)y + V(1 - y)$

代理机构选择"串谋"与"不串谋"行为无差别点的概率 x 为:

$xU_1 = (1 - x)U_2$,即:

$x[(V + \Delta V - D)y + V(1 - y)] = (1 - x)[(V - P)y + V(1 - y)]$

可以解得:$x = (V - Py) \div [2V + (\Delta V - P - D)y]$。 (1)

我们先来考察收费金额 V 对概率 x 的影响,可以将 x 看成是 V 的函数,即:

$x = f(V) = 1 \div 2\{1 + (D - P - \Delta V)y \div [2V + (\Delta V - P - D)y]\}$ (2)

从式(2)可以看出,由于 $y \in (0, 1)$,当 $(D - P - \Delta V) > 0$ 时,x 是关于 V 的减函数,即 $D > P + \Delta V$ 时,x 与 V 负相关,V 越大,x 越小;当 $(D - P - \Delta V) < 0$ 时,x 是关于 V 的增函数;即 $D < P + \Delta V$ 时,x 与 D 正相关,V 越大,x 越大。

其经济意义是,当给予代理机构的处罚力度 D 大于了因代理机构不予串谋时企业管理当局给予的惩罚 P 与串谋预期收益 ΔV 时之和,即便是企业管理当局给予更高的代理费用 V，代理机构愿意"串谋"的概率也是下降的。当给予代理机构的处罚 D 小于了企业管理当局给予的惩罚 P 与串谋预期收益 ΔV 时，企业管理当局给予的代理费用 V 越高，代理机构愿意"串谋"的概率也就越高。这也就从另一个角度解释了现实经济生活中为什么更多的企业管理者愿意将代理费用额与节税额挂钩的原因。

其次，我们来考察管理当局给予的处罚 P 与概率 x 的关系。可以将 x 看成是 P 的函数，即：

$$x = f(P) = 1 + [(Dy - V - \Delta Vy) \div [2V - Px - Dy + \Delta Vy]] \tag{3}$$

从式（3）可以看出，当 $(Dy - V - \Delta Vy) > 0$，即 $Dy > (V + \Delta Vy)$ 时，x 是关于 P 的增函数；当 $(Dy - V - \Delta Vy) < 0$，即 $Dy < (V + \Delta Vy)$ 时，x 是关于 P 的减函数。

从上述分析可以看出，代理机构是否会与管理当局"串谋"偷税，取决于对外界对代理机构的处罚力度和"串谋"偷税的预期收益，同时受管理当局给予代理机构"不合作"的惩罚力度的影响。因此，国家税务机关有效防止串谋行为必须从两个方面入手，即加大对串谋行为的处罚力度并确保执行到位；其次是防止代理行为的收费与其代理收益挂钩，以降低代理机构的预期收益。

②对企业管理当局的博弈分析。根据博弈支付矩阵，假设管理当局选择偷税的预期效应为 V_1；选择"不偷税"的预期效应为 V_2，则有：

$$V_1 = (R + \Delta R - C)x + R(1 - x)$$

$$V_2 = Rx + R(1 - x)$$

管理当局选择"偷税"与"不偷税"行为无差别点的概率 x 为：

$$yV_1 = (1 - y)V_2$$

即：$y[(R + \Delta R - C)x + R(1 - x)] = (1 - y)[Rx + R(1 - x)]$

可以解得：$y = R \div (2R + \Delta Rx - Cx)$ \qquad (4)

从式（4）可以看出 y 随 C 的增大而减小。其经济意义是，要使管理当局减小偷税的概率，必须加大管理当局因偷税带来的损失。因此可以从两个方面入手，即一方面加大对管理当局偷税行为的直接处罚力度并确保执行到位，其次是加大对企业管理当局偷税行为的间接惩处力度。

7.1.3 税收的公平与正义

效率、公平和秩序是诸多法律调整所共同追求的价值[1]，也是税法规范、制度和体系得以创立的基础，更是税收法制的价值导向。税收公平原则是设计和实施税收制度的首要原则。税收公平原则是指政府征税要使每个纳税人承受的负担与其经济状况相适应，并使各纳税人之间的负担水平保持平衡[2]。具体包括横向公平和纵向公平两个方面，横向公平要求经济条件或纳税能力相同的人缴纳相同数额的税收，即以同等的方式对待条件相同的人；纵向公平要求经济条件或纳税能力不同的人缴纳不同数额的税收，即以不同的方式对待不同的人。但"税收公平的含义不是一元的，而是多元的；不是单一的，而是多层次的"[3]。"探讨税收公平，税收公平不能就公平论公平……税收公平涉及征税环节、用税环节"[4]，因此，"对税收公平的理解和判断，必须延伸到经济的社会的角度来考察，应对税收公平作广义的理解，否则，只考虑自身小环境的公平合理必然是不全面的，不可能把握税收公平的内涵[5]"。在整个供应链体系中，税收公平不仅涉及到一个国家和地区内部的税收公平问题，还可能涉及到全球范围内的国际税收公平与国际税收竞争问题。因此，应当以一种扩张性的税收公平解释，来看待整个供应链的税负公平问题。

7.1.3.1 税收的负担公平

"国家征税，纳税人纳税"就意味着这部分原来属于纳税人所有或支配的实物或货币的所有权从纳税人手中转移到国家手中[6]。这就使得纳税人必然会关心以下两个问题：一是税收负担是否公平合理地分配于每个纳税人，包括税收负担是否与每个纳税人的经济条件或纳税能力一致，以及纳税人之间的税负是否保持均衡；二是政府税收的使用是否能给自己带来利益及带来

---

[1] 张守文：《经济法理论的重构》[M]，北京大学出版社2004年版，第298页。
[2] 黄桦：《税收学》[M]，中国人民大学出版社2011年3月第2版，第40页。
[3] 杨斌：《治税的效率和公平》[M]，经济科学出版社1999年版，第239页。
[4] 卢慧菲：《用税公平：事关民众纳税遵从度》[J]，《中国税务报》2006年4月21日。
[5] 周全林：《税收公平研究》[M]，江西人民出版社2007年版，第69页。
[6] 黄桦：《税收学》[M]，中国人民大学出版社2011年版，第14页。

多大利益①。这是基于税收制度设计的第一层次的税收公平。

对于税负是否保持均衡问题，我们可以从直接税税率②和宏观税负③两个方面来分析。在直接税税率方面，从全球主要国家和地区的企业所得税或相关税种税率（如表7-2）的比较分析来看，我国企业所得税税率与周边国家和发展中国家比较，处于中等水平。

表7-2　全球主要国家和地区的企业所得税或相关税种税率

序号	国家或地区	税率	序号	国家或地区	税率
1	中国	25%	21	美国	40%
2	中国香港地区	16.5%	22	英国	28%
3	中国澳门地区	12%	23	德国	29.44%
4	中国台湾地区	25%	24	法国	33.33%
5	马来西亚	25%	25	意大利	31.4%
6	印度尼西亚	28%	26	澳大利亚	30%
7	伊朗	25%	27	加拿大	33%
8	巴西	34%	28	日本	40.69%
9	印度	33.99%	29	新西兰	30%
10	俄罗斯	20%	30	芬兰	26%
11	南非	35%	31	波兰	19%
12	白俄罗斯	24%	32	阿根廷	35%
13	爱尔兰	13%	33	西班牙	30%
14	埃及	20%	34	荷兰	25.5%
15	希腊	25%	35	瑞士	21.17%
16	泰国	30%	36	智利	17%
17	越南	25%	37	罗马尼亚	16%
18	墨西哥	28%	38	新加坡	18%
19	沙特阿拉伯	20%	39	韩国	24.2%
20	巴基斯坦	35%	40	捷克共和国	20%

数据来源：刘天永，《中国企业境外投资纳税指南》[M]，中国税务出版社2011年版，第336页。

---

① 周全林：《税收公平研究》[M]，江西人民出版社2007年版，第70页。
② 由于流转税可以通过税负转嫁的方式直接或间接转嫁给消费者，生产商河、和中间商实际上只是为消费者代缴了税款，而不构成真正的负担者。
③ 正如周天勇教授指出的，发达国家宏观税负之所以一般只按照税收和社保收入计算，是因为这些国家政府收入的来源只包括税收和社保。而我国政府收入包括四个层次，第一层次为税收收入；第二层次为企业收入、教育费附加和其他预算内的杂项收入；第三层次是预算外收入、政府基金收入等；第四层次是各种收费、罚款、集资、摊派等收入。由于目前我国全口径政府收入统计困难，本书宏观税负采用小口径宏观税负（一定时期的税收收入总量占GDP的比重）来比较分析。

应当引起重视的是，尽管我国税率处于相对中等水平，但是，我国企业所得税税前扣除具有比较严格的规定，如对不符合税法规定的支出不允许税前扣除或对特定支出项目的限额扣除等，以及各种形式的税收优惠，都会导致实际税率与名义税率的偏离并进而影响企业实际税收负担和纳税人的实际感受。

从宏观税负来看，根据世界银行的调查显示，人均 GDP 在 750 美元左右的偏低收入国家中，税收负担率应在 20% 左右；人均 GDP 在 2000 美元以上的国家，税收负担率应在 23% 左右；人均 GDP 在 10000 美元以上的国家，税收负担率应在 30% 左右。我国自 1978 年至 2010 年宏观税负与增长速度见表 7-3。

表 7-3　我国自 1978 年至 2010 年宏观税负与增长速度数据表

年份	GDP（亿元）	GDP 增长速度（%）	财政收入（亿元）	税收收入（亿元）	税收收入增长速度（%）	税收收入占财政收入的比重（%）	宏观税负
1978	3645.2	13.84	1132.26	519.28	—	45.8623	14.2456
1979	4062.6	11.45	1146.38	537.82	3.57	46.9146	13.2383
1980	4545.6	11.89	1159.93	571.7	6.3	49.2875	12.5770
1981	4891.6	7.61	1175.79	629.89	10.18	53.5716	12.8770
1982	5323.4	8.83	1212.33	700.02	11.13	57.7417	13.1499
1983	5962.7	12.01	1366.95	775.59	10.8	56.7387	13.0074
1984	7208.1	20.89	1642.86	947.35	22.15	57.6647	13.1429
1985	9016.0	25.08	2004.82	2040.79	115.42	1.0179	22.6352
1986	10275.2	13.97	2122.01	2090.73	2.45	98.5259	20.3473
1987	12058.6	17.36	2199.35	2140.36	2.37	97.3178	17.7497
1988	15042.8	24.75	2357.24	2390.47	11.69	1.0141	15.8911
1989	16992.3	12.96	2664.9	2727.4	14.09	1.0235	16.0508
1990	18667.8	9.86	2937.1	2821.86	3.46	96.0764	15.1162
1991	21781.5	16.68	3149.48	2990.17	5.96	94.9417	13.7820
1992	26923.5	23.61	3483.37	3296.91	10.26	94.6471	12.2455
1993	35333.9	31.24	4348.95	4255.3	29.07	97.8466	12.0431
1994	48197.9	36.41	5218.1	5162.88	21.33	98.2519	10.6371
1995	60793.7	26.13	6242.2	6038.04	16.95	96.7294	9.9320
1996	71176.6	17.08	7407.99	6909.82	14.44	93.2752	9.7080

续表

年份	GDP（亿元）	GDP增长速度（%）	财政收入（亿元）	税收收入（亿元）	税收收入增长速度（%）	税收收入占财政收入的比重（%）	宏观税负
1997	78973.0	10.95	8651.14	8234.04	19.16	95.1787	10.4264
1998	84402.3	6.87	9875.95	9262.8	12.49	93.7915	10.9746
1999	89677.1	6.25	11444.08	10682.58	15.33	93.3459	11.9123
2000	99214.6	10.64	13395.23	12581.51	17.78	93.9253	12.6811
2001	109655.2	10.52	16386.04	15301.38	21.62	93.3806	13.9541
2002	120332.7	9.74	18903.64	17636.45	15.26	93.2966	14.6564
2003	135822.8	12.87	21715.25	20017.31	13.5	92.1809	14.7378
2004	159878.3	17.71	26396.47	24165.68	20.72	91.5489	15.115
2005	183217.4	14.6	31649.29	28778.54	19.09	90.9295	15.7073
2006	211923.5	15.67	38760.2	34809.72	20.96	89.8079	16.4256
2007	257306.0	21.41	51321.78	45621.97	31.06	88.894	17.7306
2008	316228.8	22.9	61330.35	54223.79	18.85	88.4127	17.147
2009	340506.9	7.68	68518.3	59521.59	9.77	86.8696	17.4803
2010	397983.0	16.9	83080	73202	22.98	88.11	18.3932

数据来源：《中国统计年鉴（2010）》，中国统计出版社 2010 年版，同时参阅《中央财经大学财政学院中国财税研究报告》；表中税收增长速度是根据历年税收统计数据计算得出。

从小口径宏观税负来看，我国近年税收负担率处于世界银行调查的偏低区间。中国人民大学经济学院郑新业的一项研究表明，在经合组织（OECD）标准的"大财政"口径之下，我国税负 2000 年达到 22.43%，2005 年增长到 32.23%，2006 年为 34.8%。在 2006 年，美国这一比例仅为 28%，OECD 国家平均水平为 30.5%[1]；中国社科院财政与贸易经济研究所发布的《中国财政政策报告 2009/2010》称，按全口径计算的中国政府财政收入占 GDP 的比重，2009 年达到 32.2%。报告同时指出，按照国际货币基金组织（IMF）《政府财政统计手册》标准，中国政府的财政收入可以定义为一般预算收入、政府基金收入、预算外收入、土地有偿使用收入、社保基金收入，这构成全口径的政府收入[2]。我国各种政府性的收入过多，以 2006

---

[1] 马海涛：《中国税收风险研究报告》[M]，经济科学出版社 2011 年版，第 72 页。
[2] 同上书，第 64 页。

年的数字匡算，中国政府收入占 GDP 的比重，可能要达到 30% 上下。其中税收负担和非税负担之比大约为 6：4①。正如王怡所说："税与费之别只在财税与行政法学上有意义，在政治学和宪法学的视野下，绝大多数的费也是税。"② 对于纳税人而言，无论是财税上的"税"，还是行政学上的"费"，都是其现金的净流出，都是纳税人的实际负担。

其次是国家税收使用公平的问题。税收的使用本质上应是"取之于民、用之于民"。税收使用公平体现着纳税人缴税是为了换取公共产品和服务这样的对等关系。如果税收切实用于提高纳税人的福利和公共产品质量，纳税人会认为承担较重的税负是值得的；但如果纳税人交完税收后，享受不到应有的社会福利和公共服务，即便是税负低，同样也是一件痛苦的事。

世界上很多发达国家的边际税率都高于我国，但由于他们的国家财政用于教育、社会保障和医疗卫生等方面的支出比重非常大，公民可以享受到相对完善的社会福利。由于"高税负"产生的"高福利"，这些国家的公民并没有对自己国家的税收政策产生很大的反感情绪③。以下是若干国家社会保障、教育和卫生保障支出占财政收入的比例（如表 7-4）：

表 7-4 若干国家社会保障、教育和卫生保障支出占财政收入的比例   单位：%

国家和地区	年份	社会保障支出	教育支出	卫生保健支出	总计
韩国	2007	20.73	15.36	0.99	37.08
新加坡	2007	4.07	20.82	6.04	30.93
泰国	2007	13.09	20.29	11.26	44.64
加拿大	2007	45.37	2.02	9.34	56.73
美国	2007	29.54	2.39	25.18	57.11
法国	2007	42.41	11.24	13.72	67.37
德国	2007	45.75	9.09	14	68.84
俄罗斯	2007	31.13	3.94	8.41	43.48
挪威	2007	38.47	13.31	17.42	69.20
瑞典	2007	41.81	12.98	12.49	67.28

---

① 高培勇：《如何看待当前中国税负水平》[J]，《中国税务》2007 年第 3 期。
② 王怡：《立宪政体中的赋税问题》[J]，《法学研究》2004 年第 5 期；转引自陈丹：《论税收正义——基于宪法学角度的省察》[M]，法律出版社 2010 年版，第 26 页。
③ 马海涛：《中国税收风险研究报告》[M]，经济科学出版社 2011 年版，第 73 页。

续表

国家和地区	年份	社会保障支出	教育支出	卫生保健支出	总计
丹麦	2007	41.63	14.5	14.12	70.25
澳大利亚	2007	34.05	9.55	14.77	58.37
新西兰	2007	33.94	16.69	16.6	67.23
中国	2007	10.94	14.31	4	29.25

数据来源：国际货币基金组织《政府财政年鉴》2008年，《中国财政年鉴（2009）》。转引自：马海涛，《中国税收风险研究报告》[M]，经济科学出版社2011年版，第74页。

我们可以从表7-4分析看出，目前我国宏观税负水平和公共服务的供给水平与发达国家相比，还存在一定差距。虽然近年有所改善，但幅度不大。图7-7是我国2010年公共财政支出按科目分类比重情况。

第三是征税成本的转嫁将导致实际税负的加重。征税总成本包括纳税人为满足税法要求所付出的纳税遵从成本[①]和政府管理税收的征管成本。如果税收征管成本游离于监督之外，也会导致税收用得不合理，因为在税收总额不变的情况下，征税成本降低，即税款不是损失在"征税链条上"，则意味着有更多的税款可以社会再分配，征税成本的高低与宏观税负轻重有着必然的内部联系。因此，征管成本也应纳入预算管理，接受社会监督。

尽管税务机关可以通过各种方式将征管成本转嫁给纳税人从而降低征税成本，但这并不意味着课税总成本的降低，而且还可能由于纳税人的纳税遵从成本过高而导致纳税人的自愿性税收遵从度下降，迫使征税机关进一步提升征管成本而形成恶性循环。在世界上，我国是税收收入增长最快的国家之一，同时也是全球税收总成本最高的国家之一，按照《中国税务报》的数据，我国征税成本已从1993年的3.12%上升到目前的5%—6%。而美国征税成本仅为0.58%，新加坡为0.95%，澳大利亚为1.07%，日本为1.13%，英国为1.76%[②]。

过高的税负和征管成本必然会最终转嫁给纳税人，造成纳税遵从成本的上升或个体税负的上升，从而诱导纳税人沿着"供应链"所形成的"税收链"进行税负转嫁和纳税成本转移，形成错综复杂的避税交易和供应链避税安排，甚至是偷逃税款的加剧。在税款流失和税基受到侵蚀的情况下，政

---

① 纳税遵从成本不包括按照税收实体法规定实际缴纳的税款。
② 马海涛：《中国税收风险研究报告》[M]，经济科学出版社2011年版，第70页。

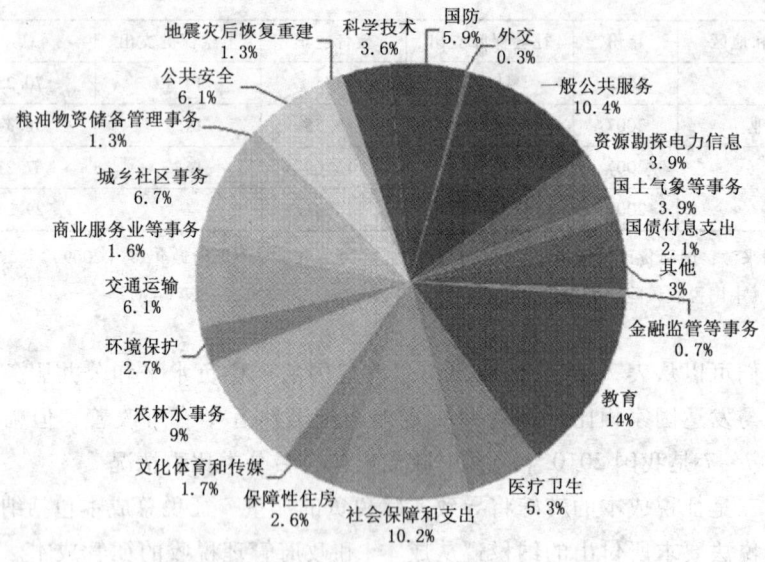

图 7-7 2010年公共财政支出按科目分类比重

数据来源：www.gov.cn/gzdt/2011-08/03/content_1919148.htm，2012年1月28日访问。

府为保持既定的税收收入规模，必然要采取更加严厉的征管措施和提高税负水平，并最终将由此导致的税收成本全部交由全体纳税人负担。让纳税人品尝税负痛苦的同时，也对一国税收机制构成巨大风险。

7.1.3.2 税收的经济公平

税收的经济公平考虑的是如何通过课税机制建立起经济利益主体之间平等竞争的条件和环境。税收经济公平实质上是市场经济条件下经济公平含义中起点公平和过程公平在税收领域的要求和体现[①]。市场的价格均衡是保证资源有效配置的基础，但有税收存在时，引导资源配置的不再是单纯的价格，而是价格加上税收，或者说是含税价格。各种商品的所适用的税种不一，税率不同，使得商品之间的含税价格的比率发生变化，从而改变了原有的各种商品的价格均衡关系，导致资源配置的扭曲。税收经济公平体现在两个方面，一是当市场具备平等竞争环境时，在税制设计时要遵守税制中性的原则，要防止厚此薄彼；二是当市场不具备平等竞争环境时，则要求充分发

---

① 洪晖：《税收公平问题研究》[D]，东北财经大学硕士论文，1999年。

挥税收调节经济的作用，对市场经济主体实施差别征税调节，以消除平等竞争的各种障碍。

在市场经济条件下，政府的首要职能不是干预市场，而是建立和营造一个公平的市场竞争环境，税法作为市场经济法律体系中的重要组成部分，担负着重要的经济调整功能。首先，投资人凭借所拥有的生产要素的边际贡献率参与市场分配，投资人所拥有的初始生产要素的多寡是决定其取得市场份额大小的重要因素，因此税收可以通过对投资人初始生产要素的征税与否，如开征遗产税和赠与税等，来调节初始生产要素量，促成投资人参与市场的起点公平。其次，由于企业占有的自然资源、地理环境和其他生产条件不同而形成的级差收入，不同企业的竞争条件不同，国家为了确保竞争条件均等，可以通过开征资源税、环境税、土地使用税等税收进行调节，以使不同企业具有相对均衡的竞争环境。第三，对企业拥有某种特许经营权、市场垄断地位等极不平等的竞争优势，国家可以通过开征特许权使用税、反垄断税等特定税种来限制或制裁不正当竞争行为。

不公平是绝对的，公平是相对的。对于不平等的经济环境，企业往往通过适时调整企业的设立地点，改变设立方式和适当安排经营交易来合理地规避和调整因税收经济不公平带来的影响，这导致税收从一个区域流向另一区域，从一个纳税主体转移到另一个纳税主体。这种转移会影响地区间的税收规模，进而反过来影响地区间的税负。

7.1.3.3 税收的社会公平

所谓税收的社会公平，是指通过课税机制对社会再分配发挥作用使社会人员之间的财富占有和收入分配结果处于相对均衡的状态，以实现社会公平目标[1]。税收的本质是一种特殊的分配关系，由于税收分配的最终目是满足全体社会人员的公共需要，从再分配的角度看，虽然政府财政再分配的利益分割主要是通过财政支出实现的，但税收对一国一定时期内的再分配利益关系也有重要的影响作用。它一方面决定着政府再分配的规模、能力；另一方面决定政府再分配的范围和方向，并由此决定了相关主体在再分配的利益分割关系[2]。税收社会公平的实现，主要是通过财产税和所得税两大类税种实

---

[1] 周全林：《税收公平研究》[M]，江西人民出版社2007年版，第73页。
[2] 黄桦：《税收学》[M]，中国人民大学出版社2011年版，第12—14页。

现的。在我国,由于经济发展很不平衡,"三大差距"① 的客观存在,政府可以通过利用税收的分配职能对不同经济发展状况的区域实行不同的所得税税率,对不同收入规模的居民实施不同的税率。我国的自 2008 年 1 月 1 日起实施的《中华人民共和国企业所得税法》和自 2011 年 9 月 1 日实施的《中华人民共和国个人所得税法》正是基于税收的社会公平需要而进行的改革成果。当然,在实现社会公平的政策体系中,税收政策只是重要的工具之一,而并非全部,还包括社会救济、社会福利、社会捐赠等多种转移性支出政策。

税收的社会公平更多地体现了税收的纵向公平,即经济能力或纳税能力不同的人应当缴纳数额不同的税收。因此,为了防止纳税主体之间的收入分配差距过大,甚至两极分化,政府在设计课税机制时,往往采用累进税率,如我国个人所得税的超额累进税率和土地增值税的超率累进税率,对高收入课以高税率,对低收入适当降低税率,以缩小收入分配差距,遏制两极分化。

边际税率和边际收益的存在,也为税制的设定提供了参考依据和选择空间,当较高的边际税率导致边际收益小于零时,企业必然会放弃临界点的收益,以期获得更高的整体收益。正是这种有意识的避税行为,将影响整体税收规模的实现,进而影响税收的经济公平。

随着公民依法纳税意识的增强,纳税人在关注税负的同时,也关注政府提供的公共产品和服务的能力与水平,也更加关注税收的社会公平。站在供应链视角的企业纳税管理角度来看,税收的税负公平是企业考量税收成本的首要因素,甚至决定了企业是否选择相应的生产经营活动。税收的经济公平正是创造企业间公平竞争环境的必然要求,税收的社会公平,将直接影响企业的纳税遵从意愿。面对不公平的税收,企业可以扩大或缩小企业边界,将某些经营活动纳入或剔出企业经营范围;也可以通过供应链结构按排,实现从高税负区向低税负区转移,从经济不公平区域向经济相对公平区域转移,从社会不公平区域向社会相对公平区域转移,从而影响税收规模和税收效率。

---

① 目前我国存在三方面的差距:第一个是东部和西部之间的差距;第二个差距是城乡差距,即城市居民和农村居民的收入差距;第三个差距是城市内部富人与穷人的差距。(成思危:《税收要关注民生促进社会公平和谐》,中国税务报,转引自:http://www.szgs.gov.cn/files/internet/ssxc/ssjjdt/t20070208_170116.htm)。

因此，税收公平必须从税收税负公平、税收经济公平、税收社会公平三个层次来理解。一国政府要想实现长远的税收安全，不仅要使纳税人的税收负担公平，还要为纳税人提供参与税收决策、监督税款使用的机会和权力；为纳税人提供公平的市场竞争环境而不是到处充斥着行政干预或变相行政干预的影子，为纳税人提供一个公平的社会环境而不是四处弥漫着特许经营和垄断经营的魔杖。

7.1.3.4 税收正义

税法是国家权力机关及其授权的行政机关制定的调整税收关系的法律规范的总称①。税法的正义性是指国家以立法形式设置和征收某种税的合理性和正当性，其体现了社会追求的价值观。正如陈丹在《论税收正义——基于宪法学角度的省察》一书中所说，"从宪法学的角度考察税收之正义性，莫过于解决税收作为公权力对人民利益进行'侵害'的形式上与实质上的正当性"②。税收正义问题，直接关系着公民的切实经济利益，更关系着公民权和人权的实现以及一国自由法治的制度构建。税收正义首先应当是基于合法性的，并且站在价值评判的角度来强调个体的独立性和主体性，其间必然渗透着强烈的人文关怀而追问税法的终极价值。

在现代政治文明中，税收之所以是公民将部分财产心甘情愿地向政府让渡而不是政府依靠组织化的暴力对公民财富的劫掠，是因为国家税收的合法性建立在两大正义根基之上：一是税收制定的程序正义，二是税收分配的结果正义③。

所谓程序正义，是指过程与方式具有正当性、合理性。税收程序不仅是做出征税决定的税收行政程序，还包括制定税收规则的立法程序和解决税收争议的司法程序。税收程序作为一个过程具有独立的价值，我们必须承认和关注税收程序的正义问题，而这也就意味着税收程序的设计和程序主体相关权利的设定，应当体现程序正义的基本原则。这些基本原则主要包括：

法定原则，即由谁做出决定，怎样做出决定以及怎样公布决定都必须严格按照法律事先设定好的程序来运行。

---

① 罗玉珍主编：《税法教程》[M]，法律出版社1993年版，第4页。
② 陈丹：《论税收正义——基于宪法学角度的省察》[M]，法律出版社2010年版，第4页。
③ 丁岭杰：《中国税收本身的正义性比起征点和税率更重》[J]，http://www.hybsl.cn/zonghe/zuixinshiliao/2011-05-17/25884.html，2012年1月26日访问。

公开原则，这是对程序法治本身的要求。现代法治原则的发展要求以公布的成文法来约束社会，程序法律必须事先公布，同时，程序法治也要求程序的过程必须是透明的。

参与原则，即行政行为的相对人必须充分参与，影响行为结论。

平等原则，程序与平等密切相关，程序正义在于确保各方参与者受到裁判者平等的对待。

及时性原则。英国古代有句谚语"迟来的正义是非正义"。决定过于迟延，必然导致利害各方长期处于利益不确定状态。事实上，非正义至少可以表现为两种，一是实体上不公，指合法权利的剥夺，二是做出决定的机关不管不问，没有给一个终结的结论。而公正的程序应是能及时解决纠纷的程序[1]。

税收分配的结果正义。"取之于民，用之于民"是对这项正义的经典解读。税收的最终价值就在于为所有的公民提供物质条件，使民众能实现和一国之发展水平相称的免于贫乏和恐惧以及追求幸福和尊严的自由。经济学者陈志武在《国有制对宪政法治的影响》中，以经济学视角，通过实证分析得出这样的结论：政府财富越是过度膨胀，其消费越是不受约束，那该政府越是腐败，该国离法治民主就越远。可见，税收正义问题，直接关系着公民的切实经济利益，更关系着公民权和人权的实现以及一国自由法治的制度构建，所以我们不该只是在税收起征点和税率面前斤斤计较个人得失，更应站在公民权利的高度来审视我国税收在制定程序和分配结果上是否合法正义[2]。

税收征纳实践表明，若不能实现结果的正义，即使程序正义基本要求下的征税决定正当，其内容符合实体税法的要求，也容易引起争论和质疑，导致纳税人和公众在社会心理层面上产生抵触情绪，使征税决定在执行上产生困难和障碍。在供应链视角下，供应链系统中纳税人有更多的资金流、信息流沟通的机会，也就更容易形成利益同盟，从而导致更多的资金和资源在供应链中的纳税主体之间进行规避性的流转而影响一国或地区经济的可持续发展，并最终损害税收健康。从各国近年出现的财富外逃现象就足见一斑。从

---

[1] 杭州市国家税务局课题组：《构建税收法治中的程序正义》[J]，http://www.chinatax.gov.cn/n480462/n7921376/n7921576/n7921751/8794091.html，2012年1月26日访问。

[2] 丁岭杰：《中国税收本身的正义性比起征点和税率更重》[J]，http://www.hybsl.cn/zonghe/zuixinshiliao/2011-05-17/25884.html，2012年1月26日访问。

纳税管理的角度来看，税收政策越稳定、税收政策越公平和正义，其纳税管理风险就越低，纳税遵从成本也越小。

7.2 诚信纳税与供应链整体税负最小化

7.2.1 诚信纳税

从消费品市场来看，社会成员的日常消费品包括私人消费品和公共消费品两大类，私人消费品通常由消费者从市场上直接购买，公共消费品则由政府提供。从市场经济关系的角度看，人们要消费政府所提供的公共消费品，就必须付费，这符合市场等价交换原则。政府提供公共消费品所需资金的主要来源就是税收。因此，依法纳税是纳税人发生了市场行为之后对社会应尽的义务。但由于公共商品的提供与消费存在时滞，纳税人缴纳税款与政府提供公共商品之间也就形成一种契约关系。这种契约关系在现代社会中主要靠法治来维系，但是也需要一定的道德力量，表现在实践上就是诚信纳税。

7.2.1.1 诚信纳税危机的根源

纳税是每个公民和市场主体应尽的义务，诚信纳税是企业纳税管理的基本要求。但企业自身利益的驱使和信息不对称的客观存在，以及构成供应链主体企业之间，企业与税务机关之间契约关系的存在和契约本身的不完备性，为诚信纳税危机的形成提供了基础。

1. 纳税主体的个体利益驱使是诚信纳税危机的内生动力。

早在1776年，亚当·斯密就已经指出："每一个人行为的动机，主要在于利己，求得自己的利益。利己心是人类一切经济行为的推动力。"[①] 市场主体是理性经济人，追求自身经济利益是市场机制的根本驱动力。在市场经济运行中，正是纳税主体的利己主义行为，导致了偷税、逃税甚至是抗税等

---

① 亚当·斯密著，唐日松译：《国富论》[M]，华夏出版社2005年版，第6页。

违法犯罪活动的不断出现。纳税遵从成本高企和税款使用不公平现象的客观存在，降低了纳税人诚信纳税的自觉性，"犯罪成本低廉"和成为"漏网之鱼"的侥幸心理又进一步加剧了这种丑恶现象的蔓延，而社会广泛存在的"示范效应"又在不断改变经营管理人员和纳税管理人员在内的各阶层的价值理念和道德观。诚信纳税危机就是利益驱动在纳税领域内所引发的道德观和价值理念变化的结果。

2. 契约关系的存在和契约本身的不完备性是诚信纳税危机的基础。

从契约观视角来看，整个供应链都是基于契约关系，从原材料供应到最终消费者之间的契约组合，代表政府征税的税务机关只是整个供应链中的一环。税务机关与纳税人之间的契约规则就是税法。由于税法本身是随着经济发展而不断发展变化的，税法的变化速度往往落后于经济业务的变化速度，因此可能存在漏洞和缺陷；其次，市场主体的经济行为都是通过契约形式来体现，契约的真实全面履行是基于诚信基础之上的，契约签署双方意见表述越充分、契约条款越完备，越有利于契约的履行和对履约结果的处理，从而减少失信行为；契约双方越是不规范，条款越简单，不确定性越强，越容易导致诚信危机。但实际经济生活中，税法的不完备和滞后性以及大量的口头契约和不规范契约的存在，为诚信纳税危机提供了基础。

3. 信息不对称以及信息的搜寻成本助长了诚信纳税危机。

企业纳税管理的主体是纳税人管理当局，管理当局是纳税人各项经济活动的直接执行者，拥有纳税主体自身经营活动的全部信息，是个体信息的垄断者。由于税法本身以及其他法律制度约束和伦理道德约束的缺失或不健全，企业纳税管理者往往有道德风险和逆向选择行为，造成纳税信息失真、虚假申报纳税；而作为征税主体的税务机关，却拥有国家税收法规的全部信息和行业相关信息，并拥有对税法的解释权，是税收政策和行业信息的垄断者。税务机关对纳税人进行有效监督，必须花费时间和精力搜寻信息，而信息搜寻本身是一项成本高昂的经济活动，信息搜寻的成本与收益如图 7-8 所示。由于搜寻信息的边际收益和边际成本的存在，税务机关不可能为合理征税而取得完全信息；纳税管理者也不可能为防范税务稽查风险而获取完全信息。正是由于信息的不对称性和双方信息搜寻成本的存在，基于有效信息所实施的纳税管理和税收征管监督就难以到位，诚信纳税危机就不可能彻底清除。

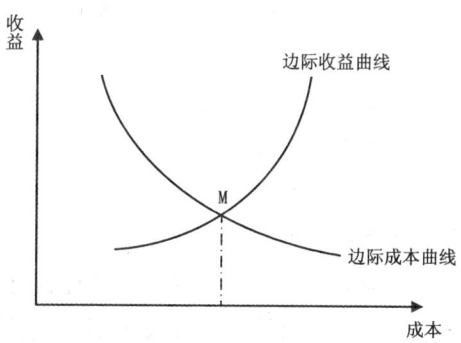

图 7-8 最佳信息搜寻量均衡点

7.2.1.2 诚信纳税的价值

诚信是各种商业活动的最佳竞争手段，是市场经济的灵魂，也是纳税主体最重要的职业操守。现代社会是市场经济社会，在完善市场体制的同时，市场领域需要道德力量予以约束。诚信纳税体现了道德与市场"义"与"利"的关系，揭示了社会中道德行为和经济行为的本质。诚信纳税不仅具有社会道德的深刻内涵，也具有深远的经济意义。

1. 诚信纳税自身蕴涵着道德与市场的统一。

在市场经济条件下，要发挥市场在资源配置中的基础性作用，必须有一个完善的市场制度体系。税收制度作为市场制度体系的有机构成，一方面要在完善税收政策，努力构建公开、公平、公正的社会竞争环境，实施依法治税的同时，积极倡导以德治税的思想，特别是通过税收信用关系的形式加以管理、引导和教育纳税人自觉纳税，不断提高我国公民的纳税意识。另一方面，需要充分通过信用的方式可以规范税收秩序、净化税收环境、改善征纳关系。

2. 诚信纳税是衡量商业化和道德水平的尺度。

市场经济是信用经济，信用经济的精髓就是诚信。当市场经济发展到一定阶段，市场运行的内在机制就需要以诚信为核心的道德力量进行约束，反映在纳税领域，就是纳税人与政府之间的信用关系。当征纳关系以诚信纳税得以维系时，表明社会的发展不仅已具备了雄厚的经济基础，社会内在的道德水平也已经达到较高的境界，可以这样说，一国的社会经济越发展，商业化水平越高，道德水平也就越高，诚信纳税就越容易实现。因此，诚信纳税可以成为衡量社会商业化水平和人们道德水准的尺度，是检验社会进步程度的重要指标。

3. 诚信纳税可以减少社会成本。

美国学者福山认为：当代社会分为信任社会和低信任社会。信任社会里人与人之间关系和谐，有良好的合作意识和公益精神，信用度高，社会交往的成本较低。而低信任社会里，人与人之间关系复杂，相互培养信任关系方面有较大难度和风险，社会交往的成本很高。与信任社会相比，低信任社会在市场竞争中处于劣势。在税收领域，社会成本不仅包括纳税人纳税过程中所产生的成本，而且还应该包括政府的征管成本。纳税人为了自身利益最大化，可能设法降低自身税负，甚至偷逃国家税款，这虽然在一定程度上暂时降低了纳税人的经营成本，但却产生了大量的非税成本和隐性税收，同时，征税机关必然为此加大稽查力度，从而又进一步增加了征管成本，导致整体征纳成本无谓增加。如果纳税人诚信纳税，便能有效减少税收交易成本，从而降低社会运行成本。

4. 诚信纳税可以解决税收外部性问题。

税收外部性，如果从纳税人作为实施主体来讲，是指纳税人的行为影响了他人的利益，即纳税人把本应由自己承担的成本或费用转嫁给他人，从而损害了他人的利益。纳税人不诚信纳税，这种行为不但影响了其他纳税人的税负公平，而且一定程度上减少了政府的税收收入。为了避免财政收入遭受损失，政府在制定税收政策时，自然会把不诚信纳税、偷逃税的因素考虑在内，从而实施加重纳税人税收负担的措施，结果不仅增加了不诚信纳税人的负担，而且还影响了其他诚信纳税的纳税人的利益。所以，如果整个社会的纳税人都诚信纳税，这一外部性问题便可迎刃而解，从而进一步促进税收公平。

5. 诚信纳税可以提高纳税人收益。

博弈论在税收领域的应用之一便是征纳双方之间的博弈，而这一博弈的最佳均衡状态就是征税机关依法征税，纳税人诚信纳税，征纳之间这种稳定的信用关系对征纳双方都是有益的。征税机关诚信征税，可以提高政府威信，增加公共支出的使用效率；纳税人诚信纳税，可以降低企业的涉税风险，增强自身的商誉，而这一无形资产带给企业的效应将成倍放大，使企业在竞争中处于优势地位，最终提高纳税人的收益。

因此，诚信纳税作为道德与市场的统一体，有其自身内在的价值。纳税人应该树立正确的纳税观念,增强纳税意识,从不懂税到懂税、从被动纳税到诚信纳税,征税机关应依法治税、依法行政,征纳双方共同构建、营造诚信纳税的机制和环境。

7.2.1.3 积极构建纳税信用

纳税信用是指纳税人依法履行纳税义务,并被社会所普遍认可的一种信用,是社会信用体系建设中一项重要的内容。近些年来,随着市场经济的快速发展和社会的不断进步,我国纳税人的纳税意识已逐渐开始觉醒,诚信纳税已被越来越多的纳税人所重视,但是,由于受企业经济利益最大化目标的影响,一些纳税人依然设法利用各种手段规避缴纳税款,给国家和其他利益相关者造成了不利影响,也在一定程度上出现了诚信纳税危机。因此,积极构建纳税信用,营造诚信纳税的良好社会氛围,对于建设公平的税收环境,推动国家经济发展和社会进步具有重要意义。

1. 加快纳税信用体系建设,建立健全纳税信用机制。

构建纳税信用体系是优化税收征管环境、推动税收征纳关系和谐发展的重要手段之一,对促进纳税人依法诚信纳税,征税机关依法治税,营造公平、法治、文明、高效的税收环境,优化经济秩序具有重要的现实意义。

构建纳税信用体系,首先要建立健全纳税信用规范,推动纳税信用由"诉诸良心"向"基于规范"的方向转变,不断提高纳税信用的可操作性和规范发展;其次是建立健全纳税信用担保制度,将信用担保制度应用到税收管理领域,建立纳税信用档案,对诚信纳税的纳税人给予奖励、对不诚信纳税的纳税人给予处罚的同时,给予信用担保人相应的奖惩,形成相互联系、相互制约的激励约束机制,促使纳税人自觉诚信纳税;第三,建立健全纳税信用评价制度,制定一套切实可行的纳税信用评价标准和程序,由征税机关或中介机构对纳税人的纳税信用进行考察和评价,并将结果公开公告,不但对失信的纳税人进行经济处罚,而且对其施加舆论压力,在社会范围内形成全员监督的氛围。

2. 增强纳税人纳税意识,提高纳税人的税收遵从度。

纳税人的纳税意识和整体素质如何,直接关系纳税信用规范能否得到有效遵守和执行。纳税人因年龄、性别、受教育程度等不同,表现出不同的税收遵从度;同时纳税人不同的道德观念、价值取向和风险偏好对其税收遵从决策的影响也是不同的①。因此，要增强纳税人的纳税意识，提高纳税人税收遵从度，税务管理上应当倡导以人为本，降低纳税人的税收遵从成本，保障纳税人权益，促使纳税人诚信自律。

3. 倡导税收文化建设，优化纳税信用环境。

受传统文化的影响，人们普遍存在厌税情绪，抵触纳税，征纳关系大多处于矛盾或冲突的状态，而这种长期形成的税收文化严重阻碍了纳税信用的建设。由于观念的惯性作用，人们还不能完全认同从个人已"取得"的收入中拿出一部分交给政府，对公共产品却想"搭便车"，纳税意识并不明确，对有关税收目的、税收公平合理等的认识有限，这直接影响纳税人选择遵从或不遵从。而文化和意识形态对税收环境的影响不是一朝一夕就能造就和改变的，因此，税收文化建设在中国是一项长期的、艰巨的任务②。虽任重而道远，但须孜孜以求。

7.2.2 供应链整体税负最低

21世纪，经济全球化的浪潮愈加汹涌，企业原有的纳税管理理念已无法完全适应这一冲击和挑战，改变过去的企业边界，并将视角拉伸到全球供应链的纳税管理势在必行。

1. 企业个体利益最大化并非首选，供应链整体价值最大化才是真理。

商品经济的真谛是互利双赢，而不是斤斤计较于自己一方物质利益的得失③。未来的竞争是合作竞争，裘尔·布立克（Joel Bleeke）和大卫·恩斯特（David Ernst）（1993）就曾指出："对多数全球性企业来说，完全损人利己的竞争时代已经结束。驱动一家公司与同行业其他公司竞争、驱动供应商之间和经销商之间在业务方面不断竞争的传统力量，已不可能再确保赢家在这场达尔文式游戏中拥有最低成本、最佳产品或服务，以及最高利润。"也就是说，未来竞争并非损人利己，而应该是合作共赢，共同发展，企业应该改变过去的竞争理念，建立企业战略联盟，将整体供应链管理作为企业获取竞争优势的重要途径，把焦点从生产领域转向非生产领域，即采购、运

---

① 许评：《有限理性下的税收遵从研究》，知识产权出版社2010年版，第159页。
② 孙玉霞：《税收遵从：理论与实证》[M]，社会科学文献出版社2008年版，第172页。
③ 陶永谊：《互利——经济的逻辑》[M]，机械工业出版社2011年版，第13页。

输、储存、包装、装卸、分销、售后服务等各个环节。因此，相应的，企业的纳税管理理念也要适时做出调整，由原来的只关注企业自身利益向关注供应链整体利益转变，追求供应链整体税负最低、价值最大。

2. 在基于供应链视角下的企业纳税管理过程中，企业个体利益最大可能导致供应链整体利益的流失。

由于税负转嫁的客观存在，企业能利用各种转嫁手段将本该由自身承担的税负转嫁给其他企业，从而使企业个体利益达到最大。但是，从供应链整体上看，一个企业税负的降低可能会导致其他相关联的企业税负增加，甚至，相关联企业的税负增加额可能远远大于该企业的税负减少额，从而使供应链整体税负增加。因此，在供应链与供应链的竞争中，该条供应链与其他供应链相比处于劣势，从而使供应链上的企业失去进一步发展的机会，导致供应链整体利益的流失。

3. 要想实现供应链整体价值最大，企业须信息共享，诚信纳税。

信息共享、诚信纳税是市场经济发展的必然要求，也是供应链视角下企业纳税管理的要求。供应链上的各个企业只有完全掌握各自的经营信息和纳税信息，实现信息共享，才能进行统筹安排，制定供应链整体税负最低、价值最大的方案。另外，供应链整体的纳税管理是极其复杂、环环相扣的，各个企业必须根据方案规定，诚信纳税，严格按照所制定的方案执行，承担自己应该承担的税收。如果其中一个企业不诚信纳税，将导致整条供应链连锁反应，失去竞争优势，从而导致供应链整体纳税管理的失败。

4. 基于供应链视角的整体税收筹划，将会导致供应链主体间的利益调整和重新博弈。信息共享和诚信纳税成为广大纳税人自觉遵循的商业伦理，而税负转嫁所导致的税收利益在纳税主体之间的流转，同时为供应链主体双方或多方所知悉，因而会导致供应链主体利益间的重新调整和博弈，并进一步促进供应链发展和提升供应链整体竞争能力。

7.2.3 转移定价在供应链整体税负最小化中的作用及应用

广义的转移价格包括企业内部供应链各部门之间的转移价格和企业外部供应链各主体之间的转移价格。

7.2.3.1 企业内部供应链的转移定价安排

1. 企业内部转移价格的内涵。

企业内部转移价格又称"调拨价格",是指企业内各部门之间由于相互提供产品、半成品或劳务而引起的相互结算、相互转账所需要的一种计价标准[①]。其特点是只反映企业内部各利润中心之间的经济联系,一般不直接与消费者发生联系。企业内部转移价格的制定不影响企业整体的经济利润,但它与公司经营战略和公司的内部控制、管理制度相关,并广泛地应用在企业决策制定、成本计算、业绩评价等方面。

2. 内部转移价格的制定原则。

(1) 整体性原则。企业内部供应链上的各部门(即责任中心)属于同一纳税主体,其整体利益是一致的。内部转移价格的制定是为了分清各责任中心的经济责任,有效地考核评价各责任中心的业绩,制定内部转移价格的目标,就是为了通过有效的绩效评价机制,使自主的责任中心做出有利于组织整体目标的决策。其最终目的仍是提高企业的整体利益。各责任中心应选择能使公司总体利润最大的行动取向。

(2) 公平合理原则。内部转移价格的制定应当公平合理,避免主观随意性,防止内部供应链上不同的部门因为内部转移价格缺陷而获得一些额外的利益或损失,从而影响各部门的生产经营积极性和内部绩效评价的效果。

(3) 独立自主原则。由于各独立的责任中心必须对各自所承诺的业绩和承担的义务负责,高层管理者不应过多干预各责任中心的自主决策。在企业整体利益最大化的前提下,各责任中心应当保持一定的人、财、物的自主调配权,制定的内部转移价格必须为各方所接受。

(4) 重要性原则。企业应当根据自身的生产经营特点,来制定内部转移价格,对那些单位价值量高、内部转移量大、耗用频繁的生产要素或对象,应尽可能地科学计算,从严定价;而对那些单位价值量低、内部转移量小、不经常耗用的生产要素或对象,可以从简定价。

3. 内部转移价格的类型。

制定内部转移价格的方法根据不同的计价基础,大致上可以分为三大

[①] 王永峰:《浅析内部转移价格》[J],《企业技术开发》,2010年10月,第29卷第20期。

类：以市场为基础的转移定价、以成本为基础的转移定价和协商价格。

（1）以市场为基础的转移定价。由于市场价格相对客观，能够体现责任会计的基本要求，有利于部门之间的利益协调，当存在市场价格的条件下，一般应当采用市场价格为基础。但由于我国目前还不是完全竞争的市场，市场价格更容易受到各种因素的影响，价格波动频繁及信息处理能力的不足，导致市场价格的准确性和可靠性受到影响；此外，大量产品尤其是半成品无法获得公允的市场价格，限制了以市场为基础的转移定价的使用。

（2）以成本为基础的转移定价。由于成本信息是企业内部可以自主获得的现有数据，以成本为基础的转移定价很好地解决了无法获得双方认可的可比较价格问题。以成本为基础的计价方法方法可以采用实际成本法、实际成本加成法、标准成本法、标准成本加成法等，但由于实际成本或实际成本加成法容易将转出部门经营管理中的低效率和浪费转嫁给转入部门，而一般不被广泛采用；企业更多地采用标准成本法或标准成本加成法等作为以成本为基础的转移定价依据，但标准成本的制定可能会存在偏差，不能促进企业控制生产成本，容易忽视竞争性的供需关系。

（3）协商价格。这种内部转移价格的制定方法介乎市场定价和成本定价之间，是以市场价格为起点，参照独立企业之间或企业与无关联的第三方之间发生类似交易时的价格，共同协商确定一个双方都能够接受的价格作为内部转移价格。协商价格在各责任中心独立自主制定价格的基础上，充分考虑了企业的整体利益和供需双方的利益。但这种价格不仅可能因为各责任中心的谈判能力不同而受到扭曲，而且各责任中心的本位主义利益会导致协商成本的增加。

因此，内部转移价格的制定，必须结合企业的生产经营特点和内部供应链各部门的绩效考评情况来综合考量，以选择适合于企业整体利益的内部转移定价机制。

4. 转移价格在企业税负最小的应用。

从企业的内部供应链来看，内部转移价格的制定不与消费者直接连接，也不影响企业的整体经济利润，看似与企业纳税管理无关，但在纳税管理实践中，由于不同资产和费用的税务处理方式不同，供应链内部转移定价也对企业纳税管理产生重大影响。

在我国现行税制下，首先，企业可以通过内部转移定价改变内部资产的计价基础，来实现企业税负最小。企业内部资产包括流动资产和长期资产。流动资产是以成本结转方式计入当期损益，固定资产和无形资产等长期资产是以折旧或摊销的方式分期计入受益期间的损益，而企业所得税的计算是以企业利润为基础的，如果一个企业既有流动资产的生产，又有长期资产的生产，其内部转移价格就可以根据企业财务战略，有意识地由长期资产向短期资产倾斜（或由资本性支出向收益性支出转化），以获得纳税管理收益和整体财务利益。

其次，可以通过费用扣除的不同税收政策处理来实现企业内部供应链税负最小化。由于费用在企业所得税前扣除标准不同，如通过内部转移定价机制，将大修理费用[①]向一般修理费用的转移，将有税前扣除限额费用[②]向无税前扣除限额费用转移等方式，充分利用费用扣除的税收处理方式，通过控制企业所得税的应纳税所得额来调整当期应缴纳的企业所得税，以实现企业内部供应链税负最小化。

第三，利用特定的税收优惠政策进行内部转移定价安排。由于我国对特定行业和特定经营活动实行税收优惠政策，如对高新技术企业实行减免税税收优惠政策。但高新技术企业认定中，最近3年的研发费用必须达到既定标准，在特定条件下，企业可以通过内部转移定价安排，满足相应的认定要求，从而利用高新技术企业税收优惠政策实现企业税负最小化和整体财务战略。

7.2.3.2 企业外部供应链的转移定价安排

1. 企业外部供应链的转移价格内涵。

供应链主体之间的交易大致可以分为两大类，一类是没有关联关系和经济利益联系的主体之间（即无联属关系）的交易；另一类是具有关联关系和经济利益联系的主体之间（即有联属关系）的交易。两者的根本区别在

---

① 《中华人民共和国企业所得税法实施条例》第六十九条规定，固定资产的大修理支出，必须同时符合：修理支出达到取得固定资产时的计税基础50%以上；修理后固定资产的使用年限延长2年以上条件，企业在利用内部部门进行大修理支出时，可以通过内部转移定价，调整大修理支出金额来实现延期或提前纳税管理，以实现其财务战略。

② 我国现行所得税法对费用扣除包括允许按财务制度计算税前扣除、限额税前扣除和严格禁止税前扣除三大类，第一类如生产成本、正常的生产经营费用；第二类如广告费、职工福利费、教育经费、业务招待费、公益性救济性捐赠等等；第三类包括各类行政性罚款、税收罚款和滞纳金、各种与生产经营活动无关的支出等等。

于，无联属关系之间的交易由于不存在利益纠葛，服从市场竞争原则和定价机制；有联属关系的主体之间的交易由于存在共同利益，甚至是实现利益集团的统一战略目标，因而通过转移定价方式来实现集团价值的最大化尤其是跨国集团价值最大化的不二选择。企业外部供应链的转移价格是指处于供应链上不同位置的跨国集团内部母子公司之间、子公司与子公司之间所制定的内部交易价格。

在现有的主流理论体系下，实施转移价格的前提条件是在同一利益集团内部，因为只有在同一集团内部才不致利益外溢，内部价格的确定往往服务于集团公司的总体利益。但从供应链视角来看，由于以供应链整体利益作为一个利益共同体，转移定价的各制定主体同属供应链中的某一环或数环，他们之间的关系是基于契约形成的利益联盟，其内部价格的确定应当服务于整个供应链，并可能因此导致供应链主体之间的利益重新调整。基于供应链视角的转移价格并不排除利益集团内部的转移定价安排，而是将集团内部的转移定价安排置于整个供应链中去考量。

2. 企业外部供应链转移价格的形式及支付方式。

转移定价的对象不仅包括货币资金、零部件、原材料、半成品、成品以及固定资产等有形资产，也包括商标、专利、以及技术、管理服务等在内无形资产。企业常用的转移定价方式：

（1）商品或劳务的价格。商品或劳务的价格是关联企业之间进行转移定价安排最常用的一种方式。供应链上的企业可以通过使商品或劳务的价格高于或低于正常交易原则下的市场价格，实现供应链主体之间的利润的转移、资金的流动，也可以通过向供应链主体之间的企业支付高额或低于正常水平的劳务费用来转移管理成本和有关费用。这种联属关系主体之间的价格往往不受市场一般供求关系的约束，也不同于独立企业之间的正常交易定价机制，而往往是受制于集团尤其是跨国集团的整体利益安排，因而可能会对供应链上各主体之间的收入、费用、利润水平产生严重扭曲，因而也为包括

OECD成员国在内的世界大多数国家所限制①。

（2）无形资产的价格。由于无形资产往往是独占的专利、非专利技术以及独占许可权等具有独特性的知识产权，其价格往往很难找到可比的对象，供应链主体之间利用无形资产价格进行转移定价安排，往往比通过商品或劳务价格安排具有更强的隐蔽性。是企业常用的转移定价方式之一。

（3）货款的利息。利息即贷款资金的价格。供应链主体之间或母子公司之间通过贷款利息安排，不仅可以实现利润转移和资金流动，而且对于母子公司而言，进行投资远比进行贷款复杂，投资时需要一系列的诸如修改公司章程、验资、办理工商变更登记，收回时需要进行股权转让或公司减资和清算等复杂程序；而贷款利息的调整一般只需要变更贷款协议，资金收回也只要终止合同就可以实现。因此，贷款远比投资灵活方便，只是由于很多国家都出台了防止资本弱化的相关规定，需要受到各国规定的公司债务产权比的制约②。

（4）租赁费用。租赁包括融资性租赁和经营性租赁。租赁作为近年来迅速发展的一项经济活动形式，不仅是提高资产使用效率、充分利用资源、降低筹资风险的一种有效形式。租赁费用的安排不仅可以实现利润的转移和现金的流动，还能有效地规避贷款所带来的资本弱化限制，租赁也是转移定价的一种重要方式。

3. 企业外部供应链主体间转移价格的作用。

转移定价是集团公司尤其是跨国集团公司利益调整的主要手段，其目的

---

① 《中华人民共和国企业所得税法》以实体法的形式专设"特别纳税调整"一章，增加了成本分摊、预约定价安排、提供资料、受控外国公司、资本弱化、一般反避税条款以及反避税罚则，是反避税的全面立法，凡是因不合理的安排而减少企业应纳税收入或者所得额的行为，税务机关都有权进行相应的调整。2009年1月8日，国家税务总局下发了《关于印发〈特别纳税调整实施办法（试行）〉的通知》，进一步明确和落实新的反避税措施。随后，国家税务总局又相继下发了国税函[2009] 37号、国税函[2009] 72号、国税函[2009] 188号、国税函[2009] 363号等一系列文件。OECD 1996年最新指南规定，对于有形和无形商品的转移定价，符合正常交易原则的认定方法包括：可比非受控定价法（CUP）、转售定价法（RPM）、成本加成定价法（CPM）、交易净利润率法（TNMM）和利润分割法（PSM）等五种。前三种是优先选用的直接交易价格确定方法，有超过80%的跨国公司选用此类方法。后两种方法以利润为基础的间接方法，通过比较具体交易项目的利润推断转移价格的合理性。

② 在我国，《中华人民共和国企业所得税法实施条例》第三十七条、财税[2008] 121号文件、国税函[2009] 312号文件、国税函[2009] 777号文件、国家税务总局公告2011年第34号等共同构成了关于贷款利息企业所得税前扣除的完整法规体系。OECD 1996年最新指南规定，关联公司贷款与子公司资本不应超过1∶1比例，具体贷款利率亦遵循公平独立原则。

在于通过转移定价实现内部管理、规避风险,同时也"是现代企业特别是跨国公司进行国际避税所借用的重要工具"[①]。

(1) 实现集团公司经营战略。在贸易全球化的背景下,国际竞争日趋激烈,企业集团为了占有、控制和垄断市场,往往通过转移定价安排,在新兴市场上倾销产品,以打败竞争对手;或过转移定价方式,人为抬高目标公司利润,以提高目标公司业绩水平和社会信誉,为目标公司上市融资等提供支持,以实现集团公司整体经营战略。转移定价是跨国企业集团的实现其全球战略和实现知识产品内部化的重要手段和工具,"跨国企业的合理性在于它具有一种威力,即可以避开某些公平交易的缺陷,特别是那些无形资产市场的缺陷"[②]。而且跨国公司往往通过投资和并购来实现产品知识的内部化,如联想并购 IBM,吉利收购沃尔沃。

(2) 规避风险。在当今这个极不均衡的社会,风险无处不在,尤其是跨国投资,企业面临各种政治、经济风险,如战争、政局动荡、政府征用没收、外汇管制、汇率变动、通货膨胀、银根紧缩等等。企业可以通过转移定价安排,人为压低或提高海外子公司的利润,转移资金,以抵御东道国相关风险可能带来的损失。

(3) 逃避税收。尽管关联企业采取转让定价的动因是多种多样的,但其中最主要的可能是出于税收方面的动机[③]。构成供应链主体的关联企业之间通过转移定价安排,不仅可以有效降低流转税或关税对关联企业产品的价格影响,还可以利用转移定价,将利润从高税率主体向低税率主体或减免税主体转移,将成本和费用从低税率主体向高税率主体转移,在集团总体税前利润不变的情况下,达到集团公司总税负最低的目的。

4. 企业外部供应链的转移价格在供应链税负最低中的应用。

(1) 企业外部供应链的转移价格安排对流转税的影响。由于世界多数国家(地区)都征收增值税,一般情况下,出口国(地区)为了增强产品的竞争力,对出口货物的增值税和消费税等流转税施行出口退税政策。因此出口企业可以充分利用各国出口退税政策和进口货物流转税税收政策进行纳税管理,以降低供应链的整体税负。

[①] 杨志清:《国际税收》[M],北京大学出版社 2010 年版,第 147 页。
[②] Richard E. Caves, Multinational Enterprise and Analysis, Cambrage University Press, 1996, P195。
[③] 杨志清:《国际税收》[M],北京大学出版社 2010 年版,第 147 页。

(2) 企业外部供应链的转移价格安排对关税的影响。根据不同国家（地区）的关税规定，灵活运用转移定价可以规避关税。例如，对进口产品课税的国家，可降低转移价格，减少缴纳关税的税基；对于某些国家（地区）对产成品征收较高关税、而对半成品或原材料征收较低关税，可以较低价格向该国子公司提供产成品、而以较高价格提供半成品或原材料，从而灵活地绕开关税壁垒，节约关税支出；此外，还可利用区域性关税同盟规避关税。例如，根据欧洲自由贸易区的规定，如果商品价值的50%以上是在成员国中增值的，由一成员国运往另一成员国时可免予缴纳关税。因此，如果中国跨国企业需要把半成品运往设在法国的子公司，制成成品后需要在贸易区内销售，则可人为调低半成品销价，使其符合50%在法国增值的目的，从而规避其在贸易区内运销的关税。

(3) 企业外部供应链的转移价格安排对企业所得税的影响。由于转移定价安排直接影响供应链主体的利润总额，从而直接影响企业所得税在供应链主体之间的分配。供应链主体之间存在所得税税率差是转移定价的前提。假设供应链主体 A 的所得税税率为 T_a，供应链主体 B 的所得税税率为 T_b，某一纳税年度，B 公司产生的合理利润为 R，通过转移定价转移的利润为 W，A 公司在 B 公司的股权比例为 S，则采用转移定价前，A 公司从 B 公司应获得的利润 L_1 为：

$L_1 = R(1 - T_b)S$；

利用转移定价后，A 公司从 B 公司应获得的利润 L_2 为：

$L_2 = (R - W)(1 - T_b)S + W(1 - T_a)$

若使 $L_2 > L_1$，则：$(R - W)(1 - T_b)S + W(1 - T_a) > R(1 - T_b)S$，可以得出：

$(1 - T_a) \div (1 - T_b) > S$

由于 S≤1，当 $T_a ≤ T_b$ 时，即供应链主体 A 的所得税税率小于等于供应链主体 B 的税率时，则不论 A 公司在 B 公司股权比例多高，通过转移定价安排进行利润转移都是有利的，且转移利润越多，获得企业所得税税收利益越大。

当 $T_a > T_b$ 时，即供应链主体 A 的所得税税率大于供应链主体 B 的税率时，则 $L_2 > L_1$ 的前提条件是 $S < (1 - T_a) \div (1 - T_b)$，即当 A 公司在 B 公司股权比例小于 $(1 - T_a) \div (1 - T_b)$ 时，利用转移定价安排是有利的，且股权比例 S 越小，获得企业所得税税收利益越大。

参考文献

一、中文文献

[1] 海因茨·韦里克、马克·V·坎尼斯、哈罗德·孔茨著,马春光译:《管理学——全球化与创新视角》[M],经济科学出版社2011年版。

[2] 唐·泰普斯科特、安东尼·D·威廉姆斯著,何帆、林季红译:《维基经济学——大规模协作如何改变一切》[M],中国青年出版社2007年版。

[3] 戴维·斯密克著,陈勇译:《世界是弯的——全球经济潜在的危机》[M],中信出版社2009年版。

[4] 森尼尔·乔普瑞、彼得·梅因德尔著,李丽萍译:《供应链管理——战略、规划与运营》[M],社会科学文献出版社2003年版。

[5] 彼得·德鲁克著,朱雁斌译:《21世纪的管理挑战》[M],机械工业出版社2009年版。

[6] 迈克尔·波特著,陈小悦译:《竞争优势》[M],华夏出版社2004

年版。

[7] 斯蒂芬·P·罗宾斯、玛丽·库尔特著,孙健敏、黄卫伟、王凤斌、焦叔斌、杨军译:《管理学》[M],中国人民大学出版社2004年版。

[8] 马丁·沃尔夫著,余江译:《全球化为什么可行》[M],中信出版社2008年版。

[9] 博扎思、汉德菲尔德著,李东贤、李成强译:《运营与供应链管理导论》[M],清华大学出版社2007年版。

[10] 迈伦·斯科尔斯、马克·沃尔夫森、默尔·埃里克森、爱德华·梅杜、特里·谢福林著,张雁翎译:《税收与企业战略》[M],中国财政经济出版社2004年版。

[11] 托马斯·沃尔瑟:《再造财务金融总裁:从财务管理到战略管理》[M],商务印书馆2000年版。

[12] 詹姆斯·钱匹著,闫正茂译:《企业X再造》[M],中信出版社2002年版。

[13] 亚当·斯密著,严复译:《国民财富的性质和原因研究》[M],商务印书馆1981年版。

[14] 亚当·斯密著,唐日松译:《国富论》[M],华夏出版社2005年版。

[15] 彼得·德鲁克著,齐若兰译:《管理的实践》[M],机械工业出版社2010年版。

[16] 汉斯-沃纳:《斯恩:《资本所得课税与资源配置》[M],中国财政经济出版社1998年版。

[17] 萨利·琼斯、谢利·罗兹—盖特那奇著,梁云凤译:《高级税收战略》[M],人民邮电出版社2010年版。

[18] 迈克尔·于戈斯著,左莉译:《供应链管理精要》[M],中国人民大学出版社2005年版。

[19] 凯文·E·墨菲、马克·希金斯:《美国联邦税制》[M],东北财经大学出版社2001年版。

[20] 赵军红:《企业纳税管理》[M],上海财经大学出版社2007年版。

[21] 施先亮、王耀球:《供应链管理》[M],机械工业出版社2010年版。

[22] 郎咸平:《产业链阴谋Ⅰ》[M],东方出版社 2008 年版。

[23] 张良卫:《全球供应链管理》[M],中国物资出版社 2008 年版。

[24] 蔡庆辉:《有害国际税收竞争的规制问题研究》[M],科学出版社 2010 年版。

[25] 邓力平、陈涛:《国际税收竞争研究》[M],中国财政经济出版社 2004 年版。

[26] 申纲领:《供应链管理》[M],北京交通大学出版社 2011 年版。

[27] 贺志东:《纳税管理》[M],机械工业出版社 2006 年版。

[28] 刘剑文:《税法学》[M],人民出版社 2002 年版。

[29] 章炜:《税务词典》[M],中国财政经济出版社 1989 年版。

[30] 北京注册会计师协会:《税务代理》[M],经济科学出版社 2002 年版。

[31] 北京注册会计师协会:《税收筹划》[M],中国财政经济出版社 2005 年版。

[32] 黄桦:《税收学》[M],中国人民大学出版社 2011 年版。

[33] 朱青:《国际税收》[M],中国人民大学出版社 2011 年版。

[34] 汤谷良:《高级财务管理》[M],中信出版社 2006 年版。

[35] 蔡昌:《企业纳税筹划方案设计技巧》[M],中国经济出版社 2008 年版。

[36] 蔡昌:《税收筹划的八大规律》[M],中国财政经济出版社 2005 年版。

[37] 李向阳:《企业信誉、企业行为与市场机制:日本企业制度模式研究》[M],经济科学出版社 1999 年版。

[38] 谢秋朝、侯菁菁:《公共财政学[M],中国国际广播出版社 2003 年版。

[39] 雷光勇:《会计契约论》[M],中国财政经济出版社 2004 年版。

[40] 李舟:《企业纳税战略管理》[M],中国税务出版社 2011 年版。

[41] 李维安:《公司治理》[M]天津:南开大学出版社 2001 年版。

[42] 曾肇河:《公司投资与融资管理》[M],中国建筑工业出版社 2006 年版。

[43] 常修泽:《产权人本共进论——常修泽谈国有制改革》[M],中国友谊出版公司 2010 年版。

[44] 黄少安：《产权经济学导论》[M]，经济科学出版社2004年版。

[45] 孙玉霞：《税收遵从：理论与实证》[M]，社会科学文献出版社2008年版。

[46] 熊萧：《国家税收》[M]，清华大学出版社2010年版。

[47] 杨志清：《国际税收》[M]，北京大学出版社2010年版。

[48] 刘天永：《中国企业境外投资纳税指南》[M]，中国税务出版社2011年版。

[49] 谷成：《中国税制》[M]，清华大学出版社2010年版。

[50] 陈延忠：《国际税收协定解释问题研究》[M]，科学出版社2010年版。

[51] 王君：《电子商务税收问题研究》[M]，中国税务出版社2006年版。

[52] 钟义信、周延泉、李蕾：《信息科学教程》[M]，北京邮电大学出版社2005年版。

[53] 苏晓鲁：《偷漏税及其防范》[M]，中国劳动出版社1994年版。

[54] 盖地：《税务会计与税务筹划》[M]，中国人民大学出版社2010年版。

[55] 谢识予：《经济博弈论》[M]，复旦大学出版社2005年版。

[56] 张守文：《经济法理论的重构》[M]，北京大学出版社2004年版。

[57] 杨斌：《治税的效率和公平》[M]，经济科学出版社1999年版。

[58] 周全林：《税收公平研究》[M]，江西人民出版社2007年版。

[59] 马海涛：《中国税收风险研究报告》[M]，经济科学出版社2011年版。

[60] 罗玉珍：《税法教程》[M]，法律出版社1993年版。

[61] 陈丹：《论税收正义——基于宪法学角度的省察》[M]，法律出版社2010年版。

[62] 许评：《有限理性下的税收遵从研究》[M]，知识产权出版社2010年版。

[63] 陶永谊：《互利：经济的逻辑》[M]，机械工业出版社2011年版。

[64] 陈郁：《所有权、控制权与激励——代理经济学文选》[M]，上

海人民出版社、上海三联书店，1998年版。

[65] 金鑫、刘志城、王绍飞：《中国税务百科本书》[M]，经济管理出版社1991年版。

[66]《中国统计年鉴年版（2010）》[M]，中国统计出版社2010年版。

[67] 蔡昌：《契约观视角的税收筹划研究》[D]，[博士学位论文]，天津财经大学，2007年。

[68] 卢强：《企业税务筹划研究》[D]，[博士学位论文]，天津财经大学，2004年。

[69] 李栋文：《经济全球化与税收利益国际协调》[D]，[博士学位论文]，厦门大学，2003年。

[70] 曾一龙：《税收筹划机制研究》[D]，[博士学位论文]，厦门大学，2006年。

[71] 高凤勤：《企业税收效应研究》[D]，[博士学位论文]，西南财经大学，2007年。

[72] 王志强：《公司财务政策的税收效应研究》[D]，[博士学位论文]，厦门大学，2002年。

[73] 杨华：《企业有效税务筹划研究》[D]，[博士学位论文]，天津财经大学，2009年。

[74] 洪晖：《税收公平问题研究》[D]，[硕士学位论文]，东北财经大学，1999年。

[75] 王晓灿：《企业税收筹划：理论分析与策略研究》[D]，[硕士学位论文]，天津财经学院，2004年。

[76] 戴佳君：《企业战略纳税筹划研究》[D]，[硕士学位论文]，湖南大学，2003年。

[77] 王芳：《国际投资中的间接征收问题研究》[D]，[硕士学位论文]，西南政法大学，2011年。

[78] 詹森、梅克林：《企业理论：管理行为、代理成本与所有权结构》[J]，《金融经济学》，1976年第10期。

[79] 戴琼：《方法有效税收筹划，给力企业重组》[N]，《中国会计报》，2011年第2期，第14页。

[80] 顾瑞鹏：《企业价值链税收筹划的思考与实践》[J]，《苏州教育学院学报》，2009年第1期，第107—109页。

[81] 张光明：《存货计价方法对企业税收管理影响分析》[J]，《现代商贸工业》，2009年第21期，第239页。

[82] 许海琴：《企业纳税管理》[J]，《时代报告》，2011年第8期，第5页。

[83] 叶光毓：《企业边界理论探究》[J]，http：//www.chinaacc.com/new/287_294_/2009_4_16_wa90068757161490022808.shtml》，2012年1月26日。

[84] 于海峰：《中国税制遵从成本的现状和特点分析》[J]，《财政研究》，2003年第6期，第45—47页。

[85] 资本市场与中国企业家成长：现状与未来、问题与建议——2011中国企业经营者成长与发展专题调查报告》[J]，《经济界》，2011年第3期，第78—83页。

[86] 靳东升：《论国际税收竞争与竞争性的中国税制》[J]，《财贸经济》，2003年第（9）期，第73页。

[87] 李嘉明：《企业税务筹划的数理分析》[J]，《重庆大学学报》，2001年第9期，第50页。

[88] 汤姆·林奇：《税务实务中的道德》[J]，《会计师》，1987年第11期。

[89] 卢慧菲：《方法用税公平：事关民众纳税遵从度》[N]，《中国税务报》，2006年4月21日，第19版。

[90] 高培勇：《如何看待当前中国税负水平》[J]，《中国税务》，2007年第3期，第8—10页。

[91] 王怡：《立宪政体中的赋税问题》[J]，《法学研究》，2004年第5期，第14—24页。

[92] 成思危：《税收要关注民生促进社会公平和谐》[N]，《中国税务报》，2007年2月7日，第1版。

[93] 丁岭杰：《中国税收本身的正义性比起征点和税率更重》[J]，htt：//www.hybsl.cn/zonghe/zuixinshiliao/2011-05-17/25884.html，2012年1月26日。

[94] 杭州市国家税务局课题组：《构建税收法治中的程序正义》[J]，htt：//www.chinatax.gov.cn/n480462/n7921376/n7921576/n7921751/8794091.html，2012年1月26日。

[95] 王永峰：《浅析内部转移价格》［J］，《企业技术开发》，2010 年第 29（20）期，第 32 页。

[96] 盖地：《论增值税税务筹划》［J］，《税务与经济》，1999 年第 6 期，第 19—23 页。

[97] 刘涛、孟卫东：《企业税收筹划的组合效应分析》［J］，《重庆大学学报》，2004 年第 3 期，第 160—163 页。

[98] 何加明、胡国强：《纳税筹划成本的分析与决策》［J］，《四川会计》，2003 年第 9 期，第 21—22 页。

[99] 黄仰玲：《从新的视角审视现代企业税收筹划》［J］，《江苏商论》，2004 年第 1 期，第 100—101 页。

[100] 徐茂中：《关于税收筹划的若干思考》［J］，《经济经纬》，2003 年第 2 期，第 74—76 页。

[101] 胡文君：《边际分析法在税收筹划中的运用［N］西南民族大学学报》，2005 年第 2 期，第 109—111 页。

[102] 戚啸艳、张睿、和汉辉：《我国上市公司隐性税收实证研究》［J］，《税务研究》，2006 年第 9 期，第 82—85 页。

[103] 陈小云、朱军生：《不同市场结构下隐性税收的归宿分析》［J］，《税务与经济》，2006 年第 1 期，第 35—37 页。

[104] 盖地、崔志娟：《显性税收、隐性税收与税收资本化》［J］，《经济与管理研究》，2008 年第 3 期，第 79—83 页。

[105] 盖地，钱桂萍：《试论税务筹划的非税成本及其规避》［J］，《当代财经》，2005 年第 12 期。

[106] 盖地、周宇飞：《风险税务筹划方案的衡量与选择》［J］，《经济与管理研究》，2005 年第 9 期，第 109—111、115 页。

[107] 陶其高：《从法理上对税收负担最小化手段的再界定——税收筹划的内涵和外延》［J］，《浙江师范大学学报（社会科学版）》，2001 年第 5 期，第 99—102 页。

[108] 黄黎明：《税收筹划及其法律问题研究》［J］，《江西财经大学学报》，2003 年第 4 期，第 60—63 页。

[109] 陈爱玲：《浅谈我国企业纳税筹划问题》［J］，《西安财经学院学报》，2004 年第 6 期，第 70—73 页。

[110] 张守文：《论税收法定主义》［J］，《法学研究》，第 18 卷第 6

期，第 57—65 页。

[111] 戴德明等:《对避税与逃税行为选择的影响因素分析》，载《上市公司会计与财务的最新发展》（论文集）[C]，中国人民大学出版社 2004 年版。

[112] 盖地:《避税与特别纳税调整》[J]，《财务与会计》，2008 年第 11 期，第 15—17 页。

[113] 尹音频:《资本市场税收机制的理论分析》[J]，《财经科学》，2005 年第 2 期，第 68—72 页。

[114] 鹿美遥:《有效税收筹划框架的概述及其启示》[J]，《西南政法大学学报》，2005 年第 5 期，第 95—99 页。

[115] 吴立全:《税收筹划中摩擦与约束的因素分析》[J]，《广州市财贸管理干部学院学报》，2004 年第 1 期，第 44—48 页。

二、英文文献

[116] Richard E. Caves, Multinational Enterprise and Analysis, Cambrage University Press, 1996, P195.

[117] Modigliani F and M·H·Miller: Corporate Income Taxes and the Cost of Capital: A Correction [J]. American Economics Review, 1963, 53 (3): P433 -443.

[118] Elton, E. J. and M. J. Gruber. Marginal Stockholder Tax Rates and the Clientele Effect [J]. Review of Economics and Statistics 1970, 52 (1), 68 -74.

[119] Sally M. J Ones, Shelley C. Rhoades - Catanach. Principles of Taxation for Business and Investment Planning [M]. 1999.

[120] 1997, Texas A&M UNIVERSITY; Hurley, Sharon Kya; An Investigation of Txa and Non Txa Incentives of Re! oe at lon Deeislons.

[121] 1999, UNIVERSITY of low PhilliPs, John Doylo Coprorate Txa Planning Eeffetivenes & The Ro! e of lneentlveS.

[122] Bauman, C., M. Schadewald. Impact of foreign operations on reported effective tax rates: Interplay of foreign taxes, U. S. taxes and U. S. GAAP [J]. Journal of International Accounting, 2001, 2 (10): 177 -196.

[123] Anuschka Bakker, Transfer Pricing and Business Restructurings—

Streamlining all the way [M]. 2009 (6).

[124] Hussein A. W. Tax planning and financial reporting costs: A study of the Canadian marked for redeemable preferred shares [D]. Ph. D. dissertation, the University of Calgary, Calgary, Alberta, 1995.

[125] Scholes M. S., M. A. Wolfon, M. Erickson, E. L. Maydew and T. Shevlin. Taxes and business strategy: A planning Approach [M]. New Jersey: Prentice Hall, 2002.

[126] Callihan Debra S, White Richard A. An Application of the Scholes and Wolfson Model To Examine the Relation Between Implicit and Explicit Taxes and Firm Market Structure [J]. Journal of the American Taxation Association, 1999 (Spring): 1 - 19.

[127] John R. M. H., R. S. Terrance. Tax planning in initial public offerings: The case of equity carve - outs [Z]. working paper, Kenan - Flagler Business School, Chapel Hill, 1999 (4).

[128] Michael J. C. The effect of tax accounting rules on capital structure and discretionary accruals. Journal of Accounting and Economics, 2000, 30: 1 -31.

[129] Luc De Broe, International Tax Planning and Prevention of Abuse [M]. Doctoral Series - Vol. 14, 2009 (8).

[130] Anuschka Bakker, Sander Kloosterhof. Anuschka Bakker, Sander Kloosterhof [M]. Amsterdam, The Netherlands: IBFD, 2010.

[131] Kathryn Dianne. Problem structuring in tax planning: an experimental investigation of the determinants of tax professionals' cognitive processes and problem - structuring performance [D]. Thesis (Ph. D.) —University of Memphis, 1998.

[132] Sally M. Jones, Shelley C. Rhoades—Catanach. Principles of taxation: advanced strategies [M]. Boston, Mass.; London: McGraw - Hill Irwin, 2002.

[133] Georg Kofler, Miguel Poiares Maduro and Pasquale Pistone. Human rights and taxation in Europe and the world [M]. Amsterdam: IBFD, cop. 2011.

[134] Chittenden, W. T., S. E. Hein. Tax rate changes and the long - run

equilibrium relationship between taxable and tax – exempt interest rates [J]. Journal of Economics and Business Volume: 51, Issue: 4, 1999, (7): 326 – 327.

[135] David M. S. Frictions as a constraint on tax planning [Z]. working paper, Columbia University school of law, NewYok, 2001, (2).

[136] 2001, UNIVERSITY of Winseonsin; Mantzke, Katrina Lewiston; State Ineome Txa Plnaning and Dieffrential RePorting Methods.

[137] Scholes M. S., M. A. Wolfon, M. Erickson, E. L. Maydew and T. Shevlin. Taxes and business strategy: A planning Approach [M]. New Jersey: Prentice Hall, 2002.

[138] Dr Zvi Daniel Altman, Dispute Resolution under Tax Treaties [M]. Doctoral Series – Vol. 11, 2006 (5).

[139] Chris Evans, Judith Freedman, Richard Krever, The Delicate Balance——Tax, Discretion and the Rule of Law [M]. IBFD, 2011 (9).

[140] Anuschka Bakker, Tax and the Environment——A world of possibilities [M]. IBFD, 2009 (4).

后　记

　　能入读久负盛名的美国管理科技大学和长时间感受燕园百年的人文积淀，于我，是一生的荣幸和无法重述的历练。在完成博士论文并写下本段文字时，才发现时间过得竟是如此之快。回首三年的求学时光，任课教授们的教诲、所有同学的亲情、管理老师的关爱仍历历在目，一股源自心灵深处的感激油然而生。

　　首先，我要诚挚感谢我的导师马春光教授，入学美国管理科技大学的第一堂正式课程就是从马教授《国际管理》课程开始的，正是马教授严肃、严谨的治学之道，宽厚、仁爱的为师之风，积极、乐观的生活之态让我无比敬仰和深受感染，他对学生的殷殷鼓励和无比关爱让我终生难忘。从我的论文设计、论文修改及至论文定稿，自始至终都倾注着导师们的心血和无微不至的关怀。尤其是马教授，他忍受着颈椎病和肩周炎带来的疼痛，为学生孜孜不倦、字斟句酌地修改论文，让我深感歉疚。他的教诲与鞭策将激励我在今后的工作和生活中坚韧不拔，孜孜以求。

同样，我要真诚地感谢在我博士生学习期间的授课老师 DR. Frame 教授、马春光教授、周卫国教授、刘冀生教授、萧国亮教授、黄恒学教授、睢国余教授、陈湛匀教授、沃特斯奇教授、时勘教授、常修泽教授、张玉杰教授、丁荣贵教授、路杰教授、杜奇华教授、孟庆轩教授、周建波教授等。他们深厚的学术造诣、严谨的治学风格、严肃的研究态度、敏锐的洞察力，为我开启了新的智慧之门。他们是我日后的工作、学习和生活的楷模。

同时，我要感谢美国管理科技大学北京教管中心全体老师，他们的辛勤工作和认真负责的态度为我们提供了诸多便利和良好的学习环境。感谢他们为我们所做的一切，也感谢他们对我的照顾、关心、支持和鼓励。也感谢我博士班的同窗们，这里既有曾经一起工作多年的郑彩伟同学，也有同行多年的黄锦辉同学，还有象兄长一样爱护我的梁庆山同学、彭卫明同学以及其他众多关心、支持、帮助我的同学们。感谢他们和我在学业上的切磋，在工作和生活上的关照以及分享过的每一刻欢乐时光。

我同样要深情地感谢一直无私奉献和默默支持我的妻子，远方一直牵挂着我的年迈的母亲和我活泼可爱的女儿，她们是我力量的源泉和支柱！

最后，我要感谢阅读我书的每一位读者，是你们，用关爱与呵护、鼓励与审视的眼光，一直鞭策着我在财税领域不断探索！

戴 琼

2012 年 10 月 14 日于北京